AF258736

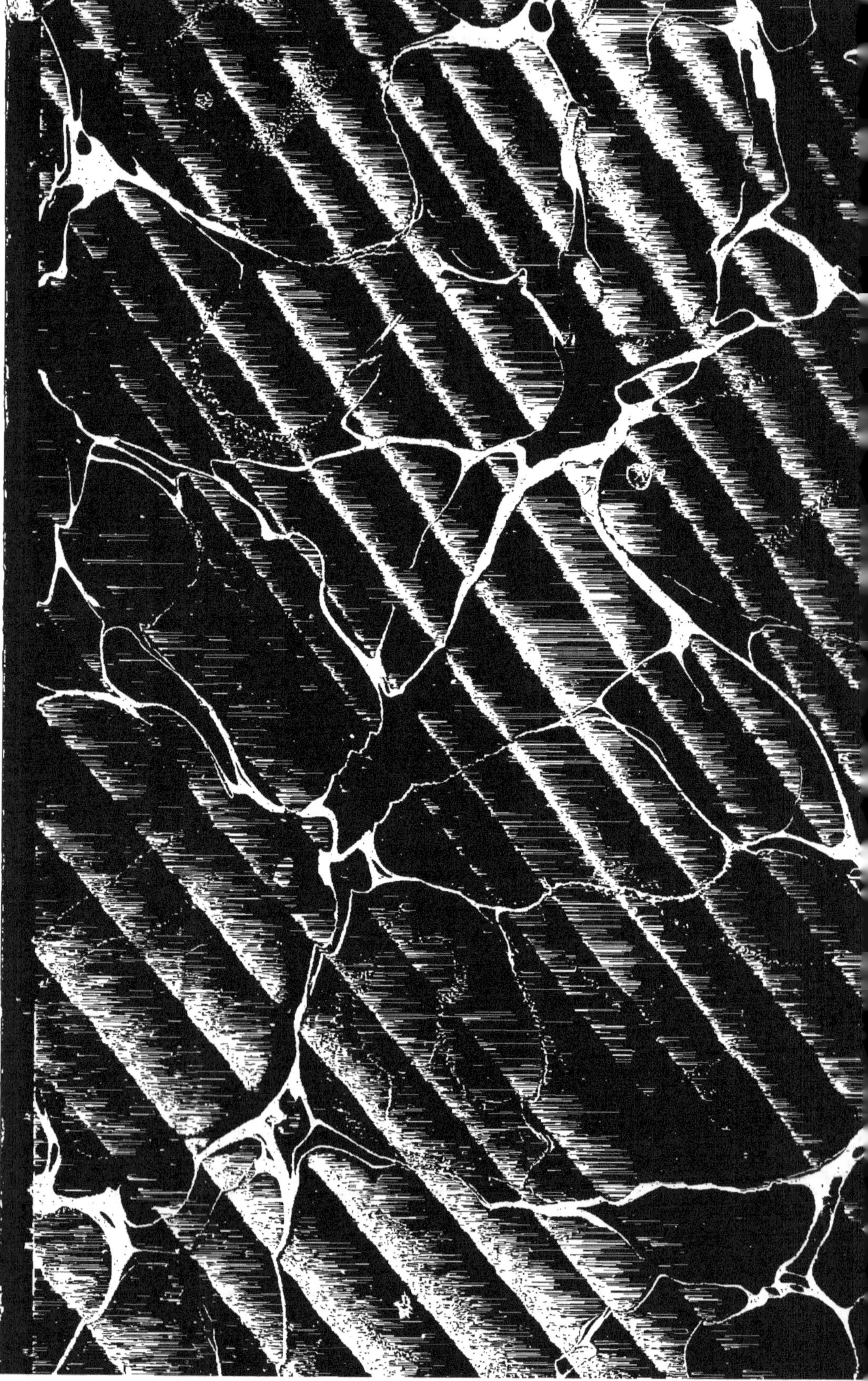

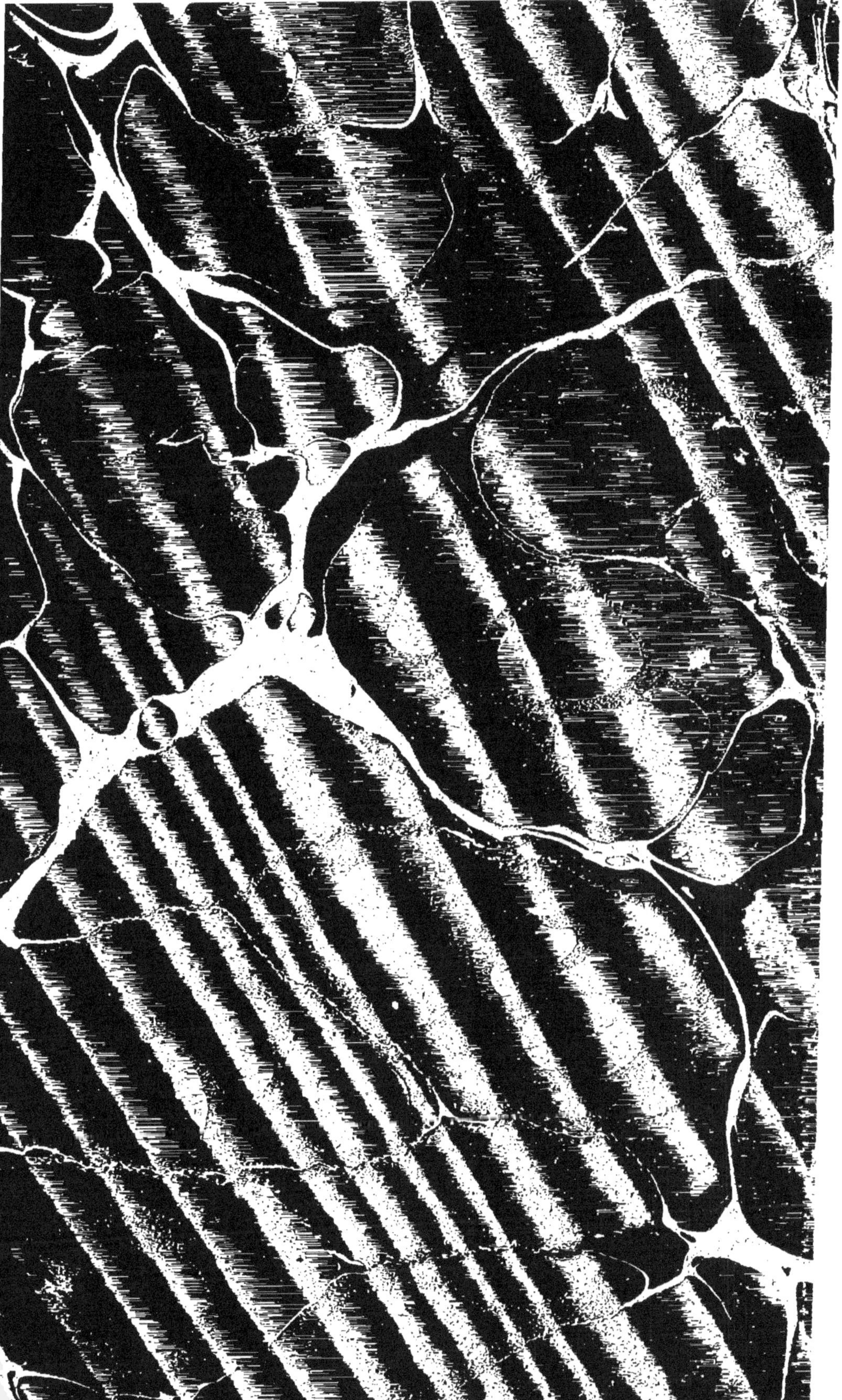

HISTOIRE

DE LA

LÉGISLATION ITALIENNE

ANGERS, IMPRIMERIE COSNIER ET LACHÈSE.

HISTOIRE

DE LA

LÉGISLATION

ITALIENNE

Par Frédéric SCLOPIS

Membre de l'Académie de Turin, correspondant de l'Institut de France,
membre honoraire de l'Académie de Législation
de Toulouse

TRADUITE EN FRANÇAIS

Par Charles SCLOPIS (de Petreto)

Juge de Paix à Doué la-Fontaine (Maine et Loire)

—

TOME PREMIER

PARIS

DIDIER ET Cie, LIBRAIRES-ÉDITEURS

35, QUAI DES GRANDS-AUGUSTINS

—

1861

A L'AUTEUR

MONSIEUR LE COMTE,

Avant de vous demander la permission de traduire en français votre *Histoire de la Législation italienne*, je savais que des personnes qui s'occupent d'études sérieuses, regrettaient que ce travail ne fût pas déjà fait. Son Excellence M. Troplong, président du Sénat, dans une lettre qu'il m'a fait l'honneur de m'écrire à ce sujet, s'exprimait ainsi : « Tous les esprits sérieux
» vous sauront gré de les faire profiter d'un ouvrage
» qui traite un sujet très-intéressant à étudier, et qui
» a donné à son auteur un rang distingué parmi les
» publicistes de l'Europe. »

J'étais donc certain de l'accueil empressé qui serait fait en France à votre livre. Cependant, j'hésitais devant une entreprise dont je comprenais toute l'importance scientifique, mais dont je mesurais aussi la difficulté de l'exécution.

Mais les événements politiques de ces derniers temps ont attiré tous les regards vers l'Italie, et chacun a dit son mot sur les destinées futures de la Péninsule. Dès lors, le moment était venu de faire paraître votre livre. Le meilleur moyen de savoir ce que veut et ce que peut un peuple qui prend les armes pour revendiquer son indépendance, c'est d'étudier ce que ce peuple a été jusqu'ici, et ce qu'il a toujours voulu.

Votre *Histoire de la Législation italienne* en exposant les vicissitudes du passé, apprend suffisamment les aspirations de l'avenir.

Votre Seigneurie a fait de nombreux changements et des additions considérables au texte italien; elle a fait, par conséquent, de la nouvelle édition française un livre presque nouveau et d'un grand intérêt, même pour les personnes qui ont lu l'ouvrage en italien.

Je dois exprimer ici le regret de n'avoir pu conserver dans la traduction française la division en trois volumes de l'original. Les matières qu'embrasse l'*Histoire de la Législation italienne* comportent, en effet, cette division en trois parties. Les Origines d'abord, les Progrès ensuite; mais cette seconde partie se subdivise naturellement en deux époques. La première comprend les XIIIe, XIVe et XVe siècles, ou l'époque de l'autonomie italienne, l'âge héroïque de la Péninsule. La seconde comprend les XVIe, XVIIe et XVIIIe siècles, époque d'affaiblissement, suite de la conquête par l'étranger. Telle est la véritable vue intérieure de l'ouvrage. Mais le format généralement adopté en France pour ces sortes de publications, et quelques considérations fondées sur l'espoir que Votre Seigneurie publiera bientôt l'histoire *de l'Etat actuel de la Législation italienne*, ont fait penser au savant et habile éditeur M. Didier, qu'il valait mieux ne faire que deux volumes quant à présent.

J'ai cru faire plaisir aux lecteurs, en ajoutant aux appendices du 1er volume, un article que Votre Seigneurie a publié en 1857, dans la Revue historique du Droit français et étranger, intitulé : *Les Lois lombardes.*

Ce document si intéressant jette une vive lumière sur l'influence que la domination des Lombards exerça sur la législation italienne. Ce fut pendant cette domination, en effet, que l'Italie sembla, pour ainsi dire, se détacher complètement des idées romaines. L'espèce de supériorité que les Lombards affectaient sur le peuple conquis devait produire ces résultats, et Luitprand, évêque de Crémone, put dire à l'empereur Nicéphore Phocas, en 968 : « Nous, Lombards, nous « les (les Romains) méprisons tellement que, quand « nous voulons dire une grosse injure à nos ennemis, « nous les appelons Romains. »

Comment les Lombards et les Romains du Xe siècle

sont-ils devenus des Italiens? c'est ce que le lecteur pourra voir dans l'*Histoire de la Législation italienne.*

Dans mon travail de traducteur, j'ai fait de mon mieux pour donner à la copie que je livre au public, quelque ressemblance avec l'heureux modèle que j'avais sous les yeux. Mais comme dit le poète latin :

> Lenta salix quantum pallenti cedit olivæ
>
> .   .   .   .
>
> Judicio nostro tantum tibi cedit Amynthas.

J'espère, cependant, que le lecteur me pardonnera les imperfections de mon travail, en faveur du désir que j'ai eu de donner à la littérature française, un livre que tout homme de loi peut étudier avec fruit, et que tout publiciste devrait lire avant de parler des choses de l'Italie.

Monsieur le Comte, je vous suis redevable déjà d'une grande condescendance, et je vous en remercie sincèrement. Mais combien vais-je vous paraître exigeant, en vous priant d'agréer mon modeste travail de traducteur, comme l'expression de mon profond respect et de ma gratitude la plus vive!

Doué, le   1861.

Le traducteur,

Charles SCLOPIS.

PRÉFACE DE L'AUTEUR

A LA TRADUCTION FRANÇAISE DE LA LÉGISLATION
ITALIENNE.

Ce travail sur l'Histoire de la Législation italienne
n'a été qu'un coup d'essai; j'ai voulu rappeler aux Italiens toute l'importance qu'il fallait attacher à la connaissance des institutions et des lois de leur pays. Je
désirais que mes compatriotes se rendissent compte de
ce qu'avaient fait leurs ancêtres pour en déduire ce
qu'ils devaient faire eux-mêmes.

Ce n'était ni une lamentation ni une apologie, on en
a trop fait en Italie, c'était une simple étude; on ne
saurait jamais en faire assez.

Il s'agissait d'éveiller la curiosité en traçant un tableau qui frappât la vue, de simples contours fortement
prononcés.

On m'a reproché de ne pas avoir assez développé

mon sujet, je n'ai qu'une réponse à faire à cela. Je m'adressais à des lecteurs qui, en général, n'aiment guère la prolixité, je tenais surtout à rendre la jeunesse italienne attentive à mes paroles. L'accueil fait à mon ouvrage a dépassé toutes mes espérances.

La grandeur du sujet a couvert les défauts du travail. Les circonstances du temps où j'ai publié les deux volumes (1840-44), contribuèrent puissamment à les faire recevoir avec bienveillance par le public. Le sentiment de nationalité commençait alors à prendre son essor dans ma patrie, on était las de l'oppression étrangère, on ne voulait plus subir l'humiliation d'entendre qualifier l'Italie de *terre des morts, ou de simple expression géographique.*

Dès qu'un peuple a la conscience de son droit et de sa force, il est bien près de revendiquer l'un par l'autre, c'est ce qui ne s'est point fait attendre chez nous.

En se présentant à des lecteurs français, mon livre a d'autant plus besoin d'invoquer leur indulgence qu'il est moins sûr de leur inspirer de l'intérêt. Ce n'est plus ici un portrait de famille qu'on aime malgré ses défauts, c'est tout simplement une œuvre d'art qui s'adresse à tout le monde, et que chacun peut juger en toute sévérité.

Comment mon livre sortira-t-il de cette épreuve ? Je n'en sais rien.

Ce que je sais seulement, c'est qu'entre les Français et les Italiens, il y a autant de sympathies de cœur que d'affinités de caractère : les unes et les autres sont loin de s'affaiblir aujourd'hui.

Jetons un regard sur le passé, nous verrons qu'au premier jour de la renaissance de la civilisation, une association intime de vues et d'intérêts existait déjà entre les deux nations.

Paris, foyer de mouvement intellectuel, voyait arriver dans ses murs pour y recevoir ou pour y répandre l'instruction, Thomas d'Aquin, Dante, Pierre Lombard, Henri de Suse. Brunetta Latini, se trouvant à cette époque en France, écrivait en français son livre du *Trésor*, sorte d'encyclopédie, *où il parle de la naissance de toutes choses*. Pour justifier le choix qu'il avait fait de la langue française, il dit que c'était le plus agréable et le plus répandu entre tous les langages [1].

Lyon, centre d'activité commerciale, était devenu le comptoir principal des banquiers italiens.

Il n'est pas jusqu'aux malheurs de la guerre qui n'aient servi à rapprocher les deux peuples.

Enfin c'est des Rois de France que sont partis deux projets mémorables de reconstitution politique de l'Italie, d'abord le grand dessein de Henri IV, ensuite le plan proposé par Louis XV peu avant le congrès d'Aix-la-Chapelle.

Je n'irai pas plus loin dans les citations. On n'a point oublié en Italie ce qui s'est passé sous les yeux de nos pères ; on n'oubliera pas ce qui y est arrivé de nos jours.

---

[1] « Se alcuno domandasse perchè questo libro è scritto in lingua » francesca, poichè noi siamo d'Italia ? io gli respondero, chè cio è » per due cose, l'una perchè noi siamo in Francia, et l'altra percio che » la parlatura francesca è più dilettevole e più comune che tutti li » altri linguaggi. » — Voyez Tirabaschi, Storia della litteratura italiana, lib. III.

S'il est vrai, ainsi que l'a dit d'Aguesseau [1], « que
» la constitution de leur gouvernement et les différentes
» révolutions qui en sont arrivées, ont rendu les Italiens
» plus profonds dans la politique qui est l'âme de l'his-
» toire, » il faut avouer aussi que ce gouvernement, et
ces révolutions ont empêché souvent en Italie l'établissement d'une bonne administration de la justice.

Nous en sommes encore à envier à la France l'éclat
de sa magistrature, avec ses traditions si honorables et
son action si constamment utile.

Nous ne pourrons qu'imiter la France dans l'œuvre
de la codification, car, quoi qu'en disent des esprits
prévenus et des critiques intéressés, « le code Napoléon
» ne cessera pas de jouir d'une autorité morale bien
» méritée, et d'exercer une influence sensible sur le
» développement des législations européennes [2]. »

Je ne fatiguerai pas le lecteur en lui expliquant de
quelle façon j'ai procédé dans mon travail, c'est à lui
d'en juger l'effet général.

Il me suffit de déclarer que je ne me suis point tenu
scrupuleusement à la distinction de l'histoire *externe*
et *interne* introduite d'après les principes de Leibnitz.

S'il reste toujours quelque incertitude sur les bornes
assignées à l'une et à l'autre espèce de narration, il
n'est pas moins difficile de s'attacher rigoureusement à
une de ces deux qualités, lorsqu'on veut exposer la
marche de la législation avec les faits principaux de
l'histoire civile d'une nation. J'ai cependant suivi le

---

[1] Œuvres complètes. — Paris 1819, t. XV, p. 97.

[2] Zachariæ. — Cours de droit civil français. — Introduction ,
§ 12.

plus souvent la forme externe, en laissant à la jurisprudence historique le soin d'exposer les détails intérieurs de chaque loi.

La difficulté principale de mon travail provenait de l'impossibilité de ramener à un centre commun des séries de faits à la fois analogues et distincts, de suivre un ordre chronologique suffisamment régulier sans pouvoir m'appuyer sur le synchronisme des événements.

Si je ne suis pas parvenu à éviter les redites, et peut-être, quelque confusion, le lecteur sera probablement mieux disposé à me pardonner ces fautes en songeant que je devais lier en faisceau les institutions et les lois de sept contrées différentes [1], dont chacune peut fournir à elle seule les matériaux d'une histoire abondante. C'est à la fois l'embarras des richesses et le danger de l'écrivain.

Je n'ai plus qu'à ajouter ici que mon livre, tel qu'il paraît en français, n'est pas une simple traduction. J'ai fait de nombreuses corrections et des additions considérables au texte original italien. J'y ai joint plusieurs notes que je crois importantes, et quelques documents qui me paraissent curieux.

C'est donc en partie un ouvrage nouveau, et plus complet sous tous les rapports.

Le traducteur instruit, capable et obligeant que j'ai eu le bonheur de rencontrer, mérite autant la confiance du public que la reconnaissance de l'auteur. Je

---

[1] Le Piémont, la Lombardie, Venise, la Toscane, Rome, Naples, la Sicile.

me plais à lui rendre ce témoignage ne pouvant mieux reconnaître tout ce qu'il a fait pour que cette publication fût digne du public éclairé auquel elle est destinée.

Turin, 12 novembre 1860.

FRÉDÉRIC SCLOPIS.

ORIGINES

HISTOIRE

DE LA

LÉGISLATION ITALIENNE

CHAPITRE Ier.

LE DROIT ROMAIN. — LES DOCTEURS.

Les anciens Romains, qui comprirent mieux qu'aucun autre peuple en quoi consistent la force et la stabilité d'un gouvernement, ne tardèrent pas à connaître l'importance des lois qui régissent l'intérieur de l'Etat, lois que nous appelons civiles aujourd'hui, en donnant à ce mot sa signification la plus large.

La propriété et l'égalité des droits privés étaient pour eux chose sacrée, ils faisaient reposer le véritable ordre public dans la juste distribution des droits individuels. « Rien ne doit être l'objet d'une conservation plus rigoureuse, dans la cité, que le droit civil. Qu'il vienne à disparaître, et l'on ne saura plus ce qui appartient à chacun, et toute égalité de raisons disparaîtra entre les individus et entre ceux-ci et la société. » Ainsi parlait Cicéron [1].

Le droit civil se développa lentement chez les Romains. Soumis d'abord à un respect religieux pour les XII Tables, il finit par s'adapter peu à peu au développement lent et successif des applications de la raison humaine, et à l'accroissement des exigences des temps. Ainsi, par les édits des Préteurs, on ne fit que céder à la nécessité impérieuse des progrès sociaux, et dans les écoles des juristes, on appela la philosophie stoïcienne pour suppléer à ce qui manquait par l'imperfection des lois.

A travers les vicissitudes des temps, ce droit ne fut jamais troublé ni par des changements imprévus, ni par des commotions violentes. Il arriva graduellement à sa perfection scientifique, et il se dilata en élargissant sa circonférence sans jamais déplacer son centre [2].

La plus grande révolution morale dont fasse mention l'histoire de l'humanité, l'apparition de la religion chrétienne, et son autorité reconnue solennellement dans l'Empire, ne changea ni l'ordre ni l'aspect du droit romain. La doctrine divine du Christ ne s'ingère pas dans

---

[1] Guill. Budeus : *Annotationes in Pandectas* : Lugduni, 1541, p. 24.

A peine avons-nous besoin de remarquer que nous parlons de temps postérieurs aux douze Tables; alors que, pour nous servir des expressions du juriconsulte Pomponius, Rome était déjà *Civitas fundata legibus.*

[2] Warnkœnig : Histoire externe du droit romain. Bruxelles, 1836, p. 55 et 97.

les gouvernements du monde, et les préceptes sur lesquels repose la philosophie morale de ce droit, ne s'é-
loignent pas de la morale évangélique. Les Pères de
l'Eglise, loin de combattre ce grand apparat de philosophie pratique tirée de la raison humaine, ne man-
quèrent pas de s'en servir à l'appui des vérités qu'ils
enseignaient [1]. Et lorsque Théodoric, roi des Goths
établis en Italie, entreprit de défendre et de conserver
le droit romain, le souverain pontife l'en félicita gra-
cieusement.

En disant que le Christianisme n'a pas fait changer
le droit romain, cela ne s'applique qu'aux principes
philosophiques qui en forment, pour ainsi dire, l'âme
et l'élément moral; car pour peu qu'on examine les
constitutions impériales depuis Constantin, on s'aper-
cevra bien que toutes les relations extérieures de leur
législation se modifièrent successivement.

Nous devons pareillement avertir que ce que l'on accorde au droit romain ne s'étend pas à celles de ses
dispositions qui concernent les sanctions pénales et
l'ordre politique. Là, on ne voit ni raison ni équité;
tout y apparaît comme emprunté à la férocité des mœurs
ou à la volonté despotique des Césars.

Et justement l'âge présent, tout en admirant la science
des jurisconsultes anciens, s'attache soigneusement à
faire disparaître les traces d'un ordre de choses recommandé seulement par le pouvoir qui l'avait établi.

Les écrits des jurisconsultes parcouraient les écoles

---

[1] Lactance dans le livre intitulé *Divinæ institutiones*, l. I, c. 1,
suit cet exemple en disant : *Quidam prudentes et arbitri æquitatis
institutiones civilis juris compositas ediderunt.*

et les tribunaux ; mais le nombre des lois impériales s'étant accru, on sentit bientôt le besoin de les réunir. Entre la fin du règne de Dioclétien et le commencement de celui de Constantin, parurent deux compilations, œuvre d'étude privée, et qui tirèrent de leurs auteurs le nom de Codes Grégorien et Hermogénien.

Il s'écoula encore plus d'un siècle avant que le gouvernement songeât à accomplir ce que la diligence des sujets avait conçu et entrepris. Le code Théodosien fut promulgué à Rome en l'année 438 ; il contenait spécialement les lois sur l'administration et les intérêts du gouvernement, laissant la plupart des règles du droit privé dans les mêmes conditions où elles étaient au sein des écoles des anciens jurisconsultes. Il est bien vrai que, neuf ans plus tôt (en 429), Valentinien III, par une constitution particulière, avait défini l'usage que les juges devaient faire des écrits de ces jurisconsultes. En accordant une préférence marquée à quelques-uns d'entre eux, on était parvenu à débarrasser le barreau d'un grand nombre d'opinions ayant acquis une certaine autorité par l'usage, mais peu aptes à enrichir la science et à éclairer la conscience du juge.

Enfin Justinien, non-seulement compléta et élucida les compilations entreprises par ses prédécesseurs, mais il réunit en un ensemble les diverses parties de l'ancienne jurisprudence, la série des constitutions impériales et la théorie sommaire du droit à l'usage de la jeunesse. Ce triple but fut atteint à l'aide des trois compositions : le Digeste, le Code et les Institutes [1].

---

[1] Le *Digeste*, ou compilation des préceptes et des sentences des

Il voulut ensuite changer plusieurs lois antérieures, et il promulgua les constitutions non comprises dans son Code, appelées Novelles, parce qu'elles avaient nouvellement paru.

La critique n'épargna pas ces compilations auxquelles le souverain avait donné force de lois. On mit en évidence tous les défauts qui s'y trouvaient, et pour discréditer encore plus cette œuvre, on ne ménagea pas le blâme à ses auteurs, et l'on confondit dans le même jugement les incorrections du nouveau corps de lois avec les vices du prince qui l'avait ordonné, et ceux de Tribonien, son ministre, qui l'avait composé [1].

Mais quelque sévère que l'on se montre à ne pas pardonner des erreurs inévitables, dans un travail aussi

anciens jurisconsultes romains, se divise en cinquante livres, subdivisés en titres. On prétend qu'il contient l'extrait de deux mille volumes presqu'entièrement perdus aujourd'hui, et de trois millions de sentences. On l'appelle aussi les *Pandectes* ou recueil général des doctrines. Le Digeste fut publié en l'an 533 de l'ère chrétienne. La même année parurent les Institutes, ou premiers rudiments de la jurisprudence civile. En 534 fut publié le code de Justinien que nous connaissons aujourd'hui, et qui contient les constitutions et les rescrits des empereurs; il est divisé en douze livres contenant divers titres. Déjà avant celui-ci, en 529, on avait publié un autre code qui fut augmenté et corrigé par celui dont nous parlons, et auquel on donna le nom de *Codex repetitæ prælectionis*. Pour donner une idée concise et exacte à la fois des compilations de Justinien, il nous semble qu'il n'y a rien de meilleur que le livre de Jacques Gothofredo intitulé : *Manuale juris seu parva juris mysteria*. Nous citons la 11e édition de Genève de 1726. Voy. aussi Hugo : *Histoire du droit romain*, § 391. Trad. de Jourdan.

[1] François Ottoman, jurisconsulte français du XVIe siècle, recueillit toutes les accusations portées contre la compilation de Justinien dans un opuscule intitulé : *Anti-Tribonien*. Un jurisconsulte allemand, Schulting, entreprit la défense de l'œuvre de Tribonien dans sa *Jurisprudentia Anti-Justinianca*.

gigantesque, entrepris dans des temps aussi défavorables, on n'ôtera pas à Justinien le mérite d'avoir donné aux lois la forme qui lui paraissait être la plus opportune, et d'avoir contribué à la conservation de ces précieux fragments de la science ancienne, qui auraient été perdus, dans l'état de barbarie qui survint un peu après lui, si, réunis sous la tutelle impériale, ils n'eussent acquis, aux yeux du public, une plus grande autorité.

On se tromperait beaucoup si, en voyant toute cette série de compilations et de codes, on en concluait qu'ils étaient l'expression d'un vrai progrès dans la civilisation des peuples, ou tout au moins dans l'art d'édicter des lois. Ils ne furent, à notre avis, que des instruments matériels apprêtés pour définir avec plus de facilité les questions de jurisprudence pratique, et pour donner plus de vigueur aux ordonnances impériales. Justinien en profita peut-être, pour faire disparaître certains vieux simulacres d'opinions libres qui pouvaient, sinon inquiéter, du moins blesser son pouvoir absolu ; mais au fond, toutes ces compilations ne furent que la réduction d'anciens amas de livres et de registres, en un seul ensemble simplifié, en un système composé de parties, non tout à fait homogènes, mais moins difformes, et moins incertaines qu'elles n'étaient auparavant [1].

---

[1] L'exposition, comme on dit aujourd'hui, des principes fondamentaux des compilations de Justinien, se trouve dans les préfaces mêmes de ces ouvrages. Voy. à ce sujet le fameux chapitre XLIV de l'Histoire de la décadence et de la chute de l'empire romain, de Gibbon, et le § 394 de l'histoire du droit romain de Gustave Hugo, dont nous avons déjà parlé.

La cour de Constantinople n'était pas la seule qui s'occupât de faire revivre les documents de la législation romaine. Les princes des Barbares qui occupaient les plus belles provinces de l'empire d'Occident, faisaient faire des collections de lois puisées à la source romaine, pour le gouvernement de sujets accoutumés à ce tempérament d'équité. Ainsi, l'on vit paraître l'édit de Théodoric, roi des Ostrogoths (en 500), le bréviaire d'Alaric, roi des Visigoths (en 506), le code des Bourguignons, dit de *Papien* (peu après 500), et l'édit d'Atalaric, roi des Ostrogoths (en 530 environ).

Ainsi, il advint que cette raison civile qui avait poussé des racines profondes dans les mœurs, les coutumes et les habitudes du peuple, ne put plus être arrachée par la violence d'événements malheureux.

A l'apparition des Lombards, il sembla que toute trace de civilisation ancienne dut disparaître. Ignorants et inflexibles comme des sauvages, ils réduisirent à la misère leurs nouveaux sujets, et les dépouillèrent de tout droit politique. Dira-t-on que toute notion des lois romaines s'était éteinte chez les Latins? que l'on doit rapporter uniquement aux Pandectes retrouvées à Amalfi, la réapparition de ces lois [1]?

Depuis longtemps on a dit que le droit romain n'a jamais disparu de cette terre qui fut son berceau. Dans l'histoire de ce droit au moyen âge, M. de Savigny a rendu cette vérité plus éclatante, et déjà l'Italie a applaudi aux savantes investigations de ce noble génie [2].

---

[1] On prétend que les Pisans emportèrent ce code unique alors, avec le butin fait à la prise d'Amalfi, en 1135.

[2] Voy. au sujet de cet ouvrage, les articles du professeur Capei, insérés dans l'*Anthologie* de Florence.

Mais on ne doit pas oublier que la question de l'existence non interrompue des lois romaines, fut soulevée
et décidée par plusieurs illustres Italiens, bien des années avant qu'on eût connu l'ouvrage du professeur de
Berlin.

Nous nous sommes cru obligé de toucher à ce point
de notre histoire littéraire, puisque nous le voyons singulièrement travesti par des étrangers. On lit, en effet,
dans un écrit de E. Lherminier [1], en parlant des livres
de M. de Savigny, *que depuis longtemps, surtout en
Allemagne, les vrais jurisconsultes avaient rejeté une
telle tradition* (de l'interruption totale du droit romain).
*Mais elle obtenait toutefois une certaine créance auprès
de la multitude, et n'avait jamais été victorieusement
réfutée.* Une telle assertion n'est pas prouvée. — Non-
seulement les Italiens [2] avaient soutenu l'opinion dont
on attribue le mérite aux jurisconsultes allemands,
mais il y a plus d'un siècle, une vive polémique s'était
allumée sur ce point. Des opinions opposées furent
soutenues par des hommes d'un grand savoir : Guido
Grandi, illustre mathématicien et Bernard Tanucci,
appelé au ministère à Naples, sous le roi Charles III,
furent les principaux champions [3].

Le ministre fut vaincu par le géomètre, et il fut avéré
que le droit romain n'avait jamais disparu de chez les
Latins, sous la domination des Barbares. Il est donc

---

[1] Dans l'appendice à l'Introduction générale à l'histoire du droit,
p. 367.

[2] Donat Antoine d'Asti, *De l'Usage et de l'autorité de la raison
civile,* etc., lib. II.

[3] Tanucci soutenait que, durant la domination des Barbares, toute
trace de droit romain avait disparu. Grandi disait le contraire.

du devoir de celui qui s'occupe des vicissitudes de notre ancienne législation, de ne pas passer sous silence le mérite de ces Italiens qui, les premiers, réveillèrent cette controverse, et il n'est pas difficile de s'en rendre compte, puisque la controverse est racontée tout au long dans l'histoire de la littérature italienne de Tiraboschi [1], qu'il n'est pas permis d'ignorer quand on veut parler de choses arrivées en Italie.

Nous avons dit que M. de Savigny avait démontré à l'évidence, que l'application du droit romain n'avait jamais cessé en Italie, sous le gouvernement des Lombards et des Francs. Nous ajouterons maintenant, que pour mener à fin son œuvre célèbre, M. de Savigny ne manqua pas de matériaux précieux préparés et disposés par plusieurs Italiens. Mais en s'en servant avec un examen rigoureux et une grande pénétration de jugement, il a été très utile à l'histoire particulière de la science des lois, aussi bien qu'à l'histoire de la civilisation de l'humanité. Il puisa des documents très-importants dans les bibliothèques considérables de l'Italie, et notamment dans celle de Turin [2].

Les limites que nous avons assignées à notre travail, ne nous permettent pas d'entrer dans l'analyse des preuves tendant à démontrer que, soit à Rome, ou dans l'exarchat de Ravenne, ou même dans les pays soumis

______

[1] Lib. IV, chap. VI.

[1] M. de Savigny : Histoire du droit romain, appendice IV, vol. n. III. Traduction de Guenoux. Nous sommes heureux de pouvoir offrir à nos lecteurs certaines gloses très anciennes et inédites sur le droit romain, que M. de Savigny n'avait pas connues. On les trouvera aux nos 1 et 2 de l'appendice, à la fin de ce volume.

aux Lombards, on a toujours conservé la tradition de plusieurs parties du droit romain. M. de Savigny a si bien développé cette partie, qu'il ne resterait plus aujourd'hui qu'à glaner dans le champ où il a si amplement moissonné. La continuation des idées romaines, bien que couvertes par l'obscurité des temps, et dénaturées par l'ignorance des hommes, explique mieux que toute autre chose, pourquoi la barbarie fut toujours moins profonde en Italie que partout ailleurs, et comment là plutôt qu'ailleurs, surgit la lumière de la civilisation qui, bientôt, éclaira toute l'Europe peut-être.

Il ne sera cependant pas inutile de dire comment les différents livres des compilations de Justinien se reproduisirent entre les mains d'hommes studieux. Un écrivain très versé dans cette partie d'érudition historique, et dont nous citerons les paroles, a décrit ce fait mieux que nous ne saurions le faire [1].

« Le livre des Institutes est le seul des volumes de la jurisprudence de Justinien qui soit parvenu jusqu'à nous, tel qu'il sortit des mains de ses auteurs. L'œuvre du Digeste peu appréciée et encore moins employée, fut souverainement négligée, et il paraît qu'elle aurait disparu en grande partie, si le hasard n'avait conservé avec les Pandectes florentines [2] un exemplaire pres-

---

[1] Article du chevalier Charles de Vesme inséré dans le journal intitulé : *Annales de Jurisprudence*, qui se publie à Turin. Livraison de novembre 1838.

[2] V. l'opuscule intitulé : *Quatuor folia antiquissimi alicuius Digestorum codicis rescripta, Noapoli nuper reperta, nunc primum edita ab crud. Theod. Gaupp. U. J. et D. P. P. E. in universitate* Vratislaviensi : Vratislaviæ 1823. L'éditeur donne à ce palimpseste une date

qu'entier et très ancien de ce monument de la sagesse des Romains [1].

» Le Code était encore plus altéré et discrédité. Les mêmes causes qui rendirent moins fréquent l'usage du Digeste au moyen âge, firent que, dès les temps les plus reculés et antérieurs à l'école de Bologne, dont on parlera bientôt, le Code fut divisé en deux parties ; de manière que l'on transcrivait les neuf premiers livres seulement, lesquels servaient à l'usage des écoles et du barreau, et l'on mettait encore dans ces livres, les lois doubles et les nombreuses constitutions grecques.

» Les trois derniers livres concernant principalement le droit public, et par cela, moins utiles à la jurisprudence privée, étaient peu compris et entièrement abandonnés, et furent tellement oubliés que, du VIIe siècle jusqu'à l'ouverture de l'école de Bologne, on n'en trouve aucune citation ni aucune mention spéciale.

» On ne sait au juste d'où ces livres, perdus depuis si longtemps, furent tirés lors de la renaissance des études de la jurisprudence romaine ; il est cependant probable qu'on les retrouva dans les archives de l'Eglise, à Rome ou à Ravenne.

» En Occident, comme en Orient, aussitôt après la

postérieure de quelques années à l'époque des Pandectes florentines, c'est-à-dire vers la moitié du VIIe siècle.

[1] Une division bizarre du Digeste s'introduisit dans les écoles après la renaissance des études de la jurisprudence, et fut suivie dans les éditions du XVe et du XVIe siècle. On appela *Digestum vetus* la partie comprise depuis le 1er livre, jusqu'au titre 2[o] du vingt-quatrième ; *Infortiatum*, celle contenue depuis le titre troisième du susdit livre, jusqu'à la fin du trente-huitième ; et de là jusqu'à la fin de la compilation, on disait : *Digestum novum*. V. sur cette distribution, M. de Savigny, chap. XXII L. c.

mort de Justinien, les Novelles furent confondues, et on y ajouta plusieurs constitutions émanées de ses successeurs. »

Après avoir parlé des textes du droit romain, il est inutile d'indiquer tous les ouvrages de jurisprudence, compilations et épilogues [1] conservés au temps de la renaissance de ces études. Quiconque voudra se rendre un compte exact de tous ces travaux qu'il serait trop long d'énumérer ici, trouvera dans l'histoire de M. de Savigny et dans l'exposition de Vesme, un ample exposé de doctrine peu commune.

Quelques considérations entre autres serviront à mettre en évidence les moyens à l'aide desquels le droit romain se conserva, à travers une si grande variété de coutumes étrangères, introduites en Italie. D'abord, on doit rappeler l'usage constant, observé par les ecclésiastiques, de suivre cette législation pour régler les actes civils que les fidèles soumettaient à leur jugement. Cela est amplement démontré par les lettres de saint Grégoire-le-Grand, dans lesquelles on lit des passages entiers de droit romain, ainsi que la centième loi du sixième livre de Luitprand, roi des Lombards, lequel tient pour reconnu que le veuf qui entre dans les ordres sacrés, passe sous l'empire d'une nouvelle loi qui ne peut être que la loi romaine [2]; enfin la cons-

---

[1] Dans le livre récemment publié par C. E. Zachariæ, intitulé : *Historiæ juris græco-romani delineatio* : Heidelbergæ 1839, cap. XI, p. 56, on lit : *Leges in Basilica atque enchiridia ab imperatoribus edita relatas, et novellas constitutiones Leonis et insequentium imperatorum iudices inde a sæc. X in causis decidendis unice sequebantur.*

[2] V. Grandi, *Epistola de Pandectis ad Averanium*, n° 10. Muratori dans la note de la loi susdite de Luitprand.

titution de Louis le Débonnaire, qui prescrit formellement que tout le clergé et le patrimoine de l'Eglise
doivent être régis par les lois romaines. Il y avait, en
effet, des exceptions en faveur, soit d'individus attachés au clergé qui renonçaient à cette loi, soit de monastères que le titre de fondation soumettait à la tutelle des princes lombards, comme celui de Farfa qui
obéissait aux lois lombardes. Mais l'exception confirmait la règle, et cessait d'être appliquée, alors qu'il s'a-
gissait de contestations avec d'autres ecclésiastiques vivant sous l'empire du droit romain. En outre, les Lombards avaient formellement reconnu l'existence légale
de l'ancien droit romain, et Luitprand lui-même, à la
loi 37 du livre sus-mentionné, ordonnait que les titres
et les obligations devaient être écrits selon le droit
romain qui les régissait, en mettant en regard le droit
lombard et le romain.

On doit en outre faire attention à l'autorité attribuée aux coutumes de longue date qui prenaient force
de loi, toutes les fois qu'elles n'étaient pas en opposition avec les intérêts des dominateurs étrangers; en
effet, Charlemagne, par une constitution expresse, reconnut la puissance des coutumes nationales [1], et
donna une nouvelle vie à ces institutions, que les Lombards toléraient sans les avoir jamais validées. C'est
peut-être cette loi qui renouvela le fondement de la civilisation italienne, et qui rattacha le passé à l'avenir;
et la plupart des problèmes qui restent encore à résou-

---

[1] *Ut longa consuetudo, quæ auctoritatem publicam non impedit, pro
lege servitur.* Ap. Muratori R. J. S., t. I, p. 2, l. 148.

dre dans l'histoire du moyen âge en Italie, deviendront moins obscurs, si l'on tient compte de la puissance des coutumes reconnues.

Quoique toute notion du droit romain ne fût pas perdue, ce fut pourtant un merveilleux spectacle que l'étude surgissant tout à coup de la raison civile. Pour rendre cette époque encore plus illustre, il ne manqua ni le secours de plusieurs codes découverts récemment, ni la voix solennelle d'un maître vénéré, ni la condition des temps où l'on s'efforçait de resserrer les liens de la fraternité entre tous les Italiens, désireux de revenir aux anciens exemples romains, mus par cet instinct d'indépendance qui précède toujours le moment de la régénération d'un peuple.

La Chronique de l'abbé d'Ursperg qui vécut vers l'époque de la reprise des études du droit romain, raconte ainsi l'institution de l'école de Bologne : « En ce temps-
» là, » y lit-on, « à la requête de la comtesse Mathilde,
» le seigneur Irnerius [1] renouvela l'étude des livres de
» droit, depuis longtemps négligée. Il les divisa selon
» l'ordre observé dans la compilation de l'empereur
» Justinien, de sainte mémoire, se permettant à peine
» d'y intercaler quelques mots. On y trouve les Insti-
» tutes de cet empereur qui forment, pour ainsi dire,

---

[1] Nous n'hésitons pas à reconnaître Irnerius comme le vrai restaurateur de la jurisprudence romaine. Quelques-uns associent à sa gloire Lanfranc, qui devint par la suite abbé du monastère du Bec en Normandie. Celui-ci fut, peut-être, le premier à tenter la grande entreprise du renouvellement de ces études, mais ayant bientôt abandonné le monde, il laissa à Irnerius le soin d'achever l'œuvre, et l'on tint pour chef de l'école celui qui en avait achevé la restauration.

» le commencement de l'introduction au droit civil. Les
» édits des Préteurs et des Ediles curules qui étendirent
» la raison et l'autorité de ce droit, sont contenus dans
» le livre des Pandectes, c'est-à-dire, du Digeste. Il im-
» porte d'y ajouter le livre du Code, dans lequel sont
» enregistrées les constitutions impériales. Le quatrième
» livre est celui des Authentiques [1], que Justinien fit
» pour suppléer aux lois impériales et les corriger. »

Il résulte de ce récit, que le renouvellement de la législation, par la reprise de l'étude de la jurisprudence
romaine, est dû à une princesse qui, par la culture de
l'esprit et son alliance avec le Saint-Siége, était, mieux
que tout autre, en état de juger du caractère des temps
et de la qualité des éléments scientifiques dont on pouvait disposer à cette époque.

Un tel appel explique assez facilement, comment un
simple citoyen, comme Irnerius, se trouva, tout-à-
coup, à la tête d'une Ecole qu'il n'aurait pu ériger tout
seul. C'est donc à la princesse Mathilde, comtesse de
Toscane, que la postérité doit l'immense bienfait de la
renaissance du droit civil [2], sans rien ôter à la louange
due à Irnerius, qui sut répondre à la nécessité des

---

[1] C'est-à-dire la collection des Novelles, desquelles on a extrait les
Authentiques qu'on lit encore jointes aux divers titres du code.

[2] Charles Sigonius croyait que l'abbé d'Ursperg se trompait en attribuant cette gloire à la princesse Mathilde qui était déjà décédée. Mais
l'abbé d'Ursperg qui avait fixé à l'an 1115 la mort de ladite comtesse, savait bien qu'elle ne vivait plus en 1126. Il voulait donc dire
qu'Irnerius florissait à cette époque, mais que, bien avant, aux ins-
tances de Mathilde, il avait entrepris d'expliquer le Digeste et les autres lois de Justinien. Telle est l'opinion de Muratori (Annales de
l'Italie 1116), à laquelle nous adhérons. V. Fiorentini : Mémoires de
la grande comtesse Mathilde, p. 336, 2e édition, Lucques 1756.

temps, et à l'impulsion d'un prince qui y obéissait [1].

Il est à peine nécessaire d'avertir ici que le décret de l'empereur Lothaire II, de 1138, qui maintenait en vigueur le droit romain exclusivement, n'est rien moins que prouvé. L'examen critique [2] qu'on en a fait, démontre la fausseté de ce document.

L'histoire ne nous a pas transmis de plus amples renseignements sur l'important événement du renouvellement de la jurisprudence, et il n'est pas étonnant que des contemporains aient peu écrit, à une époque inculte et agitée, alors que, dans des temps plus civilisés et plus tranquilles, les historiens firent peu de cas des changements survenus dans l'ordre civil. On peut assurément attribuer à notre époque d'avoir appelé l'histoire à s'occuper du progrès social, plutôt que de stériles descriptions de batailles, d'intrigues et de généalogies.

La célébrité de l'école de Bologne s'éleva rapidement à un tel degré, qu'elle devint le centre de l'enseignement public de toute l'Italie. Là se formaient ces docteurs de la loi qui furent peu après appelés à siéger dans les conseils de l'empereur. Les quatre docteurs qui assistaient Frédéric dans la Diète de Roncaglia, s'ils ne surent pas bien asseoir les fondements du droit public italien, relevèrent au moins l'honneur de la jurisprudence, en l'érigeant en arbitre des arrangements

---

[1] L'étude du droit romain avait aussi repris dans l'école de Ravenne. Saint Pierre Damien raconte des débats très-vifs qui s'y étaient élevés au sujet des différentes règles de compter les degrés de parenté qui s'observent dans ce droit et dans le droit canon. Il cite à ce sujet différents passages des Institutes de Justinien. V. le traité de saint Pierre Damien, *de Parentelæ gradibus.*

[2] Lindenbrog Brenckmann Grandi.

politiques. Nous traiterons de cela, lorsque nous aurons à parler des institutions féodales.

L'étude des lois canoniques ne tarda pas à s'élever contre celle du droit romain. Dans les temps plus anciens, les ecclésiastiques s'étaient servis des lois de Rome, comme on l'a déjà vu, mais dès qu'ils eurent une loi particulière, ils favorisèrent celle-ci, au détriment de l'autre.

Cette rivalité se manifesta ouvertement, alors que l'enseignement du droit civil s'introduisit dans l'université de Paris. Quoique ce point historique concerne spécialement la France, il est utile néanmoins d'en parler, en raison de la connexion de ce pays avec l'Italie, siége principal du droit canonique.

Déjà, dès l'année 1163, dans le concile de Tours, le pape Alexandre III avait interdit aux religieux profès l'étude du droit civil à Paris. Le pape Honorius III, commença à étendre cette prohibition à tous les prêtres qui avaient charge d'âmes, et plus tard, par la célèbre décrétale *Super specula*, il défendit à l'université de Paris d'avoir une chaire de droit civil romain [1].

Cette défense déplut souverainement en France, et ce ne fut qu'avec le temps que les esprits s'y accoutumèrent [2].

---

[1] Chap. XXVIII *de Privilegiis* dans les Décrétales de Grégoire IX. V. l'édition qu'on doit à Richter, où ce texte et plusieurs autres sont différemment exposés que dans les éditions vulgaires, parce qu'ils sont conformes à leur composition originale, sans aucune lacune.

[2] Ainsi que l'affirme Etienne Pasquier en disant que la *promotion du droit romain* en France « doit beaucoup à l'opiniastreté du peuple, encore que par traicté du temps, il se soit rangé dans Paris aux défenses du pape Honoré. » Recherches de la France, liv. IX, chap. XXXIX.

Il est très digne de l'attention des politiques et des historiens de voir avec quelle rapidité le droit romain, après sa renaissance, se répandit dans les pays les plus reculés de l'Europe, bien qu'ils n'eussent jamais été soumis à la domination romaine. Ainsi, les écoles ouvrirent des voies qui étaient restées fermées aux aigles du peuple conquérant. Dans beaucoup de ces contrées, ce droit devint la loi générale du pays; dans toutes, il acquit une telle autorité morale qu'il pouvait être comparé aux lois positives. Arthur Duck, dans son livre *De usu et auctoritate juris civilis Romanorum in dominiis Principum christianorum*, a réuni avec soin les preuves de cette discussion générale. Nous nous bornerons à citer l'exemple de deux pays très-difficiles à accueillir les usages étrangers, et qui cependant acceptèrent la loi romaine comme précepte de raison absolue. L'Angleterre la cite au nombre des sources de sa jurisprudence, comme une coutume immémoriale [1]; la France, dès les premiers jours de la reprise de l'étude des lois, accueillit le texte romain avec beaucoup de respect, et lui donna de l'autorité jusqu'au sein de ces *coutumes* qui en différaient tant. Ainsi, le plus chaud défenseur des coutumes en France, Charles du Moulin, reconnut que, dans beaucoup de cas, il fallait recourir au droit romain [2].

---

[1] Dans un passage de saint Bernard sur la vie de saint Malachie (n° 8), on voit comment, dès cette époque, la connaissance du droit romain s'était étendue jusqu'aux extrémités de l'Irlande dont saint Malachie était évêque. *Fiunt de medio barbaræ leges, romanæ introducuntur*, etc. D'où l'on doit conclure que l'introduction du droit romain était considérée comme un moyen de civilisation salutaire...

[2] *Sed quia jus* (justinianæum) *a sapientissimis viris ordinatum,*

Qu'on remarque les deux qualités de *raisonnable* et de *complet* qui font, en effet, que le droit romain s'élève au-dessus des anciennes jurisprudences germaniques, lesquelles laissaient plusieurs points indécis, et renvoyaient plus souvent à l'usage reconnu qu'au sens intime de la loi.

Avec la civilisation, s'accrut aussi le respect des lois romaines qui paraissaient s'adapter à toutes les conditions d'Etats et de peuples. Ainsi, les rapports moraux entre tous les hommes, chaudement recommandés par les stoïciens, s'établirent encore au moyen de la jurisprudence créée par des hommes initiés à cette philosophie. Ainsi, quelque changée et améliorée que soit aujourd'hui la forme des lois civiles, leur moralité s'explique encore aujourd'hui par les principes du droit romain.

En ces temps-là, les études recevaient une plus grande impulsion dans l'Université, où se réunissaient les plus grandes intelligences pour instruire la jeunesse la plus hardie. Au désir d'acquérir de la science, s'unissait l'amour de la patrie, émergeant du sein de la barbarie.

Les dernières étincelles du savoir humain, s'étaient conservées dans les écoles monastiques. Celle du monastère de Saint-Colomban de Bobbio avait joui d'une grande réputation. Outre le saint de ce nom dont le savoir était aussi varié que profond, il y avait eu à Bobbio d'autres moines, au nombre desquels était

---

tam est æquum, rationabile et indequaque absolutum, ut omnium fere christianarum gentium usu et approbatione commune sit affectum. Commentar. in consuetud. Parisiens., tit. I, n° 110.

Dungall, venus du monastère de Jona aux Hébrides, d'où ils apportèrent certains manuscrits fort rares. C'est de Bobbio que sont venus ces précieux *palimpsestes*, dont notre époque s'honore à juste titre d'avoir fait la découverte. L'illustre Gerbert, devenu par la suite pontife sous le nom de Sylvestre II, y avait attiré un grand nombre d'étudiants. Attone, évêque de Verceil, homme très savant pour son temps (xe siècle), avait érigé plusieurs écoles dans son diocèse, et ordonnait que, dans les campagnes, les enfants du peuple fussent gratuitement instruits dans les lettres par les prêtres [1].

Quelques-uns pensent que la première origine de l'Université, doit être attribuée aux ordonnances sur l'instruction publique émanées de Lothaire, après l'année 823. Mais la véritable restauration des études ne date que de l'époque à laquelle se réveilla l'esprit d'indépendance communale et l'ordre social renaquit, ainsi que l'autonomie italienne [2].

M. de Savigny a peint en couleurs vives et en traits précis, le cadre des vicissitudes des célèbres écoles de l'Italie et de la France, qu'on appelait *Universités des lois* [3]. Nous n'essaierons pas d'embellir ce tableau, mais nous en extrairons ce qu'il est indispensable de savoir

---

[1] Voici les propres expressions du vénérable évêque de Verceil dans le *capitulaire* qui contient l'ordre sus-mentionné : « Ignorantia mater cunctorum errorum maxime a sacerdotibus Dei vitanda est qui docendi officium in populis susceperunt. » Nous citons l'édition de Verceil de 1768, in-fol., vol. II.

[2] V. Leçon académique de Prosper Balbo sur l'histoire de l'université de Turin, dans le XXIXe volume des Actes de l'Académie royale des sciences de cette ville.

[3] Hist. etc., chap. XXI.

pour l'entente de l'histoire générale de la législation.

Les deux plus célèbres Universités de droit en Italie, furent sans contredit celles de Bologne et de Padoue. La première fut, pour ainsi dire, la mère-patrie de l'enseignement, et de là, partit une colonie de professeurs et d'étudiants qui fondèrent, en 1222, l'université de Padoue. Il arrivait souvent que les maîtres et les élèves allaient de l'une à l'autre de ces universités, surtout dans des temps d'âpres discordes civiles, où les partis ennemis chassaient leurs adversaires de la patrie, ou en étaient chassés, selon les circonstances.

Souvent, des étrangers étaient entraînés dans ces changements de fortune. Ainsi Dante, exilé de Florence, vint étudier à Bologne, et en sortit peu de temps après, alors que cette ville contracta alliance avec le parti dominant à Florence et hostile à Dante. Il se réfugia alors à Padoue [1], d'où il partit bientôt pour Paris, pour y entendre Sigieri, célèbre théologien.

Après ces universités renommées, à la hauteur desquelles s'éleva l'école de Salerne pour les sciences médicales, on compta en Italie plusieurs autres grandes écoles, comme celles de Pise, de Vicence, de Verceil, d'Arezzo, de Ferrare, de Rome, de Naples, de Pérouse, de Plaisance, de Modène, de Reggio, de Pavie et de Turin. Il y en eut une aussi à Novare, ainsi que l'indiquent les statuts de cette ville [2]; ce collége, oublié par M. de Savigny, florissait vers 1400.

Et pour ajouter encore quelque trait, dont le même

---

[1] César Balbo. Vie de Dante, vol. II, chap. III et IV.

[2] On lit dans Morbio, *Histoire des Municipes italiens* (vol. II, p. 27), le statut dont nous parlons.

auteur ne parle pas assez, nous rappellerons que le collége de Verceil comptait parmi ses professeurs Uberto de Bobbio, jurisconsulte qui fut appelé à donner son avis sur le droit de régence que réclamait la reine Blanche de Castille, mère de saint Louis, roi de France. Son avis, qui était favorable à la reine, fut suivi, et il n'y a pas longtemps qu'on en invoquait l'autorité dans une discussion politique [1].

Pour nous, nous nous plaisons à proclamer à la louange de notre pays, que dès sa fondation, l'université de Turin acquit un grand renom par l'éclat des professeurs qui y enseignèrent le droit. Bertolino de Bertoni quitta le collége de Pavie pour occuper une chaire à Turin en 1404. Les deux illustres jurisconsultes Christophe Castiglione et Signorino des Omodei y occupèrent une chaire [2]; tous les deux sont mentionnés dans les additions faites à l'histoire de M. de Savigny. Le Pape et l'Empereur qui, selon l'usage, patronaient les études, ornèrent de leurs priviléges l'université de Turin, que les princes de Savoie, à l'imitation de ce que faisaient les rois de France, à l'égard de l'université de Paris, appelaient leur fille.

Parfois, il arrivait qu'on ouvrait une université pour accroître le nombre des habitants d'une ville et y attirer l'aisance. Alors on mettait tout en œuvre pour y appeler les étrangers de toutes les conditions, lesquels, pour s'appliquer à l'étude des lettres, quittaient leur

---

[1] Balbo, leçon sur l'université de Turin.
[2] Datta, Histoire des princes de Savoie de la branche d'Achaïe, liv. IV, chap. II.

pays et accouraient là où l'enseignement était meilleur.

Matthieu Villani [1] raconte que, « la mortalité étant
» cessée, et les citoyens appelés au gouvernement de
» Florence étant un peu rassurés, ils voulurent attirer
» dans notre ville des hommes renommés et honorables,
» et fournir l'occasion aux citoyens sensés de s'instruire
» dans les sciences et la vertu ; le conseil de la commune
» délibéra sagement, et résolut d'établir à Florence un
» collége général enseignant la loi canonique, la loi
» civile et la théologie. Pour ce faire, on nomma des
» officiers, on réunit l'argent nécessaire pour avoir des
» docteurs-ès-sciences,..... et l'on publia l'institution
» du collége dans toute l'Italie..... La commune s'a-
» dressa au Pape et aux cardinaux, pour obtenir pri-
» vilége à Florence, de conférer le titre de docteur
» dans chaque faculté, et pour jouir des immunités et
» honneurs accordés aux autres colléges généraux de la
» sainte Eglise. Le pape Clément VI avec ses vénérables
» frères les cardinaux... accordèrent à notre commune
» le privilége qu'il fût permis, à Florence, d'y conférer
» le doctorat et la maîtrise en théologie, et générale-
» ment dans chaque science ; et ils accordèrent à ce
» collége toutes les franchises et tous les honneurs que
» l'Eglise avait accordés à Paris, à Bologne, et aux au-
» tres villes chrétiennes. »

Ce récit nous apprend quelles étaient les régles que
l'on suivait au xive siècle (1348) pour ériger les universités et les colléges généraux.

---

[1] Histoires, lib. I, chap. VIII.

Ainsi, au nombre des universités de l'Italie, il faut ajouter celle de Florence qui fut de courte durée; car, Pise étant tombée sous la domination des Florentins, les études que l'on faisait dans cette ville étant plus en renom, son université y attira les étudiants de la ville dominante, et les deux colléges n'en firent qu'un seul, en 1472.

Dans ces temples splendides de la science, on ne s'arrêtait pas seulement à l'enseignement de la doctrine, mais on y cherchait à approfondir l'autorité de la loi. A peine eut lieu la renaissance de l'étude du droit romain, que par un commun accord, on reconnut en lui le principe unique, universel de la législation italienne, et qu'il fallut recourir à ceux qui l'enseignaient, pour avoir les règles nécessaires à la solution des cas qui se présentaient.

Les docteurs ou professeurs de la faculté de droit pouvaient seuls remplir cette mission; partout, ils devinrent les seuls dépositaires du droit civil, dont ils interprétaient solennellement les préceptes, et nous voyons que, dès 1158, dans cette fameuse diète de Roncaglia, dans laquelle Frédéric Ier voulut réorganiser le gouvernement et affermir sa puissance dans les provinces italiennes, ainsi que nous l'expliquerons par la suite, les écoles étaient considérées comme les véritables organes de la loi, et l'empereur se confiait à ces professeurs comme à des ministres éclairés de son gouvernement [1].

---

[1] Constitut. *Habita*, cod. : *Ne filius pro patre... quorum scientia totus illuminatur mundus et ad obediendum Deo et nobis eius ministris vita subjectorum informatur.*

Bien rares étaient les constitutions impériales qui pourvoyaient à l'universalité des cas, et qui changeaient ou ajoutaient quelque chose au texte des lois anciennes; mais lorsque cela arrivait, pour faire promulguer ses nouvelles ordonnances, l'Empereur les envoyait à l'université, chargeant les docteurs de les enregistrer dans le volume du Code de Justinien, comme appendices des Novelles. Les Pontifes employaient la même forme pour la promulgation de leurs collections des Décrétales. Ainsi, pendant plusieurs siècles, les grandes universités de droit furent le centre de tout mouvement de législation générale, de laquelle se départaient seulement les statuts municipaux qui, dépourvus du caractère d'universalité, se restreignaient à pourvoir aux occurrences particulières de chaque commune.

Mais en dehors de Bologne, de Padoue ou d'autres semblables siéges d'études générales, dans presque toutes les villes d'une certaine importance, il y avait un collége de jurisconsultes, jouissant de priviléges singuliers. Il constituait un véritable tribunal civil, auquel chacun pouvait librement s'adresser, et quelquefois il fournissait des arbitres sur des procès pendants à la barre ordinaire. Le suffrage de ces hommes instruits était d'un grand secours dans la science du droit, alors que la plupart des tribunaux se composaient d'un seul juge, souvent dépourvu de tout savoir, et accessible de tout côté à ceux qui avaient intérêt à le faire prévariquer.

La jurisprudence civile n'était pas considérée comme un simple objet de pratique, on la cultivait et on l'appliquait avec une précision scientifique. Elle était d'autant plus en honneur, qu'on l'appliquait dans les affaires de l'Etat. Les plus ardues questions sur le gouvernement des peuples, étaient soumises aux jurisconsultes, et nous trouvons, par exemple, que Balbo définissait les cas où la guerre devait être considérée comme juste [1]; qu'Alciat examinait les droits de souveraineté et d'indépendance de diverses principautés d'Italie et d'Allemagne [2].

Nous savons que les docteurs des colléges de Pérouse, de Bologne et de Padoue, à la demande de princes de la maison de Farnèse, donnèrent leur avis sur la question de la succession au trône de Portugal, et pour parler de choses plus rapprochées de nous, la cause du Montferrat, entre le duc de Savoie et celui de Mantoue, fut vidée entièrement selon les principes du droit, par de vaillants jurisconsultes. Et il n'apparaît pas que les affaires allassent moins bien qu'aujourd'hui; au contraire, les fondements de l'ordre social furent posés dans ces temps-là.

La science qu'on appelle droit public et droit des gens ne s'était pas encore, au temps dont nous parlons, dégagée des simples théories du droit romain.

Ce fut un Italien, Albéric Gentile, qui le premier, vers la fin du XVIe siècle, traça les voies de la doctrine adaptée à ces matières, et écrivit un livre qui porte le même titre, et comporte à peu près les mêmes proportions que celui de Grotius publié dans le siècle suivant [3].

[1] 5 Cons. 439.
[2] 9 Cons. 532.
[3] Schiller, dans la préface du commentaire de Boeclero sur le livre

Puisque nous avons prononcé le nom de quelques interprètes du droit romain, il est désormais temps de
parler de ces hommes qui passèrent toute leur vie à
étudier et à enseigner au sein de la société moderne, les
anciennes lois de Rome. Leur autorité fut immense et
leur vocation fut aussi noble que possible. Ils furent les
premiers parmi les écrivains, parmi les maîtres et parmi
les défenseurs de la civilisation moderne; ils répandi-
rent l'autorité de la véritable raison civile, et le germe
de l'érudition utile [1].

On admire chez eux, répéterons-nous avec un illustre
jurisconsulte allemand notre contemporain [2], non-seu-

de Iure belli et pacis de Grotius, s'exprime ainsi à la page 24 : *Co-
varruviæ et Vasquio inter recentiores jurisconsultas Grotius plurimum
debet, ut fatetur, neque parum Bodino et Hotomanno ; sed in primis
Alberico Gentili qui serio instituit hanc viam collectis diligenter veluti
in communes locos, quanquam non adeo accurate digestis, hujus ar-
gumenti copiis.*

[1] M. E. Quinet dans son ouvrage sur les *Révolutions d'Italie* a voulu
démontrer *comment a péri la conscience du droit.* Sous cette rubrique
faite exprès pour éveiller l'attention, l'auteur nous dit : « Que la
» science des glossateurs ingénus du XIe et du XIIe siècle était une
» intuition ; elle naissait de l'idée que l'Empire romain durerait tou-
» jours, et qu'ils interprétaient la justice en son nom. Ce qui a été
» pour les modernes le résultat d'un immense travail, était pour les
» glossateurs italiens le fruit immédiat d'une inspiration naïve. » Je
ne me chargerai point de justifier cette dernière assertion de M. Quinet, et moins encore les déclamations chaleureuses auxquelles il se
livre en développant sa thèse. Je me bornerai à noter que la méthode
des gloses interlinéaires et marginales, adoptée par les glossateurs
dont parle M. Quinet, leur était venue des théologiens qui s'en servaient pour l'interprétation de la Bible. On peut citer la naïveté d'Irnerius et de quelques autres glossateurs qui lui succédèrent. Mais ce
système premier ne tarda pas à être abandonné pour faire place aux
commentaires lourds et prolixes.

[2] Gustave Haenel dans la préface du livre intitulé : *Dissensiones*

lement la pénétration de l'esprit, mais leur constance, alors que, dépourvus de presque tous les secours dont on dispose aujourd'hui, ils cherchaient dans des manuscrits volumineux et très-souvent incorrects, les membres épars de la science et les coordonnaient. Souvent ces parties semblaient contradictoires, mais ils les conciliaient avec tant de discernement que, même aujourd'hui, dans les controverses du droit et dans les débats du barreau, nous nous servons de leurs opinions sans en citer les auteurs. Ils étudiaient si bien les textes des lois anciennes qu'ils les retenaient par cœur, et les expliquaient avec tant de savoir et d'élégance que, de toutes les parties de l'Europe, accouraient, pour les entendre, les jeunes gens les plus distingués.

C'est dans les écoles des glossateurs que se trouve, pour ainsi dire, compris tout le premier âge de la législation moderne. La méthode de faire des gloses pour expliquer les textes, considérée comme le moyen le plus simple, est très-ancienne. On sait que, dès les temps les plus reculés, on avait l'habitude d'annoter les codes ; les gloses de la bibliothèque de Turin et des archives capitulaires de Verceil, que nous donnons aux appendices, nous en fournissent un exemple [1].

---

dominorum controversiæ veterum juris interpretum qui glossatores vocantur. Leipsiæ 1384.

[1] Un savant jurisconsulte piémontais auquel nous devons la traduction italienne de l'*Histoire du droit romain au moyen âge*, de M. de Savigny, M. Emmanuel Bollati, bibliothécaire du conseil d'Etat à Turin, a publié une glose tirée d'un manuscrit de la bibliothèque de l'université de Turin. — Cette glose pourrait bien être d'Irnerius ; elle appartient certainement, presque en entier, au fondateur de l'école de Bologne. *Cette glose,* dit M. Bollati, *révèle une profonde connaissance*

Dans un manuscrit du Code, existant aux archives du chapitre de Vérone, on lit des notes écrites en grec, et l'on doit regretter qu'elles soient encore inédites. Pourquoi ne communiquerait-on pas à toute l'Italie cet éminent désir de découvrir des trésors littéraires, désir qui pousse tant d'Allemands à entreprendre des voyages et à ne pas épargner les fatigues, pour enrichir la science? Pourquoi, nous qui possédons le champ où est enfouie une si riche moisson, pourquoi laisserions-nous insouciamment aux autres la gloire de la récolter, tandis que nous pourrions plus facilement et aussi heureusement qu'eux en cueillir les fruits ?

Mais c'est plutôt à l'histoire de l'ancienne philologie légale qu'à l'histoire de la législation moderne, à s'occuper de ces manuscrits. Pour celle-ci, il lui suffit de remonter à Irnerius, vrai chef de l'école de la jurisprudence restaurée.

Dans le principe, les gloses étaient de simples notes interlinéaires ou marginales, tendant à expliquer le sens grammatical et spécifique d'un mot ou d'une phrase. Ensuite elles s'étendirent et allèrent jusqu'à indiquer le parallélisme des règles; et enfin elles furent destinées à expliquer le sens de la loi. Ces dernières se multiplièrent et on en fit un commentaire continu. Les docteurs traitèrent bientôt séparément les diverses matières du droit, sous la forme de consultations (*consilia*). Enfin, parcourant un plus grand espace, ils compilèrent des traités, firent des commentaires, et don-

d s sources chez le glossateur, qui par ce moyen s'élève parfois à une large synthèse. V. dans l'appendice de nouveaux détails en matière de gloses.

nèrent des interprétations ingénieuses, quoique parfois négligées.

Chacun des plus anciens jurisconsultes glosait pour son propre usage, et les élèves retenaient les gloses des maîtres. Vers l'an 1230, Accorso (de Florence) réunit toutes les gloses qu'on avait faites depuis Irnerius, et y ajouta les siennes.

Accorso, infatué de l'ancien droit romain, en vint au point d'affirmer que ce droit pouvait suppléer à la théologie [1], et il apporta un soin incroyable pour achever ce recueil qui fut appelé par Antonomase, la *Glose*. Parmi les glossateurs, dont l'époque s'étend depuis Irnerius jusqu'à Accorso, se distinguèrent beaucoup : Bulgare, Martin Gosia, Jacques et Hugues, appelés par excellence *les quatre docteurs*, pour avoir assisté Frédéric Ier dans la diète de Roncaglia dont nous avons parlé ; Roger, Albéric, Guillaume de Cabriano, Placentino, qu'on dit avoir été le premier à introduire en France l'étude du droit romain ; Jean Bassiano, Pillio, Cyprien, Galgosio, Othon, Lothaire, Bandino, Burgondio, Vacario qui le premier introduisit l'étude du droit romain en Angleterre, Azon, réputé dans son temps comme un oracle de jurisprudence, Hugolin, Cacciavillano, Jacques d'Ardizonne, Jacques de Colomb, Jacques de Baudoin, Tancrède, Charles de Tocco, Rofredo d'Epiphano, et Pierre des Vignes, illustre et malheureux chancelier de Frédéric II.

---

[1] *Ridicula est Accursii gloriatio in glossr ad L. 10, § 2 de J. et J, nihil opus esse theologiæ studio ad cognoscenda divina, ut quæ ex legum romanerum libris affatim queat peti.* Herman. Conringius, *de Civili prudentia*, cap. III.

Celui qui voudrait se faire une idée des opinions de ces glossateurs sur les points les plus douteux du droit, sans s'embarrasser des arduités de la glose, trouverait dans le livre des *Divergences des docteurs* dont nous avons parlé, tout ce qui est nécessaire pour peindre leur style et la subtilité de leurs arguments.

Après les glossateurs vinrent les commentateurs, ils étaient moins pénétrants dans leurs investigations et plus prolixes dans leurs écrits. Cette simplicité naïve peut-être, des premiers, avait une certaine vigueur qui réveillait l'attention ; la méthode scolastique et stérile des seconds l'endormit. Ce n'est pas à dire que quelques-uns d'entre eux ne puissent encore aujourd'hui, être lus avec intérêt, car ils résolurent certaines questions de droit civil avec une diligence qui n'a pas de pareille chez les modernes. Entre tous les commentateurs se distinguèrent Barthole et Balde, et parmi un plus grand nombre, on citera avec éloges, Barthélemy Saliceto, Paul de Castre, Luc de Penna, Jason de Mayno, Pierre de Bella-Pertica, Raphaël Fulgosio, Raphaël Cumano et Hippolyte de Rimini.

Les jurisconsultes de cette époque, et ceux qui les imitèrent depuis, cherchèrent moins à puiser dans le texte pur des lois, qu'à faire des théories de doctrines pratiques, et introduisirent leurs opinions dans le barreau. Elles y furent reçues avec un tel respect qu'elles suppléaient, pour ainsi dire, au droit romain et aux statuts municipaux.

Les opinions conformes de plusieurs docteurs avaient force de loi. Ecoutons ce qu'écrivait Jean Nevizano [1] qui

---

[1] *Sylva nuptialis*, Lugduni 1556, dans la cinquième partie intitulée : *Quomodo judicandum.*

était très-versé dans cette matière, au commencement
du xvie siècle, juste au moment où l'autorité des docteurs jouissait du plus grand crédit. « Le juge, » dit-il,
« doit suivre l'opinion commune; il ne doit pas changer
» la loi, il doit l'observer rigoureusement. Les opinions
» communes naissent, grandissent et vieillissent dans
» les écoles; de là, elles passent dans les jugements et
» s'y mettent à l'essai. Ainsi il arrive que, pendant un
» certain temps, il y aura une opinion commune qui
» fera bientôt place à une opinion contraire. On appelle
» opinion commune celle qui réunit le suffrage univer-
» sel sur le cas où le sens de la loi n'est pas clair [1].
» Mais pour que cette opinion l'emporte sur la doctrine
» particulière des docteurs, il faut qu'elle se fonde sur
» quelque loi, surtout il faut pénétrer bien avant dans
» l'esprit de la loi, puisque c'est seulement ainsi qu'on
» pourra bien en saisir la pensée. Il serait ridicule de
» parler de la glose quand il existe une loi qui traite
» de la matière. Le glossateur rassemble la vérité, et le
» juge ne doit pas s'en écarter [2]. L'opinion commune
» l'emporte même sur une opinion contraire qui
» semble se rapprocher davantage de la vérité, et n'est
» pas détruite par l'autorité de la chose jugée en sens
» contraire. Le juge qui l'applique est exempt de tout
» reproche, elle le décharge de toute obligation. »

Toute cette théorie de l'opinion commune qui repose
sur la pluralité des opinions individuelles, s'adapte
au mouvement imprimé dans les sociétés humaines,

---

[1] Et dicitur communis opinio de iure non aperto ab omnibus pro-
bata sententia. L. c., liv. V, n° 3.

[2] « Qui n'est bon cavalier doit se tenir à sa selle. *Ita debet iudex*
se tenir à la glose. » Id., ibid., n° 25.

et peut changer selon les circonstances, concorde suffisamment avec ce système de législation imaginé par certains savants allemands, qui refusent de se soumettre à la précision rigoureuse des codes. Un système qui ne se soumet pas aux règles précises, écrites dans les lois, mais qui cherche à établir une équation telle quelle entre le mouvement des affaires, le changement des mœurs et la disposition des lois, sera en définitive obligé de recourir à l'expédient de l'opinion commune, pour éviter les irrégularités qui surgiraient souvent dans l'application de la loi.

L'insuffisance des textes de lois écrites, ou, pour mieux dire, le défaut d'avoir réduit ces textes en principes généraux et abstraits, donna accès à l'étrange théorie de l'opinion commune. *Justinien a si bien restreint notre droit*, ajoute le même Nevizano, *qu'à défaut des docteurs, une infinité de cas qui se présentent chaque jour seraient restés indécis* [1].

Plus le nombre d'opinions des docteurs augmentait, plus les factions et les sectes se multipliaient dans les écoles. Chaque opinion était opiniâtrement défendue, mais pour calmer l'ardeur des partis et éviter la confusion, on eut recours à un moyen qui n'avait plus rien de commun avec la raison. La préférence fut déterminée par l'arithmétique, la quantité numérique des opinions décida seule de quel côté devait être le droit. Le chiffre le plus élevé devint un argument victorieux.

Pour établir le plus ou moins de confiance qu'on

____

[1] L. c., n. 24.

devait aux allégations des docteurs, on distingua *l'opinion commune, la plus commune, et la très-commune* [1]; c'était la combinaison déraisonnable de deux principes opposés, l'incertitude et l'autorité.

Enfin quelques-uns des tribunaux les plus renommés de l'Italie, comprirent qu'il devenait impossible de tolérer plus longtemps cette déplorable jurisprudence, et qu'il fallait faire retour à l'examen rationnel. Ils s'attachèrent, par conséquent, non plus à compter les docteurs, mais bien à peser les raisons et les faits. Alors on vit ce que pouvait la jurisprudence des tribunaux, et s'il faut en croire le cardinal de Luca, commentateur érudit de la règle d'un célèbre tribunal, la Rote romaine, il ne restait plus de son temps, c'est-à-dire au XVIe siècle, aucune question douteuse sur un point de droit, puisque l'opinion décisive était confirmée par l'autorité de la chose jugée [2].

Cet amalgame de citations, ces litanies d'autorités comme les appelle le même de Luca, tombèrent heureusement en désuétude, et dans certains Etats de l'Italie, pour empêcher cette mauvaise graine de repousser, on défendit formellement aux avocats de citer les docteurs dans leurs plaidoiries [3].

Dans l'histoire de ces interprètes, de ces docteurs, aussi bien que dans tout le cours des institutions et des opinions qui s'associèrent au développement de la société, l'on vit la cause du bien se corrompre peu à peu, et donner dans le mal. Le mal, à son tour, en

---

[1] De Luca. *Relatio Romanæ Curiæ forensis.* Disc. 46, n° 34.
[2] L. c., n. n. 35 et 36.
[3] Constitution de S. M. le roi de Sardaigne de 1729.

faisant sentir la nécessité des réformes et des remèdes,
fit ressortir avec plus de force le bien. Et dans cette
succession de mouvements tour à tour rétrogrades et
progressifs, l'humanité ne manque pas de s'améliorer,
et, comme on l'a dit ingénieusement, elle se meut en
décrivant une spirale continue.

Au commencement du xvɪᵉ siècle, l'on vit surgir en
Italie les premières lueurs de cette jurisprudence pu-
rifiée par les études critiques et philosophiques, et qui
atteignit une si haute réputation en France et en Hol-
lande. André Alciat de Milan entra dans cette voie,
mais peu d'Italiens l'y suivirent, et nous ne comptons
personne qui, pour la sagacité dans les recherches, ou
l'érudition dans l'examen des textes, soit à la hauteur
de Guillaume Budé, de Jacques Cujas, de Girard Noodt,
ou de toute l'école qui marcha sur les traces des deux
Godfroy.

Il serait contraire au but de notre ouvrage de nous
étendre en notices particulières et diffuses sur la vie et
les écrits de nos docteurs, comme sur les divers systèmes qu'ils introduisirent au barreau. Ce travail a été
fait avec soin et diligence par M. de Savigny qui jugea
sagement devoir s'arrêter sur cette partie plus que sur
aucune autre. Son livre, dans sa brièveté substantielle,
nous en dit autant qu'il importe d'en savoir sur cette
matière. Il a exposé l'histoire littéraire de notre droit
d'une manière toute nouvelle; il l'a expliquée dans
plusieurs points difficiles, et il n'a pas dissimulé les
sources italiennes auxquelles il avait si heureusement
puisé, comme dans les livres de Pancirolo, de Sarti et
de Fracciolati qui renferment des relations très étendues

sur les écoles, les professeurs et les jurisconsultes les plus célèbres de Bologne et de Padoue.

Cependant nous ne manquerons pas de parler de deux écrivains italiens qui s'occupèrent, au commencement du XVIe siècle, de l'histoire des lois de l'Italie, et particulièrement des interprètes du droit romain; M. de Savigny parle à peine de l'un d'eux, et ne fait aucune mention de l'autre.

Nous nous croyons donc obligé de parler des trois livres, *de l'Origine du droit civil*, de Jean-Vincent Gravina, et *de l'Histoire civile du royaume de Naples*, de Pierre Giannone. La renommée de ces deux auteurs n'est pas incertaine, leurs ouvrages furent applaudis dès leur apparition et se placent parmi les plus beaux ornements de notre gloire littéraire.

Déjà des étrangers ont observé qu'en Allemagne, *Gravina ne jouit pas de l'estime qu'il mérite* [1]. Et cependant, il fut le premier à parler des diverses phases du droit romain, en unissant les antiquités de Rome avec les écoles modernes, et y insérant plusieurs considérations pleines de la plus sublime philosophie du droit. Il suffit de citer les titres des premiers chapitres du second livre de son ouvrage pour en fournir la preuve. Les questions qui y sont traitées, sont toutes de la plus haute importance et comprennent toutes les parties de l'ordre moral et social. On y parle, en effet, de la nature du bien et du mal, ou de la justice et de l'injustice naturelles; de la loi commune à toutes choses et de la loi propre à l'humanité; de la plus grande

---

[1] Herminius, introd. gén. déjà citée, p. 185, 186.

somme de bien ; de l'origine des vertus selon les lois de nature ; des vices ; des droits de la raison humaine ; de l'origine de la société des hommes, etc. Montesquieu s'est beaucoup servi de ce livre, à ce qu'il paraît. Si l'on étudiait aujourd'hui l'ouvrage de Gravina autant qu'il mérite d'être étudié, on mettrait un terme à ces disputes qui s'élèvent sans cesse sur l'étude des droits et des devoirs des hommes vivant en société. Les courtes notices de la vie des docteurs que contiennent les livres des Origines, ne remplissent assurément pas le vœu des critiques et des érudits, mais elles sont embellies par tant d'élégance de pensée et de style, qu'à ce point de vue on peut les donner pour modèle.

Pierre Giannone, dans son histoire, a amplement éclairé différents points essentiels des phases du droit romain. Giannone s'appuya sur des preuves et des documents dans la mesure dont l'état des érudits critiques de son temps lui permettait de disposer. S'il n'a pas toujours trouvé la vérité, nous devons croire que dans cette partie de son ouvrage il l'a toujours cherchée. Il raconta la vie de plusieurs jurisconsultes, suivit les mouvements divers des institutions politiques de son pays, et ses expressions simples, souvent énergiques et toujours franches, ne laissent aucun doute sur ses opinions.

L'exposé rapide que nous venons de faire des principales considérations qui se présentent à l'esprit de celui qui étudie l'histoire du droit romain, à l'époque de sa renaissance, suffira à convaincre le lecteur de l'estime qu'on doit à cette jurisprudence.

Le souvenir de l'ancienne Rome fut le souffle de vie

qui tira les Italiens du sommeil léthargique dans lequel les auraient ensevelis pour jamais, les invasions des Barbares. L'idée romaine domine encore aujourd'hui dans la plupart des législations de l'Europe.

CHAPITRE II.

Les Barbares s'établirent en Italie sans que leur présence changeât l'aspect des lois anciennes, ni qu'elle détruisît les vieilles institutions. Le gouvernement des Goths était trop imbu des idées romaines, pour introduire des formes nouvelles et différentes de celles avec lesquelles ces étrangers, secondant les désirs des indigènes, avaient cherché à consolider leur conquête. Les bandes, composées d'éléments hétérogènes, d'Odoacre, ne conservaient aucun caractère de nationalité, ni de force unie par des liens d'intérêt durables; aussi leur séjour en Italie fut une invasion plutôt qu'une domination. Enfin, parurent les Lombards, en petit nombre, mais fiers et entreprenants plus que personne, et ils ne tardèrent pas à faire la conquête des provinces italiennes où le peuple était avili et le gouvernement mal disposé et imprévoyant.

Ce n'est pas ici la place de résoudre une question historique difficile, très agitée par les écrivains modernes, et qui semble n'être pas encore élucidée sur tous les points : à savoir quelle fut la condition des Latins sous la domination des Lombards. On peut cependant remarquer comme un fait incontesté, qu'après les premiers chocs et les colères subites de la conquête, les Lombards entreprirent de réformer leur régime intérieur, de publier des lois, ou pour mieux dire, d'écrire, de coordonner et de compléter les vieilles coutumes et les traditions solennelles de leur tribu. Le roi Rotharis fut le premier à donner l'exemple de ces réformes ; Grimoald, Luitprand, Ratchis, Astolfe marchèrent sur ses traces.

L'Edit lombard renferme un système de lois mises en ordre régulier, simple dans la disposition des parties, et singulièrement empreint de ce caractère germanique que Tacite a si admirablement décrit.

Mais avant de toucher aux particularités des lois introduites par les peuples septentrionaux établis en Italie, il convient d'indiquer quelle était la constitution commune de ces peuples dans leurs pays. Nous aurons ainsi une idée générale du caractère de la primitive société germanique, et il nous sera facile d'en suivre les traces dans les institutions que les conquérants établirent dans leur nouvelle résidence.

Toutes les sociétés visent à deux buts principaux : à la sûreté extérieure et à la tranquillité intérieure. Ces deux buts, les nations germaniques les désignaient par le seul mot de *Fredum*, la paix. La paix considérée quant à l'état intérieur du peuple était recommandée aux gouvernants, et la sanction pénale qui la maintenait s'appelait *bannum*, mot dont la signification ayant été étendue, finit par s'appliquer à toute disposition émanée de l'autorité suprême.

La procédure légale à l'aide de laquelle on mettait à exécution les lois se réduisait à trois actes, savoir : le *mannire*, ou la citation; le *bannire*, ou le jugement; le *pendire*, ou le séquestre.

Les amendes et les compositions dont nous parlerons plus au long dans le chapitre VI de ce livre, maintinrent efficacement la paix intérieure. Toute la classe des hommes libres de la Germanie étant toujours armée, facile et prompte était la vengeance des injures privées dans son sein, d'autant plus que les liens de la famille étant très-resserrés, tous les parents prenaient soin de venger l'outrage fait à l'un d'eux. Aussi pour empêcher les guerres civiles qui n'auraient pas manqué de s'élever au moindre prétexte, on imagina un mode de réparation que le coupable devait faire à l'offensé ; ce n'était pas une peine, mais un dédommagement suffisant que le délinquant devait payer à l'offensé, pour les torts que celui-ci avait éprouvés. C'était presque une transaction qui n'arrêtait pas la vengeance privée (l'esprit indépendant de cette nation n'aurait pas adhéré à un tel sacrifice contre sa volonté), mais une espèce de contrat imposé à tous par la loi, et que la seule volonté individuelle pouvait valider.

Le prix de la composition était attribué en partie à l'offensé, en partie au fisc; et il établissait entre les parties l'accord ou la paix qu'on appelait *sunium* ou réconciliation, à la suite de laquelle l'offensé donnait à l'offenseur un écrit ou une promesse de sûreté.

Les Germains pourvoyaient à la sûreté extérieure de la nation, par la guerre (*vehr*) nom que les Italiens apprirent d'eux et qu'ils n'oublièrent jamais. La guerre était une expédition militaire, à laquelle prenait part toute la nation, et qu'on entreprenait d'un commun accord. — Les expéditions particulières entreprises par quelques chefs puissants, accompagnés de leurs adhérents, s'appelait *faide*, mot dérivé de l'allemand *fedhe*, qui veut dire inimitié.

Les guerres étant fréquentes au sein de ces nations, le principal devoir des Germains était d'y prendre part, l'honneur le plus insigne consistait à s'y distinguer. L'homme de guerre (*heerman*) jouissait de tous les droits civils et politiques, il était le *civis optimo iure* des Romains, et le *statuale* [1] des Italiens. Même après leur établissement en Italie, les Lombards appelaient *armée* le corps entier de la nation.

Chez les Germains, les terres n'étaient possédées que par ceux qui pouvaient les défendre par les armes. L'article V du titre VI des anciennes lois des Angles, exprime formellement une semblable intention en prescrivant que *celui qui hérite des terres, doit aussi hériter de la cuirasse et de la cotte de mailles*. Et c'est pour cette raison que l'exclusion absolue ou partielle de la femme dans la succession des conjoints, est une disposition commune à toutes les législations d'origine germanique.

Le gouvernement des Lombards était tellement solide

---

[1] Qui jouit du droit de bourgeoisie.

et homogène, qu'on aurait pu le dire fondu en un seul morceau : leurs idées, leurs mœurs et leurs lois se rencontraient dans toutes leurs parties. C'était une sorte de discipline militaire observée rigoureusement par une armée au repos sous les armes. Il est permis de croire que si cette domination avait duré plus long-temps, alors que les vainqueurs se seraient fondus avec les vaincus, que l'union des familles aurait formé un seul peuple des deux nations, le sort de l'Italie aurait été tout autre qu'il n'a été depuis. Il en serait sans doute surgi une nation forte et hardie, propre à ré-sister aux étrangers et pourvue de tous les moyens pour créer par elle-même une civilisation prompte. Le mélange des races du Nord avec celles du Midi a pro-duit les nations modernes les plus vigoureuses.

On se demande si la domination des Lombards ne contenait pas un certain esprit d'hostilité pour les in-digènes ? Machiavel et Muratori, l'un guidé par un sens intime d'une sagacité exquise, l'autre accrédité par la plus grande érudition historique qu'un seul homme ait jamais possédée, expriment la même opinion à l'égard du gouvernement lombard. Tous les deux sont d'avis que les deux peuples s'étaient presqu'entièrement confondus dans leurs relations intérieures; ils pensent que le gouvernement de ces étrangers, après avoir dé-posé son ancienne âpreté, renfermait en soi le germe d'institutions vigoureuses et l'espoir d'un grand avenir.

Un écrivain d'un grand renom et notre contemporain professe une opinion tout à fait opposée [1]; quelques his-toriens sérieux se rattachent à son opinion.

[1] Manzoni. Discours historiques sur certains points de l'histoire lombarde.

Il ne nous appartient pas, comme nous l'avons dit, de décider cette controverse, mais pour ajouter notre opinion sur cette matière, nous dirons que nous ne voyons pas que la situation de l'Italie se soit améliorée, après la chute de Didier, dernier roi des Lombards.

La constitution du gouvernement lombard était sans contredit plus énergique que celle des Francs. Charlemagne introduisit quelque lueur de science, là où l'ignorance des Lombards avait répandu des ténèbres épaisses, mais ces lumières ne tardèrent pas à s'éteindre aussitôt après la mort de Charles. Et longtemps après lui subsistait encore cette primitive ignorance qui se serait peut-être dissipée uniformément par l'accroissement de l'industrie dans le peuple, et par le mouvement naturel des esprits.

Sans entrer dans les détails particuliers de la compilation des lois lombardes moins importantes pour notre sujet, nous indiquerons seulement quatre chefs qui sont de nature à donner l'idée du caractère du peuple auquel elles étaient destinées.

Tout le système des peines roulait, comme nous l'avons dit, sur les compositions ou amendes pécuniaires à l'aide desquelles le coupable s'affranchissait toujours des peines corporelles. La quantité de l'amende était déterminée par la nature des délits, et surtout par les diverses conditions des personnes offensées [1].

Le duel judiciaire, cette preuve à laquelle une

---

[1] Il ne faut pas confondre la *composition* avec la *multa* dont il est plus souvent parlé dans les capitulaires de Charlemagne et de ses successeurs. La *composition* proprement dite se payait à l'offensé ou à ses parents ; la *multa* se percevait en proportions inégales au profit du roi et du comte.

erreur commune donna le nom de *jugement de Dieu*, s'est introduit chez nous avec les institutions lombardes. La loi 198 de Rotharis dispose que celui qui appellera impudique ou sorcière la femme d'autrui, sera tenu de soutenir par les armes son accusation contre le champion choisi pour défendre l'innocence de l'accusée. Et voilà comment, relativement à l'honnêteté publique des femmes, les barbares ne pensaient pas autrement que les civilisés, ou, pour mieux dire, voilà l'origine de la doctrine, créée à cette époque, et qui dure encore malgré toutes les lois qu'on a pu faire pour la changer. Quant à la preuve ou jugement par le duel, et autres de ce genre qui consistaient en l'épreuve du fer rouge, de l'eau bouillante, etc... nous en parlerons longuement en traitant du procès criminel en usage en ces temps-là. Nous ne devons cependant pas passer sous silence que le duel fut considéré, même dans les siècles postérieurs, comme une preuve privilégiée en toute matière de controverse importante. On en vint au point de décider par le duel de simples questions de droit civil. Ainsi, en 942, une question s'était élevée parmi les seigneurs de la cour d'Othon-le-Grand, sur le point de savoir si les enfants d'un fils prédécédé pouvaient concourir avec leurs oncles à la succession de l'ascendant commun. Othon ordonna que le doute fût levé par l'épée, et pour ne point exposer la vie de ses barons, il en confia la décision aux gladiateurs. La victoire demeura à ceux qui soutenaient le concours des petits-fils avec les enfants, c'est-à-dire le droit de représentation. Il fut vraiment fâcheux que ces seigneurs ignorassent le titre du Digeste *de Verborum*

significatione; les réponses de Modestin et de Callistrate [1]
auraient épargné l'effusion du sang.

Dans les affaires civiles la loi des Lombards .sou-
mettait la femme à une tutelle perpétuelle, dont la
mission s'appelait *mundio* ou *mundeburdio* [2].

Enfin dans les successions *ab intestat*, les femmes
ne jouissaient pas des mêmes droits que les hommes.
On trouve dans la loi I de Luitprand, qu'elles n'étaient
héritières de leurs pères qu'à défaut d'héritiers descendants mâles. Enfin, les enfants naturels eux-mêmes
se trouvant en concours avec les filles légitimes, étaient
avantagés.

Comme chez tous les peuples d'origine germanique,
la connaissance d'un fait litigieux était confiée à un certain nombre de *exercitales*, ce que nous appellerions
aujourd'hui *citoyens*, ordinairement au nombre de
douze, qui tirant leur nom du serment qu'ils étaient
tenus de prêter, s'appelaient en lombard *aidos*, en latin *sacramentales*. Pour les causes d'une moindre importance, il suffisait de six et même de trois de ces jurés;
dans le nombre était compris le coupable lui-même.
Les *sacramentales* devaient être de la même condition
que l'accusé, parfois ils étaient choisis dans une classe
supérieure. Voilà l'origine directe du jugement des
pairs, et de l'institution des jurés dont on parle tant

---

[1] L. L. 104 et 120 ff. de V. S.

[2] Cette tutelle était la conséquence des bases de toutes les constitutions germaniques consistant dans *la wadia* ou fidéjussion. Les chefs
des diverses factions qui composaient ces populations offraient à toute
la nation une sûreté complète pour leurs dépendants. Cette garantie
ou tutelle c'était le *mundeburdio*. Ainsi le *munduald* ou tuteur de la
femme était le fidéjusseur légal et politique.

aujourd'hui. Mais si l'on recherchait de simples ana-
logies, et surtout si l'on s'arrêtait à la distinction entre
la connaissance du fait et celle du droit, on y trouverait des exemples de l'ordre des jugements pratiqués
chez les Romains.

Sous la domination des Barbares en Italie, les différentes lois auxquelles les hommes étaient soumis,
étaient réputées personnelles, c'est-à-dire qu'elles ne
s'appliquaient pas à toutes les personnes résidant dans
la même contrée, mais qu'elles étaient restreintes à des
familles particulières, et parfois à de simples individus,
selon les diverses origines ou les professions spéciales
de chacune d'elles. On voit souvent, écrivait Agobard au
temps de Louis-le-Débonnaire, cinq personnes réunies,
obéissant chacune à une loi particulière.

Les historiens ne s'accordent pas sur la cause première de ce système de droits tout à fait *personnels*.
Montesquieu la fait dériver des anciens usages des
peuples de la Germanie, et pense que ce système était
en vigueur chez eux, avant qu'ils songeassent à se répandre dans les contrées méridionales. M. de Savigny
pense au contraire que le besoin et la possibilité de
pareilles institutions ne se firent sentir que du jour où
des nations diverses se rencontrèrent sur le même sol.
Dans cette circonstance, chaque peuple avait raison de
conserver sa loi particulière. Mais il est invraisem-
blable, ajoute-t-il, que cet usage ait existé chez des
gens qui vivaient par tribus distinctes et séparées, qui
ne couraient aucun danger de voir leurs usages propres
se confondre avec ceux des voisins.

En ce qui concerne l'Italie M. de Savigny pense que,

sous la domination des Lombards, le droit romain seul resta en vigueur avec les lois des vainqueurs, et que, les Francs étant survenus, ils y apportèrent les différentes lois qu'ils avaient mises en vigueur en France.

Nous n'hésitons pas à nous ranger à l'opinion de M. de Savigny. En effet, il résulte des lois des Lombards, que le système de la *personnalité du droit* n'avait trait qu'à certaines concessions particulières, tandis que la règle générale de leur législation, prescrivait à tous les étrangers soumis à la domination lombarde, d'observer la loi commune de l'Etat, si le prince ne leur avait accordé un privilége spécial [1], et lorsqu'on voulut expliquer comment les anciens habitants devaient observer le droit romain, on le déclara par une loi expresse [2].

Il est reconnu que les Germains ne furent pas les seuls qui laissèrent aux vaincus la faculté de conserver leurs propres lois anciennes. Les Sarrasins firent de même dans les pays conquis par eux [3].

---

[1] Voici le texte de la loi lombarde tel qu'il a été extrait d'un code des archives capitulaires de Verceil, et publié par MM. de Vesme et Fossati, au chap. VII, liv. II des *Vicissitudes du droit de propriété en Italie*, p. 199. — *Omnes varegang qui de exterras fines in regni nostri finibus advenerint, sequens sub scutum potentiæ nostræ subdederint, legibus nostris Langobardorum vivere deveant, nisi aliam legem ad pietatem nostram meruerunt.* Ce langage tout particulier à la rudesse lombarde, est bien plus exact que celui consigné dans les éditions de Muratori et de Canciani.

[2] Loi 37 du VIe livre de l'édit de Luitprand dans Muratori.

[3] Outre l'exemple de ce que firent les Sarrasins en Sicile, on remarquera un décret rendu dans la première moitié du VIIIe siècle, par un gouverneur sarrasin de Coimbre, qui statue que : « Les chrétiens » de Coimbre auront leur comte spécial qui les gouvernera sagement » et selon leurs propres usages. Le comte statuera sur leurs procès.

Et si tout le système de *personnalité du droit* était réduit à sa véritable considération, on dirait que tous les peuples conquérants, à quelque nation qu'ils appartinssent, en fondant leur domination uniquement sur la puissance des armes, ne s'occupèrent de rien autre que de conserver cette puissance. Les relations intérieures des peuples conquis, leur manière de vivre, les usages locaux demeuraient intacts, et nous dirions presque sauvegardés par la tolérance du vainqueur; mais malheur à qui touchait à l'épée du vainqueur!

La constitution des Francs donnait plus d'accès aux étrangers que ne le faisait la Lombarde, et Charlemagne en étendant les concessions de droits politiques au profit du clergé, prépara le changement des destinées de l'Italie.

Dès que le système des *droits personnels* fut affermi dans notre pays, on y compta six espèces différentes de lois, toutes d'origine germanique : la loi Lombarde, la Salienne, la Ripuaire, l'Allemande, la Bavaroise et la Bourguignonne.

Le droit lombard dominait les autres et formait, pour ainsi dire, le droit commun, duquel se détachaient comme autant d'exceptions les cinq autres lois. Les capitulaires promulgués par les rois et les empereurs ne faisaient pas partie des droits personnels, mais bien

---

» Il lui sera seulement interdit de prononcer des sentences de mort, » sans l'ordre du magistrat musulman. Il lui incombera de conduire » l'accusé devant ce magistrat, on lui lira la loi des chrétiens, et si » le magistrat y consent, la peine sera prononcée. » V. Reinaud : Invasion des Sarrasins en France, et de France en Piémont et dans la Suisse, etc. Paris, 1836, p. 272.

des lois universelles qui obligeaient les différentes races d'hommes vivant sous le même sceptre.

Nous avons suffisamment parlé dans le chapitre précédent, de l'existence et de l'importance du droit romain, qui doit être considéré comme un élément tout à fait séparé des lois susmentionnées. Mais nous devons faire remarquer ici l'influence que le droit romain et le lombard exercèrent l'un sur l'autre. Elle était la conséquence naturelle de la fusion qui s'opérait entre les vainqueurs et les vaincus. Canciani [1] et M. de Savigny [2] ont suffisamment éclairci cette matière et l'on peut voir, dans leurs livres, les exemples qu'ils donnent de cette combinaison d'éléments divers.

Chacun se persuadera aisément que le droit romain, étant le plus ancien, le plus moral, le plus applicable aux circonstances des hommes et des pays, surpassa en efficacité la loi lombarde; celle-ci ne disparut entièrement que plusieurs siècles après la destruction de l'empire des Lombards.

Muratori pose formellement la question de savoir si, de son temps (première moitié du xviiie siècle), le droit lombard devait être considéré comme abrogé; sans la décider, il se montre disposé à en admettre la continuation. Et effet, ce ne fut qu'à l'apparition des nouveaux codes que se dissipèrent toutes les traces de l'ancienne législation italienne, qui comprenait l'édit des Lombards. On en voyait les traces, non-seulement dans les textes anciens, mais elles étaient encore très

---

[1] *Leges barbarorum antiquæ*, vol. V, p. 5, 6, 7.
[2] Histoire du D. R. *cit.*

apparentes et absolues dans les statuts des communes
concernant les successions, avec l'intention principale
de l'exclusion des femmes. Nulle part cependant, ces
restes de l'ancienne conquête ne furent conservés plus
soigneusement que dans le royaume de Naples : là,
le droit lombard fut la loi commune jusqu'aux temps
de la dynastie d'Aragon ; et si plus tard il parut abandonné, ce ne fut que par des usages contraires, mais
son abrogation expresse n'eut lieu que lors de l'introduction des lois françaises dans le royaume. A
Naples, le droit lombard était plus répandu que dans
aucune autre contrée de l'Italie ; outre le texte des lois
royales, on y conservait même les lois rendues par les
princes de Bénévent et les comtes de Capoue [1].

C'est un fait curieux que de voir la langue grecque
destinée à répandre la connaissance des lois lombardes.
Un jeune jurisconsulte qui ajoute un nouvel éclat à la
renommée de son père, M. Édouard Zachariæ, a publié,
il n'y a pas longtemps, des fragments d'une traduction
qu'il croit avoir été faite entre la fin du IXe siècle et le
commencement du Xe, pour l'utilité des juges et des
plaideurs accoutumés à parler le grec et obéissant au
droit lombard [2].

Plusieurs savants, tels que Hérold, Muratori et Canciani ont mis autant de soin que d'érudition à rechercher et à commenter les documents concernant la législ-
lation des Lombards. Mais le travail le plus complet sur

---

[1] Giamone : Histoire civile du royaume de Naples, liv. V, chap. v.
— Camille Pellegrino : Historia principum Langobardorum.

[2] Fragmenta versionis græcæ legum Ratharis Langobardorum
regis primus edidit Carolus Eduardus Zachariæ. Heidelbergæ, 1835.

les lois des Lombards n'a paru qu'en 1855; une nouvelle édition de ces lois a été publiée à Turin dans le recueil du Comité royal d'histoire nationale [1]. Cette édition est due à M. le comte Charles de Vesme. Tout ce que la critique la plus sévère peut exiger, tout ce que la diligence la plus éclairée peut fournir se trouve dans cette publication. Il n'est plus permis aujourd'hui, si on cherche la vérité, de recourir à d'autres textes de la loi des Lombards qu'à celui donné par M. de Vesme, enrichi d'une préface pleine d'érudition et de sagacité et de notes et de variantes qui offrent. un intérêt tout particulier [2].

Vers le commencement du XIIe siècle, les lois lombardes et quelques-unes émanées des dominateurs qui se sont succédé en Italie, furent réunies sous une nouvelle forme de compilation et par ordre de matières. On ignore quel en fut l'auteur; destinée d'abord à l'usage du barreau, elle fut bientôt reçue partout, et prit le nom de *Lombarde*.

Si l'on parvient à recueillir encore un grand nombre de documents ayant trait à ces temps obscurs, si l'on ne se lasse pas dans les recherches fastidieuses sur les lois et les usages des Barbares qui ont dominé en Ita-

---

[1] L'auteur de cette histoire a publié un article fort étendu concernant cette. édition, dans la *Revue historique de droit français et étranger*, 1837, première livraison.

[2] Le savant A. Amédée Peyron de Turin, et l'illustre Charles Troya de Naples, dont nous déplorons la perte récente, avaient déjà publié d'importants fragments inédits de ces lois, lorsque M. de Vesme commença ses recherches. On ne saurait oublier ici les travaux si intéressants de M. J. Merkel sur l'histoire et la littérature du droit des Lombards *R. Deputatione sovra gli studi di storia patria*.

lie, on viendra à bout d'expliquer la véritable condition politique et légale des siècles, qu'on peut appeler l'âge héroïque de notre histoire moderne. Tant de persévérance dans les études sera assurément couronnée de succès, et l'on verra alors combien se trompait Robertson, quand il disait que toute entreprise d'investigation historique tendant à éclaircir cette époque reculée, était désespérée [1].

Sous la domination des Francs, il s'opéra une grande confusion dans la distribution des forces politiques, et un désordre non moins grand dans la discipline de l'administration publique. Charlemagne en faisant, comme nous l'avons déjà dit, entrer le clergé dans la constitution publique, tentait en même temps d'étendre sa propre autorité sur la hiérarchie ecclésiastique [2].

Cette double innovation fut nuisible à la religion comme à l'Etat. Il en advient toujours ainsi quand on veut changer les préceptes éternels de la religion pour les intérêts versatiles de la politique, les divines espérances du ciel pour les désirs matériels de la terre.

L'idée primitive des fiefs se trouve dans l'usage qu'on

---

[1] Tableau des progrès de la société en Europe, etc., traduit par Stuart, p. 16.

[2] V. le 22⁰ canon de la 63⁰ distinction de Gratien, où l'on raconte comment le pape Adrien, et le concile qu'il réunit, donnèrent à Charlemagne la faculté d'élire le Pontife et de régler le Saint-Siége apostolique, prescrivant en même temps qu'aucun évêque ne pût être consacré sans avoir préalablement reçu l'approbation et l'investiture du roi. Louis-le-Débonnaire renonça, en faveur du peuple romain, au droit d'élire le Pontife. Nous ne devons pas cacher cependant que quelques historiens, comme Noël Alexandre, contestent ce fait.

avait de conférer aux chefs de l'armée une grande partie de l'autorité publique et des richesses territoriales, ce qui constitue l'un des caractères des gouvernements barbares. Ainsi les terres devinrent dépendantes de la qualité politique, comme celle-ci dépendait parfois de la puissance militaire qui était le pivot sur lequel roulait tout le système de ces gouvernements. Ainsi l'on réunit en une même institution les charges publiques et les possessions territoriales. Les princes, dans l'espoir d'affaiblir les forces des grands vassaux militaires, firent de larges concessions de cette nature aux prélats. Ils espéraient équilibrer leur gouvernement par des forces de résistance d'égale valeur ; au lieu de l'équilibre, on produisit des contrastes qui relâchèrent les ressorts de la monarchie, et il en surgit la liberté des peuples.

Quelques-uns pensent que les causes éloignées des institutions féodales remontent aux Lombards ; mais si l'on considère le caractère simple et vrai des fiefs, qui consiste dans l'assignation de terres faite avec obligation d'un service militaire, il faudra plutôt en attribuer l'origine aux Francs [1].

On sait que parmi les Germains se trouvaient ces fidèles à la suite, qui accompagnaient volontairement les princes de leurs tribus, dans les expéditions guer-

---

[1] Même les empereurs grecs du Bas-Empire avaient l'habitude de faire aux guerriers célèbres, certaines libéralités qui semblent être des fiefs. Mais les fiefs italiens ne tirèrent pas de là leur origine.

Nous ne parlerons pas des *honneurs* ou charges conférés à vie avec attribution de gouvernement public et usufruit de biens fonds, parce qu'ils n'eurent pas le vrai caractère féodal, tel que nous le considérons.

rières. Tacite leur donne le nom de compagnons, *co-
mites*. La loi salienne leur donne le titre *d'antrustions*[1].
Les plus anciens historiens français les appellent *leudes*
et fidèles; les écrivains postérieurs les nomment vassaux et seigneurs. Le mot *vassal* vient de *vassus* qui
veut dire serviteur, familier, dépendant, qui vit dans
la maison d'un prince ou d'un baron[2]. Ainsi, l'idée primitive et substantielle de vasselage ne doit être recher-
chée nulle part ailleurs que dans les services de cour.

Dans le principe, on récompensait les fidèles et les
leudes de leurs services, en les nourrissant, en leur
donnant des armes, et en leur offrant la possibilité
d'affronter de nouveaux dangers dans les combats, et de
faire un ample butin. Tels étaient, s'il est permis de
s'exprimer ainsi, les fiefs des anciens Germains. Par
la suite, ces peuples ayant conquis nos contrées, changèrent d'opinions et de mœurs. Les princes, devenus
possesseurs de grands territoires, en cédèrent à leurs
fidèles. De telles concessions territoriales furent appelées bénéfices sous la première dynastie des rois de
France, et fiefs vers le xie siècle[3].

Les fiefs étaient amovibles à la volonté du seigneur,
dans leur origine, et restèrent ainsi tant qu'il y eut sur
le trône des princes habiles et résolus, comme Pépin
et Charlemagne. Sous le règne de Louis-le-Débonnaire

---

[1] Vassal dans la foi du roi.

[2] Ducange, *Lexicon*, ad voc. De *vassus* dériva le mot *vavasseur*,
vassi-vassorum.

[3] Le savant Jacques Durandi, dans la note 31 de l'éloge du président Antoine Favre, inséré au volume II *des Piémontais illustres*,
avertit qu'avant 1040, le mot fief n'était pas connu en Italie.

et de ses faibles successeurs, les vassaux devenus puissants par leurs domaines et plus encore par la faiblesse des rois, confondirent les fiefs avec leurs biens patrimoniaux, et les transmirent en héritage à leurs enfants; les ducs, les comtes et tous les grands officiers de la couronne en usèrent de même de leurs charges. Charles-le-Chauve, voyant que le mal était devenu incurable, songea à valider un abus qu'il était trop tard pour réformer, et par un capitulaire de 877, déclara héréditaires les charges et les fiefs; et la révolution fut achevée.

Il existe aujourd'hui une secte d'historiens, qui voudraient réunir en un seul contexte, toutes les relations de clientèle et de dépendance sociale pratiquées entre les hommes dès l'âge le plus reculé dont fasse mention l'histoire. Jean-Baptiste Vico, le premier, a porté le regard vers ces sublimes investigations. En essayant d'expliquer *le retour que font les nations sur la nature éternelle des fiefs*, alors qu'il ne parvient point à démontrer la vérité, du moins, pour nous servir d'une phrase heureuse de Manzoni, il laisse entrevoir qu'il a mené le lecteur dans les régions où l'on peut espérer de la trouver [1].

Les disciples de l'école de Vico, en cherchant à ramener tous les faits à l'hypothèse du maître et en substituant des subtilités aux généralités que celui-ci avait proposées, effacèrent l'éclat de la méthode, et en rendirent l'application incertaine.

---

[1] Voy. Cataldo Jannelli : *Essai sur la nature et la nécessité de la science des choses et des histoires humaines*. Naples, 1817, sect. II, chap. IX.

Plusieurs vérités spontanées, lucides et sublimes découlent, il est vrai, des inductions et des suppositions de la *science nouvelle;* mais pour mieux apprécier ces doctrines, il est nécessaire que la critique fasse encore plusieurs expérimentations. Dans toutes les traditions primitives de la vie des peuples, on rencontre des symboles et des allégories, cependant il ne faut pas en conclure que l'histoire ancienne, alors qu'elle est écrite en termes précis, nets et raisonnables, doive toujours être considée comme allégorique.

Les inductions de Vico relativement aux principes politiques sur la nature des fiefs sont vraiment dignes d'une attention particulière. « Tous les jurisconsultes,
» dit-il, qui ont écrit sur le droit public doivent recon-
» naître cette vérité souveraine, éternelle, que la puis-
» sance libre d'un État, parce qu'elle est libre, doit
» produire son effet. Ainsi tout ce qui est ôté aux no-
» bles profite aux peuples jusqu'à ce qu'ils deviennent
» libres; et tout ce qui échappe à ceux-ci profite aux
» rois jusqu'à ce qu'ils se rendent absolus.

» Si le droit féodal est issu des flammèches de l'in-
» cendie du droit romain par les Barbares, le droit ro-
» main, à son tour, est issu des flammèches des fiefs...
» et l'on a vu que la nature éternelle des fiefs, ren-
» fermait l'origine des nouveaux royaumes de l'Eu-
» rope.

» Enfin les universités de l'Italie ouvrirent leur en-
» seignement sur les lois romaines contenues dans les
» livres de Justinien, où elles sont basées sur le droit
» des gens. Les intelligences se développèrent et se
» donnèrent à l'étude de la jurisprudence de l'équité

» naturelle, laquelle en matière de droits civils, place
» sur la même ligne les nobles et les vilains, tels qu'ils
» le sont d'après la nature. On arriva ensuite à la forme
» des républiques libres et des monarchies parfaites.
» On passe facilement de l'une à l'autre de ces formes
» de gouvernement, mais dans un état de civilisation,
» il serait impossible de revenir sans troubles, de ceux-
» ci au gouvernement aristocratique [1]. »

On nous pardonnera d'avoir fait une aussi longue citation, mais elle nous a semblé si remplie d'autorité et
de lumière historique, que nous aurions cru faire acte
de témérité que d'exprimer par d'autres paroles une
conception aussi admirable [2].

Certains écrivains de nos jours, calomniant la civilisation présente, ne tarissent pas leurs éloges sur les
coutumes féodales, et voudraient en ôpposer les avantages aux bienfaits dont jouissent aujourd'hui les hommes. Ils élèvent jusqu'au ciel la valeur des barons, les
habitudes de la famille renfermée dans les châteaux-
forts, la docilité des serviteurs encore soumis aux sujétions personnelles. Mais si l'on a recours à la saine
autorité de l'histoire, celle-ci nous apprendra de combien de misères la vie était alors accablée ; elle nous
apprendra que la valeur était presque toujours ternie
par une froide et inflexible cruauté ; que l'ignorance

---

[1] Vico : Principes de la science nouvelle ; Milan, Silvestri, t. III,
p. 136-37.

[2] En cherchant à diminuer la hardiesse de l'expression, l'idée aurait
paru s'affaiblir. Il est permis du reste de beaucoup oser en traduisant
celui « qui avait oublié la langue du passé, et ne savait plus parler
» que celle de l'avenir. » (Michelet, dans sa préface aux mémoires de
Vico.)

changeait en oisiveté tout le temps qui n'était pas gaspillé à la chasse ou donné à la guerre ; que les mœurs étaient devenues dissolues et cruelles, même parmi ceux qui étaient appelés, par leur ministère, à donner l'exemple d'une vie irréprochable ; l'agriculture était abandonnée, la population décroissait et tout ce qui tendait à polir les mœurs était négligé. Tel était le fruit d'une malheureuse condition de temps que nous pouvons croire passés pour toujours.

Si l'on veut juger sainement des institutions féodales, il convient d'en suivre toutes les vicissitudes et les développements ; car l'époque communément appelée féodale, ne nous apparaît pas comme un ordre de choses achevé, ni un système régulier : elle nous représente une terrible transition entre la civilisation ancienne et la moderne, une espèce de crise sociale, et nous dirions presque, une anarchie continue. Les vertus qu'on dit être propres aux hommes de ces temps, ne sont autre chose que l'expression toute nue de la nature humaine qui contient en elle-même le germe des vertus, de même que celui des vices ; mais, comme les vices qui ne sont pas comprimés se développent au delà de toute mesure, de même quelquefois, les vertus grandissent sans le secours des préceptes sociaux. Eh ! qui oserait refuser à l'Arabe ou à l'Indien l'honneur de surpasser les peuples civilisés dans l'exercice de certains actes de la plus noble vertu ? Cependant, qui oserait proposer comme utile aux progrès de la morale et de la science, de changer les habitudes de la société européenne contre les usages de l'habitant du désert ou des caciques de l'Inde ?

M. Guizot pensait comme nous, quand il disait que *la féodalité seule a pu naître du sein de la barbarie; mais à peine la féodalité est grande qu'on voit naître et grandir dans son sein la monarchie et la liberté* [1].

Le livre dont nous extrayons ces mots mérite d'être lu attentivement par les Italiens, parce qu'il explique avec une éloquente précision les institutions de la France et de l'Angleterre, qui servirent de règle à l'établissement des fiefs en Italie. L'impulsion vers les institutions féo-dales nous vint des étrangers, et elles conservèrent leur aspect étranger. Si l'on en excepte le Piémont que la proximité de la France et la politique des comtes de Savoie, encore éloignée des choses italiennes, avaient façonné aux usages français, ainsi que les Etats de Naples et de Sicile soumis aux usages des Normands leurs conquérants, on verra que les institutions féodales ne dominèrent jamais entièrement en Italie [2]. La puissance du clergé et le caractère démocratique de tous les gouvernements municipaux leur faisaient obstacle.

Le sol italien n'avait jamais été entièrement occupé par droit de conquête, et l'on tenait pour certain que la terre où avait pris racine la liberté romaine, devait toujours être réputée franche. Bien plus, une telle présomption donna lieu à une maxime de droit féodal [3].

---

[1] Essais sur l'histoire de France, quatrième édition; Paris 1836, p. 352.

[2] On pourrait peut-être ajouter aux Etats indiqués, celui de Milan, qui comprenait bon nombre de terres érigées en fiefs. (V. Benaglia. *Relazion istorica del Magistrato delle Ducali entrate straordinarie dello Stato di Milano.* Milan, 1711.) Mais il ne paraît pas que cela portât un cachet particulier digne d'être remarqué par l'histoire.

[3] *Dans tout pays régi par le droit écrit* (droit romain), *tous fonds*

Pendant que dans d'autres contrées on posait en principe : *Nulle terre sans seigneur*, en Italie le franc alleu était la règle et le fief l'exception. Voilà l'un des caractères généraux de la législation italienne, qu'il est nécessaire de faire remarquer, parce qu'il atteste l'effet d'une liberté civile, plus vigoureuse là que partout ailleurs [1].

L'institution des fiefs n'engendra pas une jurisprudence analogue. Gouvernées d'abord par les intérêts politiques, ces institutions se réglaient selon les circonstances variées des temps. *Tels étaient*, dirons-nous avec M. Guizot [2], *le désordre des temps, la faiblesse de la population, la rareté des communications, l'ignorance des hommes, le défaut de généralité dans les institutions, les idées et les faits, qu'il y avait place pour tous les hasards, toutes les diversités, toutes les anomalies.* L'usage fut appelé à résoudre tous les doutes qui se présentaient sur la possession et la succession des fiefs, mais il variait selon les pays et le mode d'investiture.

Le mot *fief* considéré dans son origine étymologique se compose, d'après les uns, de deux anciens mots germaniques, FEHE, qui signifie *récompense*, *salaire*, et

---

et héritages sont réputés francs et allodiaux et en conséquence exempts d'hommages, droits de lods et autres servitudes, s'il n'y a titre au contraire dont la preuve est rejetée sur celui qui prétend sujétion. Salvaing, *de l'Usage des fiefs*, chap. LIII.

[1] Montesquieu au chap. II du livre XXX, de l'Esprit des lois, cherchant à expliquer la différence qu'il y a entre les lois françaises et celles d'Italie, ne remonte pas à la cause véritable de la différence qui nous paraît absolument celle que nous venons d'indiquer.

[2] L. C., pag. 344.

ODE qui marque la *possession;* parce que, en effet, les fiefs prirent naissance dans les concessions que l'on faisait, à titre de salaire militaire, aux fidèles des princes; d'après d'autres, il dériverait du vocable *fides* des Latins, parce que, par le bénéfice reçu, on engageait sa foi envers le bienfaiteur. Par opposition aux fiefs, il y avait les *alleux,* c'est-à-dire, les terres possédées librement par les familles, les biens patrimoniaux; et l'origine du mot est tout entière dans le vocable *alode,* employé jusque dans les lois salique et ripuaire, dans le sens de propriété ancienne et réservée dans la famille [1]. Par la suite, on donna le nom de fief à tout domaine tenu en vasselage, et celui d'alleu à tout bien libre.

Un jurisconsulte toscan aussi savant qu'éclairé, auquel nous devons un excellent ouvrage sur l'histoire des lois relatives à l'agriculture, M. Henri Poggi, remarque fort à propos [2] que la base du système féodal se réduisait en dernière analyse à un lien qui attachait l'un à l'autre deux individus, lien plutôt politique que contractuel. Dans ces rapports on rendait les services au seigneur comme on payait auparavant les impôts au souverain. Pour bien comprendre l'histoire de l'établissement des fiefs en Italie, il est bon de ne pas perdre de vue les usages judiciaires et économiques que l'on suivait dans l'empire d'Orient avant l'irruption des

---

[1] Struve : *Iuris feodalis syntagma,* § 2. — Meyer : *Esprit, origine et progrès des institutions judiciaires,* t. I, p. 73, 186, 87.

[2] *Considerazioni intorno alle prime origini ed alle principali vicende degli instituti feudali in Italia.* — Dans l'*Archivio storico italiano.* Nouvelle série, tom. VI, p. 1.

Barbares. Ce fonds fournit les aliments à l'arbre nouveau qui venait d'être planté parmi nous.

La plus courte et la plus simple définition du fief, dans sa véritable signification légale, c'est le bénéfice d'une chose immobilière, accordé à quelqu'un à titre de féauté. De là, le vassal, en recevant du seigneur le domaine utile de biens fonds, contractait envers celui-ci des obligations certaines et analogues à la qualité du bénéfice.

Lorsque Frédéric Ier voulut renforcer l'autorité de l'Empire en Italie, il chercha aussitôt à régulariser la législation des fiefs, et à recouvrer les droits qui étaient réputés inhérents à la couronne impériale. Le 23 novembre 1158, il rassembla ses vassaux dans le lieu ordinaire des assemblées ou diètes féodales, à Roncaglia, sur les bords du Pô, près de l'église de Saint-Pierre de Conturbia; il leur intima de rendre tout ce qu'ils avaient usurpé au détriment des prérogatives et des droits de l'Empire. Pour procéder légalement dans une pareille occurrence, Frédéric confia aux quatre plus célèbres docteurs dont s'honorait alors l'école de Bologne, savoir Bulgare, Martin Gosia, Jacques et Hugues le soin de décider quels étaient les droits régaliens qui avaient été usurpés par les vassaux, et qui devaient être restitués à l'empereur. Les quatre docteurs n'osèrent assumer seuls une telle entreprise, et l'empereur appela vingt-huit juges, deux dans chacune des principales villes du royaume italien, afin que réunis aux docteurs, ils définissent tous ces droits. Ceux-ci firent réponse que toute sorte de droits régaliens étaient dus à l'empereur, sauf ceux que les villes prouveraient avoir été formellement abandonnés à leur profit.

Cette réponse fut sévèrement blâmée comme un acte coupable de servile condescendance et de flatterie obséquieuse. Le jurisconsulte contemporain Placentinus accusa ouvertement les *misérables Bolonais* d'avoir, contre le cri de leur conscience, fait à Frédéric une réponse impie et fausse, et d'avoir trahi l'Italie en la rendant, de libre qu'elle était, tributaire de l'Empire. Ces anciennes accusations ont été renouvelées de nos jours, par de graves historiens [1]. Il ne leur manqua pas cependant un défenseur [2], qui soutint que leur décision fut juste selon la loi, bien qu'il y eût de l'imprudence de la part de l'empereur, de chercher à recouvrer ce qui, depuis très-longtemps, avait été distrait du domaine du prince. Quoi qu'il en soit de la justice de l'opinion de la diète, la bataille de Legnano changea la face des choses, et le bruit des armes nationales fit taire la voix des jurisconsultes.

Cette délibération de la diète de Roncaglia nous paraît n'avoir pas été suffisamment appréciée par les historiens, à un certain point de vue, c'est-à-dire de l'appel qu'on y fit des docteurs, et de la mission qui leur fut donnée de juger les affaires de l'Empire. Ce fait seul suffit pour expliquer qu'un grand changement s'était opéré ; que la vieille constitution avait déjà fait place à un nouvel ordre de choses, avant qu'on eût arraché le voile qui le couvrait. Du moment que l'idée du droit

[1] Sismondi, Raumer.
[2] M. de Savigny.

civil s'introduisit dans l'examen des choses féodales, le
véritable système féodal fut dissout. A la puissance de
la force, au titre de la conquête succédaient la raison
et l'équité; on ne recourait plus à. l'épée pour faire
pencher la balance en faveur de celui qui la tirait,
mais on s'adressait à des juges, impartiaux en apparence, pour leur demander un avis libre qui ôtât au
jugement tout soupçon de violence. C'étaient, peut-être,
nous n'en doutons pas, de vaines formules, d'habiles
détours pour tromper l'ignorance du peuple; mais la
nécessité de recourir à de pareils expédients démontre
pleinement que les temps exigeaient une manière de
procéder bien différente de ce qu'on avait l'habitude de
faire, alors que le puissant armé ne se croyait tenu à
aucun ménagement envers le faible sans armes. Les
sages concessions en politique ne sont pas toujours des
contrats de bienfaisance, mais souvent elles deviennent
des actes de la sagesse gouvernementale qui calcule les
forces, prévoit les dangers et y apporte des remèdes.
Frédéric s'obstinant à ne pas abandonner une partie de
ce qu'il prétendait avoir appartenu à ses prédécesseurs,
n'alla pas plus loin que les simples formes, et crut que
son autorité confirmée par l'assentiment des juges et
des docteurs, serait reconnue sans difficulté par les peuples. Les vicissitudes des expéditions renouvelées qu'il
fit contre les Italiens, montre avec quelle perte il s'obs-
tinait à revendiquer ce qui était déjà possédé par autrui,
et qui après, fut amplement reconnu et ratifié par la
victoire. Un esprit plus pénétrant, un cœur moins impétueux et une volonté moins inflexible, auraient peut-
être maintenu l'Italie dans l'ancienne foi à l'Empire.

Sous le règne de Frédéric, lés règles du droit féodal furent réduites en un corps de jurisprudence. Les fiefs n'étaient plus l'énergique expression d'un système politique et militaire, mais un simple mode de possession de biens, soumis à certaines prestations envers le patrimoine de l'Etat.

Pour donner une idée des principales règles du droit féodal considéré sous cet aspect, nous entrerons dans quelques détails qui nous paraissent nécessaires, du moins pour les lecteurs qui n'ont pas eu l'occasion de voir cette matière traitée ailleurs.

Les principaux devoirs du vassal à l'égard du seigneur dont il avait reçu le fief, étaient au nombre de trois. Il lui devait une foi incorruptible, il devait l'accompagner à la guerre et le suivre aux réunions générales des vassaux appelées *plaids* ou *malli*, dans lesquelles se tenait un tribunal suprême de justice [1].

La foi qui était comme la base de tous les autres

---

[1] On appelait *plaids* généraux, les réunions où s'assemblaient tous les ordres de l'Etat que le roi lui-même présidait, et où l'on délibérait sur les plus graves affaires de l'administration publique, et sur les procès les plus importants. Les ecclésiastiques comme les laïques faisaient partie de ces réunions, dans lesquelles on traitait même les affaires de l'Eglise. Tous les prélats et les vassaux étaient tenus de se rendre à ces plaids généraux qui, le plus souvent, se tenaient trois fois par an ; après Noël, après Pâques et après la fête de la Saint-Jean ; il s'y rendait aussi des hommes libres, soit pour exposer leurs griefs, soit pour être prêts à obéir aux ordres du souverain. Ducange, *ad voc.*, avertit à propos que de ces plaids est venue la formule usuelle employée par les rois de France à la fin de leurs édits, *quia tale est nostrum placitum; car tel est notre bon plaisir*, fut une modification de la première signification. Les plaids mineurs étaient tenus par les grands vassaux qui y réunissaient leurs subordonnés. Outre les plaids généraux, il y avait les plaids majeurs ou mineurs pour des cas ou des circonstances particulières.

devoirs était de deux espèces, la simple [1] et la lige,
qu'on définissait la foi engagée au seigneur envers et
contre tous. En général celle-ci n'était due qu'au souverain.

L'obligation et la promesse de foi étaient faites par
les hommes ou les vassaux à l'aide d'un acte solennel,
qu'en dehors de l'Italie on appelait hommage, et qui
chez nous se disait le plus souvent feauté ou *fio*.

Bien que ces deux mots paraissent au premier abord
synonymes, ils diffèrent cependant, en ce sens qu'hommage semble avoir une signification plus rigoureuse.

Pour accomplir cet acte solennel, on employait certaines formes particulières qui exprimaient la soumission et la confiance du vassal en présence de son
seigneur.

L'obligation de faire partie de l'armée du seigneur
quand celui-ci faisait la guerre était imposée à la personne du vassal, et dans le cas où celui-ci se serait
trouvé légitimement empêché, il devait payer une certaine somme d'argent dite *chevauchée* ou *ostendizia*,
laquelle somme, selon la coutume de Lombardie, était
de douze deniers par boisselée [2] de terre tenue en fief
par le vassal, et selon la coutume de l'Allemagne elle
s'évaluait en raison du tiers des fruits des bénéfices
féodaux, dans l'année où l'on faisait la guerre.

Les droits que les vassaux recevaient avec les fiefs

---

[1] On lit dans Pithou, art. 25 de la *Coutume de Troyes,* une lettre
du pape Adrien : *Episcopos Italiæ solum sacramentum fidelitatis
sine hominio facere debere domino superiori, id est sine personarum
subjectione.*

[2] *Moggio* en italien.

étaient très-étendus, d'autant qu'ils se prévalaient de la force avec laquelle on entendait avoir acquis le terrain, cédé naguère comme bénéfice.

Dans les grands fiefs, le vassal était investi de la haute et basse justice civile et criminelle et jouissait de droits exclusifs, comme ceux de chasse, de pêche, d'avoir des moulins, et autres de ce genre ; il recouvrait la majeure partie des produits du territoire tenu en fief, avec toutes les dépendances qu'on trouve minutieusement détaillées dans les investitures de ces temps.

Cela ne suffisait pas encore, et la personne même des serfs perdait sa liberté au profit du seigneur, soit en raison de cette servitude qui les attachait à la glèbe et qui leur interdisait de quitter le fonds à la culture duquel ils étaient attachés en naissant, soit par la défense de disposer de leurs propres biens, soit par l'autorité attribuée au vassal de contraindre les hommes à faire uniquement usage de ses moulins et de ses fours.

Les juristes distinguaient parfois les habitants d'une terre donnée en fief en deux classes, savoir : en *hommes* du seigneur du fief, qui lui devaient hommage, et dont la signification féroce était exprimée en ces termes : *porter l'esclavage attaché aux os* [1], et en *justiciables*, ou personnes qui, vivant sur la terre féodale, étaient soumises à la juridiction du seigneur, sans autre obligation personnelle que de prêter serment de ne jamais l'offenser.

L'empereur, les rois et les princes souverains concédaient les grands fiefs. Les petits fiefs étaient conférés

---

[1] Salvaing : De l'Usage des fiefs. Grenoble, 1668, p. 129.

par des dignitaires inférieurs, tels que les archevêques,
les évêques, les abbés, les abbesses, les prévôts, les
ducs, les marquis et les comtes; lesquels, en raison
de ce *droit*, étaient appelés, en Lombardie, *les capitaines du royaume;* ceux qui recevaient d'eux leurs
fiefs étaient appelés *vavasseurs du roi;* ceux-ci à leur
tour donnaient en fief à d'autres, lesquels s'appelaient
petits *vavasseurs* ou *valvassins.* Ainsi les fiefs se rami-
fiaient, s'entrelaçaient dans un système de dépendance
et de protection.

Les communes devenues libres et puissantes accordèrent à leur tour des fiefs comme les capitaines du
royaume.

Le caractère de précarité imprimé, dès le principe,
aux fiefs s'effaça peu à peu; leur possession devint
moins incertaine, et les docteurs en comptent huit va-
riétés principales; d'abord, les fiefs étaient annuels,
bientôt ils durèrent autant que la vie du vassal, ils
passèrent ensuite à celui des enfants du vassal que le
seigneur avait choisi; plus tard ils devinrent, de plein
droit, héréditaires et transmissibles à tous les enfants;
la transmission fut ensuite permise en faveur des petits
enfants, et à défaut de descendants, ils furent dévolus
aux frères du vassal. Dans la suite on exclut les femmes
de cette succession, dans certains cas où, par une
clause expresse, ou par la nature spéciale du fief, elles
n'étaient pas appelées à succéder. Enfin les collatéraux
devinrent habiles à succéder au fief, et il devint de
règle que les descendants mâles succédaient à l'infini.
Ainsi se réglait la transmission des fiefs en général;
mais lorsqu'ils portaient avec eux des titres, des dignités

et des charges inhérentes, il fallait l'investiture du seigneur pour valider la succession en faveur de l'héritier appelé.

La concession des grands fiefs étant devenue ainsi irrévocable, cette irrévocabilité s'étendit bientôt aux fiefs secondaires, et l'on établit les cas spéciaux dans lesquels il y avait lieu à retour. Et cela arrivait toutes les fois que le vassal manquait à la foi et au respect qu'il devait à son seigneur, ou qu'il avait agi contrairement à la loi du fief.

Nous trouvons trois espèces de juridictions établies sur les controverses féodales. La première était exercée par l'empereur comme souverain seigneur, par les capitaines du royaume, ou par les vavasseurs du roi : la seconde appartenait aux pairs, ou aux vassaux d'un rang égal à celui des vassaux entre lesquels s'était élevée la controverse ; si le seigneur commun des pairs assistait avec eux au jugement, le tribunal s'appelait curie ; mais si en raison de la matière, le seigneur ne pouvait pas siéger avec eux, ceux-ci prenaient le nom de pairs de la curie : le troisième degré de juridiction était celui du juge ordinaire de la terre, ou de l'arbitre choisi par compromis par les parties litigantes.

Selon la nature de la contestation le procès était porté devant l'un des trois degrés de juridiction dont nous avons parlé. Ainsi, s'il s'élevait une contestation entre l'empereur et les communes de la Lombardie, la décision appartenait aux pairs, c'est-à-dire aux grands vassaux de la cité et du comté, sauf si l'empereur était présent, car alors il statuait seul. Si le débat avait lieu entre les capitaines de l'empereur, ce dernier seul

avait pouvoir de juger. Si le procès s'étendait aux
autres vassaux, on en distinguait l'espèce; puisque,
si deux contendants de fiefs divers, sur l'espèce
desquels il n'y avait pas de doute, étaient soumis au
même seigneur, ils devaient recourir à lui; mais si
l'un ou l'autre des plaideurs relevait d'un seigneur
différent, les pairs étaient appelés à statuer. Si la qualité du vasselage était incertaine, on avait recours au
juge ordinaire, ou à l'arbitre choisi à cet effet. Dans
les questions de fiefs anciens c'était la curie qui statuait;
mais s'il s'élevait des doutes sur la nature du fief,
qu'on soutînt d'un côté qu'il était ancien, et de l'autre
qu'il était nouveau et propre, la connaissance était re-
servée exclusivement aux pairs de la curie. Nons verrons bientôt ce que signifiaient ces diverses qualités.
Les jugements dans lesquels devaient figurer diverses
investitures étaient rendus par le juge ordinaire qui
statuait également entre le seigneur et le vassal, ou
tout autre personne n'étant pas du même rang que le
seigneur. Enfin les pairs de la curie étaient compétents
pour juger toute contestation s'élevant entre le seigneur
et le vassal, à propos d'investiture, de dévolution, de
violence soufferte, de déni de justice, ou de droit de
vasselage.

Toutes les fois qu'il s'agissait de procédure criminelle
pour l'application de la peine, ou de procédure civile
pour injure, dommage ou interdit, le juge ordinaire
seul jugeait, sauf à la partie qui se croyait lésée à in-
terjeter appel devant le tribunal supérieur.

Les principales divisions des fiefs signalées dans les
lois qui les régissaient, sont les suivantes :

Les fiefs régis par le pur droit féodal s'appelaient *droits, purs, simples et propres*; et l'on appelait *non droits* [1], *impropres*, ou selon quelques uns *conditionnés*, ceux qui étaient régis par des statuts non conformes au vrai caractère des fiefs. Il y avait des fiefs *personnels* qui s'éteignaient à la mort de celui qui en était investi; et des fiefs *héréditaires*, qui par leur titre se transmettaient aux héritiers; d'autres qui passaient *ex pacto et providentia* même aux étrangers; les fiefs *temporaires* et les *perpétuels*; les *masculins* ou transmissibles seulement aux héritiers mâles; les *patrimoniaux* et les simples *usufruitiers* dans lesquels le vassal retenait la pleine propriété ou seulement la possession utile des biens; le fief *acquis* (*emptitium*), et le *gratuit*, le *franc* qui était exempt de toute sujétion particulière.

Il y avait des fiefs consistant en revenus d'une qualité spéciale et dont le nom indiquait la nature, comme ceux de *Gastaldie*, de *Garde*, de *Soldata*, d'*Avoucrie*, de *Cavena* ou de *Chambre* [2].

Selon qu'ils étaient conférés par des prélats ou par des laïques, les fiefs étaient appelés ecclésiastiques ou

---

[1] *Retti* — non *Retli*, en italien.

[2] Les fiefs de chambre ou de *Cavena* consistaient en pensions payées par le trésor public ou chambre, ou par l'office du seigneur dit *Cavena*; ceux de *Soldata*, en prestations en argent ou sols, ou bien de vivres. La *Garde* c'était la charge de gouverneur d'un château; la *Gastaldie*, la charge d'un agent de l'administration; l'*Avoucrie*, la mission de défenseur en justice. Toutes ces espèces de fiefs étaient personnels et furent abolis par l'usage. Pour ces détails de droit et de devoirs féodaux, on pourrait consulter la bulle de Clément VIII, qui régla la commission des barons romains (*Bulla baronum romanorum*), commentée par le cardinal de Luca.

séculiers. Le fief *noble* était celui qui conférait la noblesse à celui qui en était investi, et ne pouvait être possédé que par un noble; par opposition à ce dernier il y avait le fief plébéien.

Ils étaient divisibles ou indivisibles selon qu'ils étaient ou non susceptibles de partage entre les héritiers; *liges* ou *simples* (*plana*), selon la nature de la foi requise, comme nous avons dit plus haut.

Lorsque le premier vassal donnait à un autre partie du fief dont il était investi, cette partie devenait, par rapport à celui qu'il en investissait, un *sous-fief* (*sub feudum*) qu'on appelait aussi fief *servant*, par opposition à l'autre partie dite *dominante*.

En curie et *hors de curie* signifiaient des fiefs qui étaient compris ou étaient en dehors du territoire du fief *dominant*. On appelait fiefs *corporels* ceux qui consistaient en immeubles; *incorporels* s'il s'agissait de droits ou raisons simples. Il faut remarquer ici que quoique, par leur nature, les fiefs ne pussent consister qu'en choses immobilières, il arriva cependant qu'on donna en fief, outre les biens incorporels, les charges héréditaires, et même tout ce qui n'était pas un simple meuble, et qui, en raison du produit, était susceptible d'aliénation. Parmi les étranges abus qu'on fit de l'institution des fiefs, il faut remarquer celui qui s'étendait jusqu'aux monastères [1].

Enfin les fiefs se divisaient en *anciens* et en *nouveaux* : les premiers dérivant des grands fiefs, ceux-ci acquis du premier investi.

---

[1] Muratori : Antiquit. Italic, Dissertat. 77.

Il serait assez difficile, et au surplus inopportun de suivre ici la variété infinie des règles féodales, lesquelles s'accommodant, comme nous avons dit, des diverses conditions des temps, des personnes, des biens et des lieux, se modifiaient de mille manières, par des usages particuliers et des priviléges personnels.

En ce qui concerne l'*Italie*, les *livres* de fiefs nous offrent un corps de jurisprudence féodale dans lequel on trouve la description des coutumes de la Lombardie. C'étaient des coutumes bien anciennes, et elles reposaient en partie sur la simple autorité de l'usage, en partie sur les ordonnances impériales dont un petit nombre avaient été promulguées dans les siècles précédents. Conrad II dit le Salique, désireux de faire disparaître les incertitudes, de tranquilliser son royaume et d'apaiser les discordes existant entre les seigneurs et les chefs militaires, discordes qui troublaient la tranquillité publique et l'autorité impériale, fut le principal législateur des fiefs [1].

Gérard le Noir, dit aussi *Capagiste*, et Hubert dell' Orto furent les premiers compilateurs de cette collection. Ils étaient consuls de Milan sous le règne de Frédéric Ier. Leur ouvrage fut un simple travail privé, mais il ne tarda pas à être très en usage par l'avantage

---

[1] *De feudis*, lib. I, tit. I, § 2; lib. II, tit. XL; lib. V, tit. I. La constitution entière de Conrad avec les souscriptions, se trouve dans Canciani, *Barbarorum leges antiquæ*, vol. V, p. 43. Il faut changer la date de 1038 qui s'y trouve en celle de 1037, selon les remarques de MM. Vesme et Fossati au livre : *Vicissitudes du droit de propriété en Italie*, liv. III, chap. VIII. Frédéric Ier avait fait d'autres constitutions féodales à Roncaglia, et nous les voyons dans Radevic, aux appendices d'Othon et de Fresingue, liv. II, chap. VII.

qu'il offrait aux juristes de trouver réunies des coutumes éparses et autrefois confuses. Frédéric II ayant publié diverses constitutions féodales, les adressa aux docteurs de Bologne pour qu'ils eussent à les ajouter au code de Justinien. On voulait alors réunir en un seul corps de loi, les lois anciennes et les lois modernes des empereurs. Les docteurs bolonais s'assemblèrent dans l'église cathédrale de Saint-Pierre, lieu ordinaire de leurs réunions solennelles, et firent ce que l'empereur leur avait prescrit. Hugolin colloqua les livres des' fiefs et les constitutions précités après la ixe collection des Novelles impériales. La compilation des consuls milanais et les augmentations dont nous venons de parler, formèrent les deux premiers livres des fiefs auxquels furent ajoutés des chapitres extraordinaires et des choses diverses. Parmi les glossateurs de cette partie de la législation italienne, se distinguèrent principalement Bulgare, Piléo, Hugolin, Vincent et surtout Jacques d'Ardizzone. Minuccio de Pratoveteri, par ordre de l'empereur Sigismond, en 1431, donna une nouvelle disposition aux lois féodales. Il n'est pas bien prouvé que tous ces livres féodaux aient obtenu la confirmation expresse des empereurs, mais il est hors de doute qu'ils eurent une autorité incontestée au barreau. Barthélemy Barattieri, jurisconsulte plaisantin, donna à ces mêmes livres une nouvelle forme qu'il fit approuver par Philippe Marie Visconti, duc de Milan. Enfin Jacques Cujas publia une nouvelle édition des mêmes lois féodales, composée différemment et divisée en cinq livres [1].

---

[1] Un ouvrage de M. Despeyres traite de l'origine des livres des fiefs. N'ayant pas pu l'avoir sous les yeux, nous nous bornons à la simple indication de ce livre.

Les usages des Italiens s'étendirent aussi chez les étrangers, parce que l'ancienne équité de nos écoles avait donné même à ces enseignements un caractère digne d'être imité par les autres nations ; et les coutumes de Lombardie réunies aux institutions impériales, prirent le nom de *raison civile des fiefs*.

Dans le royaume de Sicile et d'Apulie, sous la domination des princes normands, on établit, comme exception, et en faveur principalement des nombreux Français qui s'enrôlaient sous les drapeaux de ces nouveaux seigneurs, un droit féodal semblable à celui de France. Selon la qualité différente de leurs institutions, les fiefs étaient dits *de iure Langobardorum* ou *de iure Francorum ;* la différence principale entre ces deux espèces était que dans les fiefs d'institution française, le fils aîné succédait à l'exclusion de ses frères cadets, et dans ceux d'institution lombarde tous les enfants étaient appelés au partage de la succession. Ce fut cette dernière institution que conserva Frédéric II alors qu'il voulut faire disparaître partout les distinctions féodales d'origine française [1], et nous la verrons encore en vigueur dans les autres parties de l'Italie, où les investitures féodales portaient la clause de droit de primogéniture.

En terminant cet aperçu général des plus anciens ordres féodaux, nous devons rappeler que leur durée pendant des siècles, tourna au détriment de l'agriculture, de l'industrie et de tout progrès de la prospérité sociale. Aujourd'hui il ne reste plus sur notre sol aucune autre trace de leur existence que celle du mal

---

[1] Avec la constitution qui a pour titre *de iure Francorum in iudiciis sublato*.

qu'ils ont produit et le triste souvenir qu'on en conserve [1].

Grâce à ces institutions féodales, la propriété territoriale se concentra entre les mains d'un petit nombre
de vassaux et de prélats enrichis des dons faits à l'E-
glise, et le menu peuple se trouva soumis à l'arbitraire
et à la discrétion des seigneurs qui portaient les armes, jouissaient de tous les honneurs et de toutes les
terres.

Plus les pauvres s'enfonçaient dans l'esclavage, plus
les riches cherchaient à accaparer *des bénéfices*, afin
de s'approcher de la condition des seigneurs, et pour y
arriver, ils offraient leurs alleux à un grand vassal, qui
les leur rendait revêtus du caractère féodal.

Pour les faibles il n'y avait pas d'autre moyen de se
soustraire aux vexations et aux dangers qui les mena-
çaient, que de recourir à la protection des forts, et de
se soumettre à une sujétion particulière, pour avoir
droit à une assistance spéciale. On arrivait à ce but de
différentes manières; l'une d'elles consistait à se recom-
mander à un puissant seigneur ou à l'Eglise, avec promesse d'un travail ou d'une prestation afin d'être par là
protégé; selon la différence des œuvres ou des prestations convenues, les recommandés prenaient le nom de
recommandés, *d'assurés*, de *non taillables* et *d'exempts*

---

[1] Ceci doit être entendu du système en général, et en particulier de
la sujétion personnelle. Car les tenures féodales par rapport aux biens
n'ont disparu que dans ces dernières années de l'île de Sardaigne, et
dans la partie du territoire italien soumise à l'Autriche, il s'en conserve
encore. V. le livre de M. J.-B. Sartori, intitulé *Storia, legislatione,
et statuto attuale dei feudi ; norme pel miglioramento, e per lo svin-
colo totale di essi.* Venise, troisième édition, 1857, in-8°.

de la dîme; parfois pour assurer son existence, on se donnait en servitude; ceux-ci s'appelaient *oblats* et ce furent eux qui accrurent le nombre des serfs des églises [1].

Dans quelques cas rares, au lieu de se donner on se vendait entièrement, ou bien on accordait au seigneur de tels droits sur sa propre personne et ses propres biens que l'on entrait dans un état intermédiaire entre la liberté et la servitude. Ainsi on s'ôtait le droit de tester afin d'augmenter le droit de caducité en faveur du seigneur. Ceux qui se donnaient ainsi à autrui tombaient dans la classe des *mainmortables* [2].

Les limites et la distinction entre tous les recommandés dépendaient du simple usage, mais tous ont été confondus dans le cours des temps, et ils furent réduits à la classe de serfs et de manants qui vers les xe et xie siècles composaient presque entièrement le petit peuple.

Tels étaient les fruits résultant de tant de misères; tels étaient les chemins qui en Italie menaient à cet abîme de barbarie, laquelle, pour nous servir des paroles de l'incomparable Muratori [3], rompit les digues, au xe siècle, et de ce moment fut assuré le triomphe des vices, des guerres, des abus de pouvoir des tyrans, des tyrannaux, et après cela le triomphe de la fureur des partis.

---

[1] *Histoire des abus féodaux*, de David Winspeare, liv. 1, chap. VIII. — Cet acte s'appelait *donatio de se ipso.*

[2] Winspeare, l. c.

[3] De la prospérité publique, chap. VII.

CHAPITRE III.

Ce n'est ni comme théologien ni comme critique que
nous entendons parler des lois de l'Eglise, appelées
aussi canons d'un mot grec qui veut dire règle. Nous
voulons seulement les considérer comme une branche
du droit positif faisant partie du système général de la
législation de l'Italie. Objet des plus chaudes controverses, le droit canonique fut, selon la diversité des
temps et des lieux, attaqué avec fureur d'un côté, de
l'autre défendu avec une constance pieuse. L'immo-
bilité séculaire de cette loi ne fut modifiée ni par les
changements de fortune, ni par le temps ; et dans la
forme extérieure qu'elle conserve, on voit, même aujourd'hui, la première pensée de ses auteurs. Elle est
le tableau complet et fidèle des institutions du moyen
âge, dans lequel on discerne encore à travers les

couches superposées, les lignes aussi simples que grandes de la primitive Eglise.

L'étude des canons peut être utilement cultivée, non-seulement par ceux qui sont chargés de les appliquer dans les pays où ils ont encore force de loi, mais aussi par ceux qui s'occupent de l'histoire générale de la civilisation, au développement de laquelle les lois canoniques ont puissamment contribué.

Quoiqu'il suffise, pour le but que nous nous proposons dans cet ouvrage, d'exposer les lois ecclésiastiques telles qu'elles étaient au XIIIe siècle, au moment où arrivées au faîte de leur puissance, elles influaient puissamment sur toutes les parties de l'ordre social, nous ne manquerons pas toutefois de remonter assez haut pour saisir certains points de leur histoire antérieure qui peuvent éclairer toute la matière.

Après que l'Eglise fut affranchie de la persécution et qu'elle fut reconnue légalement dans l'Etat, on fit peu à peu une série de règles de police intérieure et extérieure, avec lesquelles elle se gouvernait et s'associait aux actes du gouvernement civil.

Déjà dans le code de Justinien, et particulièrement sous le titre *de Episcopali audientia*, nous trouvons les lois qui, dès le quatrième siècle de l'ère chrétienne, conféraient aux évêques le droit de juger les choses et les personnes appartenant à l'Eglise, et d'exercer une juridiction volontaire, même à l'égard des laïques qui recouraient à leur tribunal de paix. Les biens abondaient dans l'Eglise qui avait plutôt la liberté d'acquérir que d'aliéner.

Le changement des maîtres ne modifia guère la

condition des ecclésiastiques; même sous les Lombards, sauf à certaines époques, où la férocité primitive des conquérants se fit sentir davantage, l'autorité de la hiérarchie catholique sur les fidèles fut grande et libre. Il faut même dire qu'elle s'accrut d'autant plus que les chefs de cette nation, exempts de tout désir de s'immiscer dans les choses du culte, les laissèrent librement se déployer dans leurs saintes institutions. Nous trouvons, en effet, que sous les Lombards, la juridiction ecclésiastique se développait librement; non-seulement les clercs, mais les laïques eux-mêmes pouvaient déférer leurs contestations devant le tribunal de l'évêque, qui rendait sommairement et comme arbitre sa sentence, laquelle sortait à exécution sans la moindre difficulté. Chez les Lombards la simple qualité cléricale ne conférait pas privilége à un tribunal spécial dans les causes purement civiles, mais si la cause était ecclésiastique de sa nature, alors ceux-là mêmes qui n'étaient pas soumis à la juridiction des évêques, étaient obligés de plaider devant les tribunaux de ces derniers. Bien que cette juridiction dût être dans le principe simplement volontaire, avec le temps, elle devint obligatoire, surtout pour ce qui concernait les églises.

Le mode de procéder en justice était semblable à celui indiqué dans la procédure lombarde. S'il s'agissait d'attaquer un évêque en dommages-intérêts, ce n'était pas devant le *gastalde* ni devant le duc qu'on devait le traduire, mais il fallait s'adresser au roi lui-même.

Les lieux saints et les monastères étaient directement soumis à la tutelle ou *mundualde* du roi.

Tel était l'aspect extérieur des relations de l'Eglise avec l'Etat en Italie, avant l'arrivée des Francs qui accordèrent à la puissance ecclésiastique d'insignes et nouvelles faveurs. Nous allons voir maintenant, d'après quelles règles se gouvernaient alors les affaires intérieures de l'Eglise, en ce qui concernait le temporel, et nous puiserons nos renseignements aux documents authentiques remontant au VIIIe siècle [1]. Aussitôt après son élection le souverain Pontife promettait de maintenir et d'observer tous les décrets rendus par ses prédécesseurs, ainsi que leurs constitutions synodales et l'intégrité des biens de l'Eglise. Les évêques s'obligeaient pareillement [2] à ne pas aliéner les biens de l'Eglise, à faire remise tous les ans du quart des revenus des possessions ecclésiastiques aux clercs et aux fabriques ; à ne pas disposer des charges ecclésiastiques en faveur des personnes n'appartenant pas au clergé ; à ne jamais mettre en gage, n'importe à quel titre, de semblables charges ; à ne pas abandonner leur résidence pour voyager ni pour se rendre auprès du comte de la province, sans une permission du Siége apostolique.

En outre, les évêques s'engageaient, dans le cas où ils recueilleraient une succession ou accepteraient une donation d'une personne étrangère par les liens du

---

[1] *Liber diurnus romanorum Pontificum*. Selon l'opinion qui paraît la mieux fondée, cette compilation de formules et de rites renfermant des documents précieux sur l'ancien ordre ecclésiastique, fut publié sous le pontificat de Grégoire II peu après 714. Nous citons l'édition d'Hoffmann dans le second volume du recueil intitulé : *Nova scriptorum ad monumentorum partim rarissimorum partim ineditorum collectio*. Lipsiæ 1733.

[2] *Cautio episcopi*.

sang, d'en faire l'abandon à l'Eglise, et faute de le faire, l'Eglise elle-même et le clergé avaient qualité pour revendiquer ces biens des tiers détenteurs.

Enfin les évêques déclaraient solennellement qu'ils ne consentiraient jamais à quoi que ce soit qui serait contre le Prince et l'État, et à donner toujours des preuves de leur fidélité.

On rencontre souvent, dans ces documents, la mention de ce partage en quatre parts des revenus ecclésiastiques que l'évêque devait faire avec le clergé, les pauvres et les fabriques des églises.

A l'élection du procureur du patrimoine des églises, on donnait mandat et on faisait une obligation aux colons et aux marguilliers de lui obéir; on priait en même temps le patricien de la province de le protéger, le juge de l'assister dans la cause des pauvres et l'évêque de le secourir.

On recommandait chaudement aux procureurs des patrimoines de ne pas se montrer trop sévères envers les colons, pour la perception des redevances. Et partout on imposait le devoir de se servir des biens de l'Église, dans l'unique but de subvenir aux besoins d'autrui et de viser au salut des âmes.

Il ressort enfin de la teneur des règles insérées dans ces documents, l'idée des usages purs et suaves d'une autorité patriarcale, et il s'en exhale, pour ainsi dire, un parfum de charité évangélique, base éternelle sur laquelle est fondée l'Église de Dieu.

Pendant que le pouvoir spirituel pourvoyait ainsi au gouvernement intérieur de la société des fidèles, il ne négligeait pas de se servir des lois civiles comme droit

commun qui obligeait tous les citoyens sans distinction [1]. Peu à peu on étendit l'application des canons,
et les juges ecclésiastiques en développèrent d'autant
plus l'observation que le droit romain était moins en
vigueur; celui-ci n'était pas tout à fait éteint, mais il
était comprimé par la domination des Barbares. Cependant les ecclésiastiques n'oublièrent pas de conserver le
dépôt des lois de l'ancienne Rome, comme nous l'avons
déjà fait voir; mais c'était plutôt comme coutume sage
et éprouvée, et qu'ils s'étaient, pour ainsi dire, appro-
priée, que comme un vrai précepte de loi vive et d'une
sanction efficace.

Par la suite, l'étude du droit romain étant arrivée
à toute sa plénitude, il surgit des jalousies entre
celui-ci et les canons, ainsi que nous l'avons dit dans
le chapitre I. Il exista cependant toujours une certaine
alliance entre les deux droits; les canons s'aidant,
comme disait Lucien III évêque de Padoue, des lois des
princes et réciproquement [2]. Mais ce fut plus qu'une
alliance; on pourrait dire la dérivation de l'un de
l'autre, puisque la plupart des règles fondamentales du
droit canonique furent tirées du droit romain; et pour en

---

[1] V. les lettres de saint Grégoire-le-Grand, dans lesquelles on voit
comment ce grand Pontife avait l'habitude de décider les lois communes, et recommandait aux juges ecclésiastiques de s'y confirmer,
liv. I, épît. 9; liv. III, épît. 38; liv. IV, épît. 25 ; liv. VI, épît. 36;
liv. VII, épît. 23 et 39 ; liv. IX, épît. 6, 7, etc. On remarquera surtout l'instruction donnée à Jean le Défenseur envoyé en Espagne, insérée dans la lettre 45 du livre XIII, extraite en grande partie du
Code et des Novelles.

[2] Chap. 1 *De novi operis nunciatione caput ult. de transact Decretal. Gregorii IX.*

donner un exemple très-concluant, nous ferons remarquer que la théorie des empêchements qui annulent le mariage, empêchements tirés des liens du sang, dérive entièrement du droit civil, ainsi que l'atteste le pape Nicolas III dans sa seconde réponse aux Bulgares. On pourrait en dire autant de la plupart des autres empêchements au mariage, de la théorie des contrats, et des règles principales de la procédure civile.

Les sources auxquelles a puisé le droit positif ecclésiastique peuvent se réduire à trois : les canons, les conciles, les constitutions des pontifes et les coutumes.

Parmi les conciles généraux, on en compte huit qui furent célébrés dans l'église d'Orient, savoir : deux à Nicée, quatre à Costantinople, un à Ephèse et un en Chalcédoine ; le dernier concile tenu à Costantinople, eut lieu en 869, sous le règne de Basile le Macédonien.

Ceux tenus en Occident, en commençant par le premier concile de Latran, tenu à Rome en 1123, sous le pontificat de Calixte II, sont au nombre de douze, savoir : cinq conciles à Latran, deux à Lyon, un à Vienne, un à Constance, un à Bâle, un à Florence et un à Trente.

Comme nous l'avons déjà dit, nous nous bornons ici au rôle d'historien, et par suite, nous ne discuterons pas les raisons qui font que quelques-uns nient la légitimité des actes des conciles de Constance et de Bâle. Nous ajouterons seulement qu'en général, l'autorité des canons des conciles généraux fut toujours très-vénérée dans l'Eglise catholique, qui de cette manière continua pendant plusieurs siècles à se gouverner comme au temps des Apôtres, lesquels se réunirent trois fois pour délibérer sur les grandes occurrences de la naissante société des fidèles.

Indépendamment des conciles généraux, il y eut plusieurs conciles nationaux et provinciaux, dont les prescriptions, tout en ne s'appliquant pas à l'Église universelle, avaient cependant force de loi dans les contrées où ils s'étaient assemblés.

Les provisions des conciles généraux de l'Eglise d'Orient ne sortaient pas du cercle rigoureux de la puissance spirituelle ; on y étudiait les articles de foi, on condamnait les hérésies, on corrigeait les scandales et l'on faisait des règles de discipline. Mais quand on commença à tenir un concile œcuménique en Occident, on s'aperçut que la condition des temps était changée, que les deux puissances souveraines s'étaient heurtées, et que l'Eglise assumait la direction d'actes appartenant, par leur nature, au gouvernement politique [1].

Nous avons dit que les deux puissances s'étaient heurtées [2] et pour expliquer ce fait il faut rappeler les dissensions qui s'étaient élevées quelques années auparavant entre le Sacerdoce et l'Empire. L'Empereur,

---

[1] Les secours pour l'expédition des croisades.

[2] Ce que nous disons ici n'a trait qu'aux conciles généraux. Car nous avons l'exemple de conciles provinciaux ou nationaux dans lesquels un accord parfait ne cessait de régner entre les deux pouvoirs. On nous permettra, bien que ce soit en dehors du sujet de cette histoire, de faire remarquer que les treize conciles de Tolède nous offrent dans leurs actes, l'exemple de la plus grande déférence réciproque entre le roi et le clergé. Le troisième canon du cinquième parmi ces conciles, consacre le principe de la royauté élective ; le treizième canon du neuvième concile n'hésite pas à défendre aux affranchis des églises, de se marier avec les Romains et les Goths.

rappelant ce qui avait été fait en faveur de Charlemagne, voulait s'ingérer dans l'exercice de l'autorité pastorale et s'attribuer l'élection du Pontife.

La lutte sur les justes limites des deux puissances ne tarda pas à éclater. Il s'éleva une voix puissante pour soutenir l'indépendance du pontificat, et ce fut celle de Pierre Damien, homme saint, plein d'élévation d'esprit et très lettré, eu égard aux temps incultes où il vivait. Le livre qu'il publia à cette occasion renferme la somme des questions et des disputes qui avaient surgi[1]. Une pareille discussion de principes religieux et politiques, vers le milieu du XIe siècle, mérite d'être prise en grande considération. C'étaient les premiers essais de cet examen rationnel qui domine toutes les affaires du monde civilisé.

Les maux s'accrurent. Les rois d'Allemagne et de France faisaient publiquement trafic des dignités ecclésiastiques. Le saint pape Grégoire VII employa tout son pouvoir pour déraciner cet abus. L'Empereur mettait à prix l'investiture des prélats, et ne permettait pas de prendre possession de leurs siéges, à ceux qui n'avaient pas reçu de lui l'anneau et la crosse pastorale. Saint Grégoire défendit formellement aux prélats de recevoir

---

[1] L'opuscule de saint Pierre Damien est intitulée : *Disceptatio synodalis de electione pontificis romani inter regis advocatum et romanæ Ecclesiæ defensorem missa ad synodum habitam super electione Honorii II papæ qui vulgo Cadaloüs dicebatur.* Nous citons l'édition publiée par Goldaste dans le deuxième volume du recueil *Monarchiæ S. Romani imperii* A la fin de l'opuscule, l'avocat du roi s'avoua vaincu (p. 65, n° 30 à 40), et après avoir résumé toutes les parties de la discussion, il conclut dans les termes suivants : *Evidenti clarescat iudicio quia in eo quod sibi pontificem populus romanus elegit maiestati regiæ potissimum ministravit.*

l'investiture de la part d'un laïque. Par deux fois Henri fit semblant de céder, non pas par un retour sincère, mais pour gagner du temps, et aussitôt que l'occasion lui parut favorable, il attaqua le pontife, et la guerre s'en suivit longue et acharnée. Les grands vassaux de l'Empire se jetèrent dans la mêlée : les intérêts politiques et ceux de l'Église furent confondus dans la lutte ; les armes spirituelles et temporelles se choquèrent, et l'on remplit ainsi cet espace de temps connu sous le nom de Guerre des investitures.

Nous ne savons avec quelle précision on a pu dire, qu'à l'occasion des investitures, on avait livré soixante-dix-huit batailles [1] ; mais il est certain que de grands maux troublèrent le cours de six pontificats, et cet état déplorable ne cessa qu'à la paix conclue à Worms entre Calixte II et Henri V, en 1122. Le concile de Latran, assemblé l'année d'après, confirma solennellement la liberté des élections.

Déjà, vers la fin du siècle précédent, le pape Urbain II avait appelé sous les armes les princes et les peuples chrétiens, et les avait envoyés à la délivrance du saint sépulcre. A cette première entreprise de l'Occident contre l'Orient, en avaient succédé d'autres, et si Dieu ne permit pas qu'on obtînt la récompense qu'on s'était promise, il voulut cependant que ces expéditions ouvrissent la voie à la civilisation européenne.

Sans toucher à la question des inconvénients ou des avantages qui résultèrent des croisades, sujet qui a été

---

[1] *Histoire du droit canonique et du gouvernement de l'Eglise, par* M*** (*Brunet*) *avocat au Parlement*. Paris, 1720, 1 vol. in-8º.

déjà si diversement jugé par les historiens, on peut hardiment avancer que ces expéditions guerrières furent un prodigieux phénomène de l'efficacité de l'opinion sur la multitude, et le plus prompt véhicule qui ait conduit les hommes aux bienfaits de l'association.

Mais l'exemple du passage en Terre sainte alluma d'autres désirs visant à des vues différentes. On fit des croisades, non plus contre les Mahométans qui avaient envahi le territoire où s'étaient accomplis les augustes mystères de la rédemption du genre humain, mais on en fit contre les hérétiques, pour les exterminer s'ils ne se convertissaient pas [1].

Dans le but d'extirper les hérésies on institua certaine procédure investigatrice à laquelle on donna le nom d'*inquisition*, et la puissance séculière prêta main-forte à l'exécution des jugements de l'inquisition. Frédéric II, dans l'un des courts intervalles de paix qu'il eut avec les papes, étant à Padoue, le 22 janvier 1224 [2], publia quatre édits, par lesquels il prescrivait aux juges laïques de punir les hérétiques que les ecclésiastiques avaient condamnés en cette qualité. Ceux qui s'obstinaient, étaient brûlés vivants, et ceux qui se repentaient étaient

---

[1] Le troisième canon du concile de Latran, tenu sous Innocent III, est ainsi conçu : *Catholici vero, qui, crucis assumpto charactere, ad hæreticorum exterminium se accinxerint, illa gaudeant indulgentia illoque privilegio sint muniti quod accidentibus in terræ sanctæ subsidium conceditur.* Ce n'est pas à dire cependant qu'avant cette époque les cas d'hérésie restassent impunis ; mais les peines corporelles n'étaient infligées que par le pouvoir temporel directement. V. le titre de *hæriticis et manichæis* dans le code de Justinien.

[2] Certains auteurs placent quelques-uns de ces édits à la date de 1231.

enfermés dans des prisons pour le reste de leurs jours. Le même empereur reconnut toutes les lois civiles et canoniques qui avaient été faites contre les hérétiques, étendit le cas de lèse-majesté à l'hérésie, et mit sous sa protection les inquisiteurs [1]. Innocent IV, élevé au trône pontifical en 1234, recommanda aux deux ordres religieux créés peu de temps auparavant par saint Dominique et saint François, le soin de pourvoir aux fonctions d'inquisiteurs, et par une bulle du 15 mai 1252, adressée à tous les recteurs, conseils et et communautés de la Lombardie, de l'Emilie et de la marche de Trévise, il édita trente et un articles de loi, qui furent scrupuleusement insérés dans les statuts de ces communautés. En vertu de ces dispositions, la mission d'inquisiteur devenait, de plein droit, le principal devoir des fonctionnaires publics, qui, à leur entrée en fonctions, devaient jurer de remplir cette mission sous peine de se voir réputés atteints d'hérésie. Cette constitution fut un peu tempérée par le même Pontife qui la renouvela, et plus tard en 1265, elle fut encore modifiée par Clément IV [2], et fut, pendant longtemps, considérée comme règle de droit public dans la législation municipale.

Mais si d'un côté, la force séculière prêtait son ministère pour accroître la puissance de la juridiction ecclésiastique, de l'autre il ne manquait pas à l'Eglise

---

[1] On trouve dans les Authentiques des traces nombreuses de ces lois insérées au code de Justinien, titre : *de hæreticis et manichæis.*

[2] *Institutiones iuris ecclesiastici Claudii Fleury*, pars III, chap. IX, n° 2.

des arguments propres pour s'élever à la souveraineté temporelle.

Dans une bulle de 1058 [1], le pape Etienne IX déclarait que, par autorité des canons sacrés et des lois d'Othon et de ses successeurs dans l'Empire, les clercs ne devaient reconnaître aucun autre juge que leur évêque, et que les laïques n'avaient pas le droit de percevoir un tribut sur quiconque était investi des ordres sacrés.

Peu d'années après ceignait la tiare Grégoire VII, pontife d'une haute portée d'esprit et d'un courage inflexible. Voyant l'Eglise souillée par la dépravation des mœurs et par l'envahissement de la simonie, il entreprit de la purifier et réussit dans l'entreprise. Craignant que le pouvoir laïque n'usurpât le droit d'élire les évêques, il n'hésita pas à faire la guerre à l'empereur, et il sortit victorieux de la lutte. Il supporta ensuite courageusement les malheurs et put prononcer en toute vérité ces touchantes paroles à son dernier moment : *J'ai aimé la justice et j'ai haï l'iniquité, c'est pourquoi je meurs dans l'exil.*

Nous ne nous constituerons certainement pas le défenseur de cette souveraineté universelle à laquelle sembla aspirer Grégoire VII, et de laquelle s'éloignent tant la lettre et l'esprit de l'Evangile ; mais nous ne refuserons pas à ce Pontife la louange d'avoir empêché que l'arbitraire de la force ne l'emportât sur les droits de la morale.

C'est sous ce point de vue que doivent être aussi

---

[1] Muratori, *Antiquit. med. ævi, dissert. 70.*

considérées les actions de ce Pontife que plusieurs écrivains ont si indignement travesties. Mais à notre époque les jugements historiques sont débarrassés de ces préoccupations qui étaient de nature à les obscurcir, et ceux même qui sont peu partisans des doctrines émises par Grégoire VII, reconnaissent aujourd'hui en lui les qualités de l'homme illustre qui dépensa toute sa vie dans une magnanime entreprise [1].

Nous avons déjà remarqué que les règlements canoniques avaient aidé au progrès de la civilisation, et nous en avons la preuve dans la persistance des conciles et des souverains pontifes à inculquer les principes éternels de la justice et de l'ordre moral, alors que les princes laïques les méprisaient avec la plus grande férocité.

L'autorité des canons introduisit des intervalles de paix, à des époques travaillées par une guerre continuelle et par des excursions désastreuses. Et la *trève de Dieu* qu'on était tenu d'observer du mercredi soir au lundi matin de chaque semaine, depuis le premier dimanche de l'Avent jusqu'à l'octave après l'Epiphanie, et depuis le dimanche de la Septuagésime jusqu'à l'octave après Pâques [2], était le plus grand bienfait que l'humanité pût espérer à cette époque. Cette trève com-

---

[1] Choisissons entre tous le témoignage de l'historien Grégoire, *Essai historique sur les libertés de l'Eglise gallicane*, pag. 9, Paris, 1818. Ce Pape (Grégoire VII) eut de grandes qualités ; les historiens s'accordent à reconnaître l'élévation de son génie, à louer son zèle contre la simonie, l'incontinence des clercs, et pour le maintien de la discipline, etc..... V. en outre l'histoire du pape Grégoire VII et de son siècle, par J. Voigt, trad. de l'abbé Jager.

[2] V. le titre *de tragua et pace*, dans les Décrétales de Grégoire IX.

portait sûreté pleine et entière, non-seulement pour les ecclésiastiques, mais aussi pour les marchands, les étrangers, les paysans et les animaux nécessaires à la culture des terres; au point qu'on put dire que la conservation de toutes les industries et de tout le commerce reposait sous la protection de cette trêve.

La juridiction ordinaire des tribunaux ecclésiastiques s'étendait à tous les actes constituant un péché et à tous les cas qui exigeaient l'intervention de la justice. Ainsi Innocent III ordonnait à l'évêque de Verceil de maintenir dans son diocèse, le principe que les appels des jugements rendus par les juges municipaux fussent dévolus à l'évêque, puis au Pape en cas de vacance de l'Empire [1].

En outre, au Pape appartenait de prononcer en cas de conflit, à l'exemple de la loi mosaïque qui prescrivait qu'en cas de divergence d'opinion des juges on devait recourir aux lévites [2].

La juridiction temporelle des souverains pontifes ne se bornait pas aux simples questions de droit privé. Innocent III entreprit ouvertement de régler l'élection de l'empereur, affirmant qu'il appartenait au Pape d'examiner, d'approuver, d'oindre, de sacrer et de couronner l'élu à l'empire, s'il en était digne, et de le repousser s'il en était indigne, comme sacrilége, excommunié, tyran, insensé, hérétique, païen, parjure ou persécuteur de l'Eglise. Et qu'à lui seul appartenait de suppléer aux électeurs qui se refuseraient d'élire un

---

[1] Chap. X *de foro competenti*, dans les Décrétales de Grégoire IX.
[2] Deutéronome, chap. XVII.

empereur, ou se trouveraient partagés en nombre égal dans leur choix [1].

A la suite de ces doctrines, on vit bientôt un empereur élu, prendre le titre de *roi par la grâce du Pape* [2].

Les voies ainsi préparées, on arriva jusqu'à proclamer un primat universel, et Boniface VIII le définit en termes précis. « Les deux épées, dit-il, sont au pouvoir » de l'Eglise; mais celle-ci s'emploie en faveur de l'E-» glise; celle-là est employée par l'Eglise elle-même. » L'une est entre les mains du prêtre, l'autre entre les » mains des rois et des guerriers; mais elle ne peut » être tirée du fourreau qu'avec la permission et par » l'ordre du prêtre; et par là, l'épée et l'autorité tem-» porelle doivent être subordonnées à l'autorité spiri-» tuelle [3]. »

Mais avant que la juridiction du Saint-Siége se fût élevée à une telle hauteur, grâce à la libéralité des princes et à la ferveur des fidèles, les richesses de l'Eglise s'étaient considérablement accrues.

Aux offres volontaires et aux petits patrimoines des

---

[1] Chap. XXXIV *de electione et electi potestate*, dans les Décrétales de Grégoire IX.

[2] Histoire du pape Innocent III, par M. Frédéric Hurter, traduction de Chéron et Haiber, liv. XII, tom. II, p. 293, édition de Paris 1838. On exprimait parfois l'idée de la subordination de la souveraineté laïque à l'autorité ecclésiastique par des signes assez étranges. Ainsi l'on voit encore aujourd'hui dans la cathédrale de Mayence, sur les tombeaux des archevêques qui avaient sacré des empereurs, des bas-reliefs où le prélat est représenté de haute taille ayant autour de lui des figures de nains qui rappellent les princes sur la tête desquels il avait posé la couronne.

[3] Chap. 1, tit. VIII, liv. I des extravagantes communes de l'an 1302.

églises, s'étaient jointes au ixe siècle, les dîmes, sorte
de tribut introduit à l'imitation de la loi mosaïque, et
qu'on prélevait sur toute espèce de revenu, de biens-
fonds ou de l'industrie. Et vers le xie siècle, la cro-
yance s'étant répandue parmi les peuples que la fin du
monde était imminente, les riches donnaient à l'envi
une partie de leurs biens à l'Eglise, pour obtenir le
pardon de leurs péchés.

Le mode d'emploi des biens ecclésiastiques avait
changé déjà dès le règne de Charlemagne, sous lequel
cessa le partage des revenus en quatre parts, proclamé comme un devoir rigoureux par les anciennes
constitutions, et par l'autorité et l'exemple des temps
apostoliques. On distingua par la suite le domaine des
possessions concédées à perpétuité, pour l'exercice du
culte sacré, et il en naquit les bénéfices. Certains écrivains attribuent ces changements à la nécessité des temps,
en ce sens que, les vices s'étant accrus avec les richesses, l'ancienne manière de répartition, si conforme au
caractère des institutions évangéliques, était devenue
impraticable. D'autres pensent que, comme à cette
époque on commença à donner aux gens d'épée des
fiefs qu'on appelait aussi bénéfices, on conféra par as-
similation aux ecclésiastiques, des bénéfices particuliers, afin de les attacher plus étroitement au système
du gouvernement politique qui usait alors de tant de
libéralité.

A mesure que les biens du patrimoine ecclésiastique
rendu inaliénable, augmentaient, on apercevait les inconvénients des trop grandes immunités qu'on avait
accordées au clergé et les entraves qui en arrêtaient la

transmission. Alors les gouvernements laïques tentèrent d'empêcher les acquisitions et de faciliter les ventes. Il nous faudra parfois, en décrivant les progrès de la législation civile, remarquer certaines dispositions d'une adresse toute spéciale prises à cette fin. Nous nous bornerons seulement à citer ici un seul texte des rubriques des *Assises* du royaume de Jérusalem, compilées au commencement du XIVe siècle, et dans lesquelles on trouve détaillées toutes les plus anciennes coutumes importées par les croisés en Orient [1].

On y parle de personnes qui peuvent vendre mais non acheter des immeubles, tels que les *chevaliers,* les *prêtres,* les *clercs,* les *religieux* et les *gens des communautés* [2].

La puissance ecclésiastique dont nous venons de parler tirait un grand parti des ordres réguliers, créés au sein de l'Eglise à peu près vers cette époque. Aux anciens moines de l'ordre de Saint-Benoît, s'étaient joints ceux de Cîteaux considérablement relevés par saint Bernard. Un autre institut d'une espèce assez différente avait été créé au XIe siècle, c'était celui de certains clercs unis sous des règles communes, appelés aussi *chanoines réguliers.* Enfin au XIIIe siècle apparurent les ordres des mendiants fondés par saint Dominique et

[1] *On n'ignore pas que la source des assises n'est ni dans les lois dites barbares, ni dans les capitulaires ; elle est dans les coutumes locales qui régissaient alors toutes les parties de l'Europe.* Ainsi s'explique la *Revue de législation étrangère et française* (livraison de février 1840), en annonçant la récente édition des Assises donnée par S. E. H. Kausler.

[2] Canciani, Leges Barbarorum antiquæ, vol. XI.

saint François d'Assises, et les ermites du mont Carmel et de saint Augustin.

A l'imitation des ordres réguliers, on vit paraître au temps des croisades des ordres équestres, qui unissaient au métier des armes l'usage de la prière et le soin des infirmes. Les plus importants furent les chevaliers de l'ordre de Saint-Jean de Jérusalem, appelés aussi Hospitaliers, qui existent même aujourd'hui, et les chevaliers du Temple ou Templiers, qui ne parurent s'élever à un degré de puissance démesurée, que pour faire une chute plus effrayante [1].

On créa divers autres ordres de chevaliers qui s'adonnèrent à l'oisiveté plutôt qu'à de saints travaux ; tels furent les frères de Notre-Dame, appelés aussi *Gaudenti* [2].

---

[1] Notre attention se portant principalement sur l'Italie, nous n'avons pas cru devoir parler ici des chevaliers Teutoniques institués à la fin du XIIe siècle, à l'exemple des Hospitaliers, et qui eurent grande renommée et puissance en Allemagne. Nous n'avons pas parlé non plus de l'ordre des *Humiliés*, autre ordre de religieux mixtes qui subit d'étranges vicissitudes, parce qu'il nous a semblé qu'il ne méritait pas de figurer parmi les principaux ordres religieux.

[2] Qui savent jouir, qui profitent des bonheurs de la vie... Voici ce que raconte Landino dans son commentaire du chant vingt-troisième de l'Enfer de Dante, au sujet des frères Gaudenti. « Au temps d'Urbain IV quelques nobles, hommes riches, surtout à Bologne et à Modène, afin de vivre dans l'oisiveté, exempts de toutes les charges publiques, s'associèrent et demandèrent au souverain Pontife de fonder un nouvel ordre religieux. Urbain constitua leur ordre qui fut appelé de Sainte-Marie. L'habit était convenable et ne différait pas beaucoup de celui des Prêcheurs, ils portaient un écusson blanc avec la croix rouge, et nul ne pouvait faire partie de l'ordre s'il n'était au moins chevalier, mais on ne pouvait porter des éperons d'or, ni avoir des mors dorés. Ils habitaient chez eux avec leurs femmes et leurs enfants, faisaient profession d'être prêts à combattre les infidèles ou

Après avoir décrit les progrès de la puissance ecclésiastique, revenons à la série des lois. Aux canons des conciles, il faut ajouter les constitutions des souverains pontifes, lesquelles sont générales ou particulières. Les premières, publiées anciennement sous forme de lettres, sont appelées *épîtres, encycliques ou universelles, et lettres d'indiction* quand elles sont envoyées dans une contrée où doit s'assembler un concile ; leur désignation est *Décrétales*. Ce sont des lois générales que les souverains pontifes promulguent *de motu proprio*, pour le gouvernement de toute l'Eglise. Les secondes, connues communément sous le nom de *rescrits*, sont des provisions pour des cas particuliers, ayant trait à des affaires privées ou à des choses d'ordre public.

Enfin, dans la troisième source du droit ecclésiastique, les coutumes, rentrent les règles observées comme tradition constante dans l'Eglise ; reçues comme doctrine par les saints Pères, ou admises par analogie de la loi, comme, par exemple, les capitulaires des rois de France appliqués aux affaires ecclésiastiques, et diverses autres lois civiles, comme nous l'avons dit plus haut.

Dans les temps plus reculés, alors que les relations entre les diverses églises étaient restreintes, que la discipline commune était moins certaine, chaque église conservait séparément les règlements des conciles, des souverains pontifes, ainsi que tous les autres

quiconque violerait la justice. Quoiqu'on les appelât frères de Notre-Dame, cependant par leur vie opulente ils étaient appelés vulgairement *Gaudenti*, surtout parce qu'ils ne supportaient pas la moindre charge. »

préceptes qui leur avaient été adressés directement, ou que, sous certains rapports, on tenait pour profitables et dignes de respect. On ne procédait pas toujours avec ordre et avec une critique suffisante, et si un canon, même nouveau, se présentait, on commençait par l'accueillir [1].

Il n'est donc pas surprenant si à des textes sincères il s'en mêlait d'apocryphes, d'autant plus que l'ancienne méthode d'écrire les canons, tant en Orient qu'en Occident, ne laissait ni intervalles ni distinction de temps ou de rubriques, entre des chapitres tirés de sources différentes.

Cependant le besoin d'avoir un corps de lois définies et stables, se faisait trop sentir, pour qu'on ne se hâtât pas de rassembler les canons et les décrétales les plus importantes, et d'un usage plus fréquent.

Sans parler des collections particulières conservées dans les églises plus anciennes, et qui ne furent que des dépôts partiels, nous rappellerons le nom du plus ancien compilateur des canons approuvés dans l'Eglise d'Occident, la seule dont nous ayons à nous occuper ici. Ce fut Denys-le-Petit (*exiguus*), qui vers l'an 500, fit un recueil de droit canonique. Assez versé dans la connaissance de la langue grecque, il traduisit en latin et rassembla tout ce qui se trouvait dans les précédentes collections, avec les canons appelés apostoliques et toutes les constitutions des pontifes, depuis

___

[1] En voici un exemple tiré de l'histoire de Grégoire de Tours, l. V, chap. xix : *Ipse (rex) vero ad metatum discessit transmittens librum canonum in quo erat quaternio novus adnexus habens canones quasi apostolicos*, etc.

le pape Sirice qui vivait en 383 jusqu'à Athanase II qui mourut en 523. La compilation de Denys fut si appréciée à Rome, qu'on l'appela par antonomase *le corps des canons*, comme s'il n'y en eût pas eu d'autres; et cet usage fut suivi jusqu'au décret de Gratien et aux décrétales de Grégoire IX.

Après Denys, on compte plusieurs compilateurs, tels que : Martin de Braca, Réginon de Prum, Buccard de Worms et Yves de Chartres, sans compter beaucoup d'autres compilateurs de moindre importance, que nous ne mentionnerons pas. Nous devons cependant parler d'une collection qui parut vers le temps de Charlemagne, laquelle contenait plusieurs fausses décrétales, que l'usage avait admises, et qui changèrent en partie le gouvernement ecclésiastique[1].

On crut dès l'abord, qu'une telle collection était l'œuvre de saint Isidore de Séville, parce que le compilateur s'appelait Isidore avec l'épithète de *Peccator* ou *Mercator*. Mais bientôt on reconnut l'erreur, et quoique quelques savants aient essayé de découvrir l'auteur véritable, leurs efforts sont restés sans succès. Ce qui paraît certain, c'est qu'il n'appartenait pas à l'Eglise romaine[2].

---

[1] Quelques érudits très-versés dans le droit canon pensent que les décrétales dont il est question, quoique apocryphes, contiennent néanmoins des principes approuvés dans l'Eglise à la suite d'un long usage, car si les décrétales d'Isidore eussent été en contradiction avec le droit en vigueur, ou l'on aurait aussitôt découvert la fraude ou on les aurait considérées comme tombées en désuétude, et de toutes façons il n'en serait résulté aucun effet. D'où ils concluent que les décrets de Mercatore innovèrent peu ou point.

[2] Brunet, auteur de l'*Histoire du droit canon*, défenseur aussi zélé que personne des opinions gallicanes, écrit ce qui suit : *Je proteste*

Quel qu'ait été le but d'Isidore en donnant pour vrais de faux documents, les historiens ne sont pas d'accord sur ce point. Les uns croient qu'il céda au désir d'accroître le pouvoir du Siége apostolique, d'autres, parmi lesquels se trouve le savant Fleury [1], pensent que le compilateur voulait favoriser les évêques, soit qu'il fût lui-même revêtu de cette dignité, soit qu'il fût chargé de défendre un évêque d'une accusation quelconque.

La collection d'Isidore fut très en usage et servit pour ainsi dire de modèle à la remarquable compilation de Gratien, connue sous le nom de *Décret*, dont nous allons parler.

Gratien florissait vers le miliéu du XIIe siècle; il naquit à Chiusi en Toscane et embrassa la vie religieuse dans l'ordre de Saint-Benoît, à Bologne, dans le monastère des saints Félix et Naborre. Tel fut son renom de science parmi les peuples, que le commun le prenait pour frère des deux autres hommes illustres de ce siècle, Pierre Lombard et Pierre Comestore. Mais la fable née de la similitude de renommée, et de cet

que je n'ai garde de croire l'Église romaine coupable de cette supposition. Sa grandeur et sa primauté est fondée sur l'Ecriture et sur la tradition la plus incontestable. Son autorité n'a pas besoin de fables et de suppositions pour la soutenir. C'est d'Espagne que sont venues ces fausses pièces sans que les Papes s'en soient mêlés, et si on les trouve dans les codes de l'Eglise romaine, c'est que personne ne doutait dans ces temps-là de leur authenticité.

[1] Histoire ecclés. *La principale matière de ces décrétales comprend les accusations des évêques, il n'y en a presque aucune qui n'en parle et qui ne donne des régles pour les rendre difficiles. Aussi Isidore fait assez voir dans la préface qu'il avait cette matière fort à cœur.*

V. en outre *l'Introduction à la jurisprudence canonique* de Joseph-Antoine Bruno. Turin, 1769, p. 211.

amour du merveilleux qui s'associe volontiers à ce qui est remarquable, a été pleinement démentie. La collection de Gratien, contenant les anciens documents de droit canonique et plusieurs extraits de la collection d'Isidore, fut applaudie comme une œuvre divine, elle fut comparée à l'œuvre immense du Digeste des jurisconsultes romains, et devint presque le symbole d'une puissante faction qui combattait l'Empire [1]. Quoiqu'il n'apparaisse pas que la collection de Gratien ait été approuvée par les souverains Pontifes [2], elle obtint par l'assentiment universel, une grande autorité, qui fut presque souveraine dans les écoles et au barreau.

L'auteur avait intitulé son ouvrage : *Concordia discordantium canonum,* d'où l'on peut inférer qu'il eut l'intention, non-seulement d'écrire une compilation, mais de concilier ce qui était contraire; cependant l'usage conserva le premier nom de *Décret.*

Cette collection est divisée en trois parties, conformément aux matières qu'elle contient; ce sont les *distinctions,* les *causes* et le traité des *consécrations.* La première partie renferme dans cent et une distinctions, les principes, les divisions et les espèces du droit canonique, ainsi que les droits et les devoirs des ecclésiastiques. La seconde renferme trente-six causes qui traitent des jugements et des affaires ecclésiastiques, avec un petit traité *de pœnitentia* ajouté à la trente-troisième cause. La troisième contenant cinq distinctions, a trait aux choses sacrées et au culte divin.

---

[1] Struve, *Historia iuris canonici,* § 19.
[2] Bruno, introd. précitée, p. 238 à 242.

Dans le *Décret*, on trouve plus de cent chapitres qui commencent par le mot *Palea*. On a beaucoup parlé de l'origine de ce mot, placé en tête de ces additions. Pour ne pas perdre un temps inutile sur une chose d'une aussi mince importance, nous devons avertir qu'il résulte d'un fragment de manuscrit du xiiie siècle publié par M. de Savigny [1], qu'il est plus raisonnable d'attribuer ce titre au nom de *Paucapalea* que portait un savant et obscur correcteur du Décret.

La compilation de Gratien apparut au temps où la reprise de l'étude du droit romain recevait une grande impulsion dans le barreau, et les tribunaux ecclésiastiques ne négligeaient rien pour ne pas se laisser dépasser par les juridictions civiles. Il y avait une telle affluence de procès devant la cour de Rome, que tout l'univers semblait s'être entendu pour plaider devant ce tribunal [2].

Pendant que les souverains Pontifes s'efforçaient de pourvoir aux nouveaux besoins et aux demandes incessantes, par de nouvelles lois et de promptes déclarations, les collections de leurs constitutions et de leurs rescrits croissaient à mesure; de sorte que de Gratien à Grégoire IX, c'est-à-dire dans l'espace de soixante dix ans, on n'en compte pas moins de sept. Ce fut l'époque la plus lumineuse de la législation canonique, à laquelle concoururent avec tant d'élévation d'esprit, Alexandre III, Innocent III, Honorius III et Grégoire IX [3].

---

[1] Histoire du droit romain au moyen âge, t. II, p. 362.

[2] V. l'ouvrage de saint Bernard, *De consideratione ad Erigenium.*

[3] V. à l'appendice de ce volume une notice intéressante relative

Innocent III, dans la douzième année de son pontificat, chargea Pierre de Bénévent de recueillir une certaine quantité de canons, et ce fut le premier recueil fait par autorité publique, ce qui inspira peut-être à Grégoire IX l'idée de faire une plus grande collection.

En 1230, ce dernier pontife publia solennellement la collection des Décrétales qu'il avait fait compiler par l'Espagnol Raimond de Pennafort, son chapelain. Elle est divisée en cinq livres, et outre plusieurs constitutions de ses prédécesseurs, elle en contient un très grand nombre faites par lui. Ce recueil, appelé les *Décrétales par excellence*, est divisé en cinq livres, subdivisés en titres. Dans le premier on traite des devoirs et des personnes ecclésiastiques; dans le second, des jugements; dans le troisième, des biens de l'Eglise et des règles de la vie des clercs; le quatrième traite des lois relatives au mariage; et dans le cinquième, il est question des délits et des peines.

Comme le décret fut comparé au Digeste, les Décrétales furent comparées au code de Justinien, et Raimond de Pennafort ne put échapper aux reproches qu'on avait faits à Tribonien, d'avoir laissé subsister le désordre dans toutes les parties qui exigeaient de la régularité et de la clarté.

Grégoire IX, dans la lettre mise en tête de sa compilation.

aux décrétales de ces quatre papes, que nous devons à la courtoisie de M. Jean Corboli qui nous aida de ses conseils dans notre travail. M. Jean Corboli, après avoir parcouru avec éclat la carrière de la prélature, et avoir été associé aux travaux des grandes réformes qui illustrèrent les premières années du pontificat de Pie IX, mourut à Rome en 1850. C'est un des plus nobles caractères et des meilleurs esprits qui aient paru sur la scène politique à cette époque.

des décrétales, avait expressément défendu qu'on publiât à l'avenir d'autres collections, sans la permission du Saint-Siége apostolique. Mais Boniface VIII, qui ne devait le céder à aucun de ses prédécesseurs en ce qui concernait l'exercice de la souveraineté, prescrivit en 1298 la rédaction d'une nouvelle collection, qui, considérée comme appendice à celle de Grégoire, fut appelée le *sixième* livre des Décrétales. Ce livre contient, outre les dernières constitutions de Grégoire IX, celles plus récentes d'Innocent IV, et spécialement celles que fit Boniface VIII lui-même. Ces décrétales renferment plusieurs dispositions qui rappellent les longues discordes survenues entre ce pontife et le roi de France, Philippe-le-Bel ; ce qui fut cause que le livre ne fut pas reçu en France. Calquée exactement sur celle de Grégoire, cette compilation est composée de cinq livres, et chacun de ceux-ci suit le même ordre que ceux-là dans la disposition des titres.

En 1313, Clément V avait prescrit une autre collection des Décrétales et l'avait fait lire en consistoire ; mais sa mort l'empêcha de la publier, et ce ne fut qu'environ quatre ans plus tard que son successeur la revêtit des formalités du sceau et l'envoya dans les universités pour y être enseignée [1]. Ces solennités servaient alors de mode de promulgation. La collection des Clémentines est divisée également en cinq livres et les titres y sont dans le même ordre que dans ceux de Grégoire IX.

---

[1] *Bernardi Guidonis, vita Clementis V, apud Baluzium Vitarum Paparum Avenionensium*, tom. I, pag. 80.

Généralement, ceux qui se livraient à l'étude des canons, appelaient *extravagantes* toutes les constitutions pontificales qui n'étaient pas insérées dans le décret de Gratien ou dans les trois remarquables collections que nous venons de citer. Ainsi on appela *extravagantes* les vingt constitutions que Jean XXII publia en 1325 à Avignon, et qui étaient divisées en quatorze titres; et le nom de *communes* fut donné aux constitutions des différents pontifes qui gouvernèrent l'Eglise pendant deux cent vingt ans, c'est-à-dire depuis Urbain IV, en 1262, jusqu'à Sixte IV, en 1483. On trouve toutes ces *extravagantes* consignées dans le cours de droit canonique, et divisées aussi en cinq livres [1].

Nous avons marqué l'année 1483 parce que ce fut à cette époque que fut publiée la plus récente des constitutions qui composent le vrai corps de droit ecclésiastique. En cette année-là naquit à Eisleben (Saxe) Martin Luther, âpre adversaire du droit canonique. Ainsi à peine cette œuvre était-elle achevée que surgissait celui qui essaya tout pour la démolir; et au milieu du tumulte des écoles et des attaques des docteurs, le 10 décembre 1520, à Wittemberg, on brûla publiquement les compilations du Décret et des Décrétales. Mais tous les efforts de l'hérésiarque furent insuffisants pour déraciner l'autorité du droit canonique, même au sein des protestants. Ceux-ci l'observèrent au contraire, surtout

---

[1] Nous ne parlons pas de la compilation intitulée le septième livre des Décrétales qui comprend les constitutions des Papes, depuis Sixte IV jusqu'à Sixte V, parce qu'elle ne fut pas approuvée, mais qu'elle ne fut que l'œuvre privée d'un docteur appelé Pierre Mattei qui la publia en 1590 environ, en la dédiant au cardinal Gaëtan.

en ce qui concernait les biens de l'Eglise, les serments
et la forme des jugements [1]; chez les Anglais il se
conserva plus intact que partout ailleurs [2].

Après les troubles qui affligèrent l'Eglise au commencement du xvie siècle, on en vint à corriger les
abus et à réformer la discipline. Cela se fit dans le
concile général de Trente dont nous parlerons longuement dans la suite de cette histoire.

Il suffit d'avoir tracé ici le tableau général des
sources du droit canon, nous nous réservons cependant
de revenir sur ce sujet pour entrer dans quelques détails sur la marche de cette législation, et pour examiner surtout les phases successives du droit canon, c'est-
à-dire l'influence que ce droit exerça sur différentes
parties de la législation civile [3].

---

[1] Struve, *Historia iuris canonici*, § 38. Bohemerus in *Iure eccle-
siastico*, lib. 1, tit. II, § 71 et 74.

[2] Blackstone, commentaire sur les lois anglaises. Introd., sect. III,
trad. de Chompré.

[3] L'Académie de législation de Toulouse, qui remplit avec tant de
zèle et d'intelligence la haute mission qui lui est confiée, en contri-
buant aux progrès de la science historique du droit, avait en juillet
1854 mis au concours la question suivante : *Apprécier l'influence que
le droit canonique a exercée sur les progrès et la formation de la législation française.* Le prix de ce concours a été remporté par le mémoire de M. G. d'Espinay ; nous ne manquerons pas de profiter de
cet important travail quand nous aurons à revenir sur ce sujet.

CHAPITRE IV.

LES COMMUNES. — LOIS MUNICIPALES.

L'Italie compte deux périodes de civilisation : la première remonte aux temps les plus reculés de la science et de l'industrie des Etrusques, et s'étend à tous les âges de la puissance romaine; la seconde comprend notre époque et date de la fin du moyen âge. Entre ces deux périodes, il y a, pour ainsi dire, un désert, c'est l'époque de barbarie. Cependant, au sein même de ce désert, les traces de la première civilisation ne s'effacèrent jamais entièrement; le souvenir des grandeurs de Rome ne s'éteignit pas, et l'on ne perdit jamais l'espérance de revenir aux anciennes institutions. L'idée de la civilisation romaine fut au contraire le stimulant moral qui poussa l'Italie vers la Renaissance.

C'est là un point que nous avons déjà touché et que nous considérons comme très important pour éclaircir l'origine de la civilisation actuelle.

Nous allons maintenant examiner si quelques restes des anciennes institutions municipales se conservèrent à travers ces siècles d'ignorance et de ruine, ou pour parler plus clairement, si lors de la Renaissance, les Italiens fondèrent leurs gouvernements municipaux d'après des règles tout-à-fait nouvelles, ou s'ils restaurèrent certains principes dont toute trace n'était pas perdue.

Trois modes de résoudre ce problème historique ont été indiqués par trois écoles différentes; nous les indiquerons en nommant leurs chefs : Sigonius [1], Muratori [2] et Leo [3]. Sigonius attribue à Othon Ier, l'honneur d'avoir restitué aux cités italiennes cette indépendance qui les mettait de pair avec la condition des municipes romains. Plusieurs écrivains de droit public ont suivi ce système, auquel se rangent quelques érudits et entre autres, Maffei [4], Lupo [5] et un célèbre historien moderne, M. de Sismondi [6].

Muratori soutient que, quoiqu'il n'ait pas pu découvrir un seul document du temps des Lombards et des Francs de nature à prouver l'existence en Italie d'un gouvernement municipal, il est impossible de nier qu'il n'ait existé, au temps de ces conquérants. Les savantes investigations de M. de Savigny [7] et de M. Pagnoncelli [8],

[1] De regno Italiæ.

[2] Antiquit. ital. med. ævi, dissert. XVIII, et dans d'autres endroits de ses savants travaux.

[3] Vicissitudes de la constitution des cités lombardes. Trad. du comte César Balbo. Turin 1836. — [4] Vérone illustrée. — [5] Cod. dipl. Bergam.

[6] Histoire des républiques italiennes, tom. I.

[7] Histoire du droit romain au moyen âge.

[8] Sur l'origine reculée et la succession des gouvernements municipaux dans les provinces italiennes.

ont donné plus de poids à l'opinion de Muratori. L'on peut dire qu'aujourd'hui presque tous ceux qui s'occupent de cette partie de l'histoire, adhèrent à l'opinion de cet auteur. Cet ordre municipal au sein des cités italiennes était séparé d'abord de tout principe de gouvernement politique. Ce fut une forme d'administration intérieure, obscure et plutôt tolérée que reconnue; mais elle suffit pour empêcher que la dernière trace du gouvernement communal ne s'évanouît entièrement, et pour conserver un germe qui |devait se développer dans des temps plus propices.

Nous l'avons dit, le souvenir de l'ancienne Rome ne s'évanouit jamais. La religion chrétienne remplissait sa mission divine, en réunissant tous les hommes au pied de la croix, dans une pensée commune d'égalité fraternelle. L'ignorance et l'orgueil des Barbares, les détournaient des préoccupations des intérêts municipaux; la continuation en Italie d'un système de municipes puise ses principales causes d'existence dans ces trois faits.

L'opinion de Léo sur l'origine des communes italiennes se rapproche de la théorie d'Heichorn sur les communes d'Allemagne. Il pense que l'autonomie communale après l'état de barbarie, dériva principalement des immunités accordées par les empereurs aux évêques, d'où surgirent les priviléges territoriaux, appelés immunités *des corps saints*.

A la suite des discordes qui s'élevèrent entre les évêques et les comtes au sujet de ces concessions, le pouvoir ecclésiastique vainquit les obstacles que lui opposaient les officiers de l'Empire. Mais le peuple, qui avait combattu sous le drapeau des évêques, ne tarda pas à se tourner contre eux, aussitôt qu'il s'aperçut qu'il était en son pouvoir de secouer par ses propres forces toute espèce de servitude.

Maintenant, si l'on nous demandait quel est des trois systèmes que nous venons d'indiquer, celui qui est préférable aux autres, nous nous abstiendrions de donner une réponse décisive. D'après nous, la solution de ce problème historique, est dans la combinaison de ces trois systèmes, plutôt que dans l'exclusion de deux d'entre eux au profit d'un seul.

Après avoir adopté cette voie de conciliation, pourquoi ne dirait-on pas que, la forme du municipe romain ayant été en majeure partie détruite, on conserva néanmoins certaines règles, par une continuation tacite plutôt que par un droit explicite? que *l'élément communal* conservé parmi les habitants des cités, sous la protection des évêques, défenseurs des faibles et des opprimés, et grâce aux égards dus à la propriété privée, possédée par les indigènes, l'élément communal, disons-nous, s'accrut et se dilata [1]? qu'après avoir acquis une certaine prépondérance, cet élément entra dans le système politique de l'Empire, et fut solennellement approuvé par Othon Ier? enfin, qu'ayant acquis plus de

---

[1] Nous adoptons volontiers ici l'opinion émise par MM. de Vesme et Fossati dans le discours auquel l'Académie de Turin a accordé le prix, et intitulé : *Vicissitudes de la propriété en Italie depuis la chute de l'Empire romain jusqu'à l'établissement des fiefs.* Turin, 1836. Ces auteurs pensent que quoique l'ancienne forme du municipe eût disparu, les Latins ne perdirent pas pour cela leurs droits privés, et qu'Autharis, roi des Lombards, ne les dépouilla que du tiers de leurs biens.

force et de vigueur durant le cours des luttes entre les évêques et les comtes, il se débarrassa des liens qui l'entravaient et proclama son indépendance?

Cependant le droit de décider sur cette matière, enveloppée encore de difficultés et de doutes, appartient à ces nobles esprits, qui s'adonnent plus particulièrement à l'histoire critique de l'origine des institutions modernes [1]. Nous répéterons avec un élégant écrivain qui a entrepris de décrire l'état présent de la littérature en Italie [2] : « Donnons-nous de garde de considérer » comme vaine une telle question : la vie sociale en » Italie date de l'époque dont nous parlons. Il est très- » important de prouver que le berceau de la Commune » italienne n'est pas l'Allemagne, mais l'Italie elle- » même. »

Ne soyons pas toutefois trop exclusifs, et prêtons la plus grande attention aux considérations que nous allons emprunter à l'ouvrage de M. Charles Troya, livre capital s'il en fut pour l'histoire de l'Italie [3]. Les races germaniques avaient besoin plutôt du savoir et de l'in-

---

[1] Comme notre histoire vise aux résultats plutôt qu'à la formation des causes qui les ont engendrés, nous n'avons pas cru devoir entrer dans les incertitudes qui entourent encore le développement de la forme communale, sur lesquelles le comte César Balbo, dans ses travaux sur l'histoire des cités italiennes, a parlé avec une critique si approfondie. Il nous suffit à nous d'avoir en vue la communauté régulière des cités italiennes, dans les temps qui précédèrent la paix de Constance.

V. aussi *Cenni storici delle leggi sull' agricultura dei tempi romani fino ai nostri* de Henri Poggi. Florence, 1845-48. Tom. II, p. 143 et suiv.

[2] V. *Revue britannique*, nov. 1837, p. 68.

[3] *Storie d'Italia nel medio evo* (parte V ed ultima). Naples 1841.

telligence que des exemples des libertés municipales de Rome. Luitprand aurait plus promptement porté ses Lombards à la civilisation romaine et à la forme adoptée par les communes italiennes après le XIe siècle, si le système des lois personnelles n'avait pas entraîné si longtemps l'institution d'une loi unique et *territoriale* dans le royaume italien. La loi sur les *scribes* suffisait à entretenir parmi les Lombards les souvenirs de la vieille sagesse de Rome. Il n'était pas nécessaire de recourir pour cela à l'organisation communale du peuple vaincu, presqu'entièrement effacée. Mais les Lombards jusque vers le XIe siècle tenaient beaucoup plus aux traditions germaniques qu'aux traditions romaines.

Il est désormais temps de revenir aux faits qui se rattachent directement au sujet de nos études.

La puissance vénitienne précéda toutes les autres, et son origine remonte au VIIIe siècle de notre ère. Le sort de l'aînée des républiques italiennes fut bien différent de celui des autres républiques venues après elle. Elle entra dans une voie politique toute particulière, et s'associa peu aux autres États de la péninsule. Son indépendance et sa souveraineté lui étaient déjà assurées lorsque commença le grand mouvement de la ligue lombarde, avec laquelle Venise eut à peine des relations, plutôt comme médiatrice que comme partie belligérante. Venise doit donc être étudiée à part et séparément des autres républiques, dont l'origine date du XIe siècle.

Deux démonstrations de faits sont nécessaires pour prouver l'existence de la véritable indépendance ou de l'*autonomie* communale; ces faits sont la guerre et les lois. Le peuple, qui, sans le consentement d'autrui, et dans son propre intérêt, prépare et exécute des entreprises guerrières, promulgue des lois auxquelles il se soumet, possède le véritable caractère de la souveraineté. Peu importe alors qu'il rende un stérile hommage à une simple apparence de supériorité : du moment qu'il retient le pouvoir réel, effectif, il a le droit d'être compté parmi les peuples souverains.

Ainsi nous voyons qu'en 1002 et 1004, les Pisans firent la guerre aux Lucquois, et qu'en 1006, s'étant unis aux Génois, ils attaquèrent la Sardaigne ; nous apercevons, au milieu du même siècle, à Gênes et à Pise, par exemple, des lois émanées de la seule autorité communale [1] ; et au commencement du siècle suivant, les communes, entre autres celles de Milan et de Pavie, nous apparaissent comme des puissances indépendantes, concluant des traités publics, sans aucun recours au pape ni à l'empereur [2].

De tous ces faits, nous concluons que, dès cette époque, la vie politique s'était développée dans toutes ses parties au sein des communes italiennes. Cet ordre de choses s'étendit de plus en plus et s'affermit dans le cours du XIIe siècle. Une faction hardie et entreprenante se forma à cette époque, et poursuivit vigoureusement l'entreprise d'une révolution complète. On l'appela la *Motta* [3].

---

[1] V. la préface de l'ancien statut de Gênes publiée par G. B. F. Raggio, dans le second volume des *Monumenta historiæ patriæ* publié à Turin par la R... société des études de l'histoire nationale. V. aussi Valsechi, *Epistola de veteribus Pisanæ civitatis constitutis*.

[2] En 1112, comme le raconte Landulphe de Saint-Paul, R. J. S., tom. V.

[3] Voir sur l'histoire de la Motta Giulini, Mémoires de la cité et de

L'origine de ce nom est incertaine, mais les immenses conséquences qui en découlèrent sont incontestables.

La *Motta* prit naissance vers la moitié du XIe siècle, au temps d'Héribert, archevêque de Milan. Plusieurs hommes libres et puissants voulant se soustraire au joug intolérable que l'archevêque leur faisait subir, formèrent entre eux une conjuration afin de conserver leurs anciens priviléges. Peu à peu, plusieurs personnes du peuple, et particulièrement les commerçants et la jeunesse, se joignirent aux premiers conjurés. Le nombre des factieux et leurs forces s'étant accrus, on se mit à l'œuvre, et bientôt on vit les basses classes désireuses de nouveauté, se joindre avec empressement à cette faction. Pendant un siècle et demi, tantôt en secret, tantôt publiquement, la *Motta* préparait le grand événement de la paix de Constance. Ce n'est pas que les conjurés et leurs adhérents eussent imaginé cette réorganisation sociale, mais ils la préparèrent sans s'en apercevoir. On voulait remédier à des maux existants, on visait à un état politique indéfini encore, mais qui répondît à la nécessité des temps et des hommes. Une certaine force entreprenante entraînait le peuple à accomplir ce décret de la Providence qui devait réformer la société civile.

la banlieue de Milan au moyen âge ; Raumer, dans un essai sur la constitution des cités lombardes, inséré dans les Annales de Vienne, VIII ; les vicissitudes de la constitution des cités lombardes déjà citée. La Motta peut être assimilée dans ses principes aux Guildes, ou sociétés privées où l'on se garantissait mutuellement la personne et les biens, et dont parle avec détails l'ingénieux professeur Mittermaier dans son exposition du droit privé de l'Allemagne (*Deutschen privatrechts*). *Regensburg*, 1837, § 120, 134 et 502.

Nous avons toujours pensé qu'aucune partie de l'histoire n'était plus instructive que celle qui a trait aux causes des grandes révolutions. On y découvre, en effet, à nu, les affections et les besoins des hommes et le contraste entre les deux forces morales, le mouvement et la résistance, qui constitue l'histoire du progrès des nations. Nous ferons pourtant remarquer que pour bien connaître les qualités propres du nouvel ordre social qui apparut en Lombardie pendant les xıe et xııe siècles, il faudra distinguer les causes qui le produisirent. Elles sont au nombre de quatre : l'autorité de l'Empire, les prétentions des grands vassaux, l'influence des évêques, et le développement de la *Motta*.

Il ne sera pas inutile de considérer un instant quel fut l'aspect véritable et propre de la *commune* italienne, et en quoi elle différait de celle de France. Ce parallèle caractérisera peut-être mieux les principales différences entre les deux constitutions.

Un écrivain qui a su signaler mieux que personne les causes qui ont engendré l'ordre social en France, dit qu'il y eut des communes dans toute l'Europe, mais qu'en France seule, il y eut un *tiers-état* [1]. L'auteur fait ici allusion à ces événements qui accrurent les forces et l'importance de la bourgeoisie, et l'élevèrent au-dessus des autres classes composant la société.

Cette conclusion peut être vraie à l'égard de la France ; mais ce serait une erreur manifeste que de l'appliquer au jugement de l'histoire de l'Italie, à la fin du moyen âge. Les Italiens n'avaient pas à s'occuper

____

[1] M. Guizot, Histoire de la civilisation en France, 60e leçon.

de ce travail lent et continu qu'entreprit la bourgeoisie française pour s'élever comme elle le fit. En Italie le grand œuvre de la renaissance de la civilisation se fit par les simples citoyens. Il n'y avait pas ici à surmonter les mêmes obstacles que l'on rencontra en France. L'Empire était reconnu, mais on ne le craignait pas ; le grand développement du commerce et des arts avait concentré entre les mains du peuple l'exercice de tous les pouvoirs, et y avait accumulé toutes les richesses. Par suite, à l'exception du royaume de Naples et d'une partie de celui du Piémont, l'aristocratie dans les villes osait à peine lever la tête et se mesurer avec le peuple. Les gouvernements démocratiques menaient tout à leur guise, et au lieu de chercher à se rendre stables, ils se livraient aux désirs de la conquête et de la vengeance. Venise, Pise, Florence et Gênes semblaient n'avoir à cœur que de se nuire réciproquement. Les chefs de ces républiques ne comprenaient pas que la ruine de l'une d'elles, facilitait la perte des autres, et ne rougissaient pas, tout en criant à la liberté à l'intérieur, d'aspirer au dehors à une tyrannie ouverte. Florence gaspillait dans les petites guerres intestines et toujours renaissantes les trésors amassés par l'industrie des citoyens [1]. Gênes attachait à des arcs de triomphe les chaînes enlevées au port de Pise [2]. André Dandolo, doge de Venise, répondait à Pétrarque qui lui conseillait de

---

[1] Christophe Landino dans l'*Apologie des Florentins* raconte que dans les cinq guerres qu'ils soutinrent de 1365 à 1406, ils dépensèrent en tout onze millions et demi d'or provenant de tributs payés par de simples citoyens.

[2] Ces chaînes furent rendues à la municipalité de Pise en 1860.

cesser ses attaques contre Gênes, qu'on devait suivre l'exemple des anciens Romains, et châtier plus sévèrement un voisin dangereux quoique faible, qu'un ennemi puissant mais éloigné.

Il faut remarquer une autre différence caractéristique entre le municipe romain et la commune moderne; le caractère du premier était essentiellement aristocratique, celui de la seconde était démocratique [1]. Le même auteur qui nous sert de guide, pour marquer la variété des origines des lois françaises et italiennes, en parlant de la charte ou statut de Laon, nous indique le moment où commence en France la législation moderne.

« Nous sommes en présence d'une petite société
» bouleversée, à qui des lois régulières sont devenues
» nécessaires, et qui, ne sachant comment se les don-
» ner elle-même, les reçoit d'un pouvoir supérieur,
» avec lequel elle était en guerre la veille, mais qui
» n'en exerce pas moins sur elle cette autorité, cet as-
» cendant, condition impérieuse de toute législation
» efficace [2]. »

En Italie, les choses se passaient tout autrement; l'ancien droit romain, ainsi que nous l'avons vu, ne disparut jamais entièrement du sol, il fut le premier

---

[1] *Histoire de la civilisation*, leçon 18; et l'on remarquera comment Venise tournée depuis en aristocratie, fut pendant plusieurs siècles un gouvernement démocratique. Ainsi disait le chevalier Soranzo, dans son traité du gouvernement de Venise (dans Daru, *Histoire de Venise*), *que la république naquit dans la popularité de sa constitution, et pendant des centaines d'années fut une véritable démocratie.*

[2] L. C. 47e leçon.

élément de l'indépendance recouvrée. Les Italiens savaient où trouver une sage législation ; ils ne firent que mettre au jour le dépôt que leur avaient laissé leurs ancêtres. Ils ne reçurent pas leurs lois d'une puissance supérieure, mais ils forcèrent l'empereur qui se disait leur maître, à ratifier leurs anciennes coutumes. Ils ne lui demandèrent pas qu'il employât son autorité pour valider leurs lois; cette autorité, ils la trouvaient en eux-mêmes, dans leur système politique déjà raffermi, dans leurs propres forces victorieuses, au nom desquels ils demandaient la restitution déjà acquise de leur ancienne grandeur, enfin dans le concours de puissances amies. Un homme d'esprit a dit que la liberté communale en Italie avait été tenue sur les fonts par Grégoire VII et la comtesse Mathilde. Cette phrase poétique vaut seule une longue dissertation.

Avant de parler du traité de Constance, acte principal qui confirma l'autonomie communale en Italie, il est nécessaire de rappeler le changement de gouvernement survenu à Rome en 1143, par l'entremise d'Arnold de Brescia. Deux réflexions se présentent à notre esprit, à l'occasion de cet événement, sur lequel les historiens ne se sont peut-être pas suffisamment arrêtés ; c'est qu'on essaya alors de réorganiser le gouvernement communal, d'après les anciens usages romains et les doctrines d'un philosophe et d'un orateur. Ce n'était pas un spectacle nouveau que de voir paraître à Rome le fantôme de la république éteinte. Deux siècles ne s'étaient pas encore écoulés depuis que Crescence avait tenté un semblable changement qui avait fait couler le sang dans la ville, et la nouvelle conjuration, et la tentative que fit Colas de Rienzi, deux cents ans après, dévoilent combien le souvenir des temps passés était tenace et profond chez les Romains. Le foyer était à Rome, les étincelles s'étendaient dans les provinces environnantes, et la liberté romaine apparaissait comme le symbole de l'unité pour tous les habitants de la Péninsule. La philosophie d'Arnold devenue la cause de changements politiques, nous révèle l'impulsion produite par les écoles et les études. D'après le tableau qu'Othon de Freisingen nous fait de la vie et des opinions d'Arnold [1], nous voyons qu'il eut les apparences et le sort de tous les novateurs. Ses paroles recueillies avec enthousiasme, répétées avec audace, se réduisirent bientôt à un bruit vague. Mais l'idée qu'elles engendrèrent ne s'effaça pas dans la tradition d'hommes accoutumés à distinguer la puissance de l'opinion d'avec l'efficacité des faits.

Ginguené fait observer qu'Arnold fut brûlé vif, non pas comme séditieux, mais comme hérétique [2]. Cette remarque est juste et doit être méditée. Qu'on lise, en effet, le récit que nous a laissé Othon du colloque entre les députés de Rome et l'empereur Frédéric, avant l'entrée de ce dernier dans la capitale du monde, et l'on aura la preuve qu'après la mort d'Arnold, la confiance en leur propre indépendance ne s'était pas éteinte chez les Romains. Le courtisan de l'empereur raconte, comment Frédéric, surpris de la hauteur du discours des députés de Rome, interrompit brusque-

---

[1] *De gestis Friderici I*, lib. II, cap. XXI.
[2] *Histoire littéraire d'Italie*, 1re partie, chap. III.

ment les orateurs, lorsque, selon l'*usage italien*, ceux-ci commencèrent à parler tout au long des droits de la république et de l'empire. De ce fait, il résulte pour nous, que non-seulement les Italiens étaient plus éloquents et plus instruits que les Allemands, mais que le thème préféré de leur éloquence était de parler de leurs franchises, de leurs droits et des anciens souvenirs. Ces pensées communes à tout le peuple, engendraient des désirs communs, on s'efforçait de reprendre ce qu'on avait perdu et l'assurance de la victoire reposait dans ce consentement universel.

La ligue contre Frédéric comprenait d'abord les villes de Lombardie, les Marches et les Romagnes, mais les villes lombardes furent les seules qui soutinrent la lutte jusqu'à la fin, et créèrent le grand système politique des communes italiennes.

Ce n'est pas ici la place de rappeler la lutte longue et obstinée qui eut lieu entre le peuple et l'empereur, ni de faire remarquer les actions d'éclat des fondateurs de l'indépendance communale. Tous les historiens en parlent longuement, tous nos anciens statuts procèdent de là. Nous devons néanmoins remarquer les formes observées dans les négociations qui précédèrent le traité.

Les pourparlers eurent lieu avec tant d'ordre et une telle réciprocité d'égards, qu'il était aisé de voir que l'importance des communes était réputée égale à celle de l'Empereur. Et on ne dira pas que la ligue invoquait un droit nouveau; au contraire, elle ne cessait de demander la continuation et la confirmation de ce qu'elle prétendait lui appartenir depuis un temps immémorial. Elle rappelait ce qui s'était fait aux temps d'Othon et de Henri, insistait pour jouir de la vieille liberté romaine, c'est-à-dire de cette vieille liberté civile, en vertu de laquelle chaque commune avait le droit de se gouverner à sa guise.

En même temps elle se déclarait prête à accomplir envers l'Empire les anciens devoirs (*veteres iusticias*).

Romuald de Salerne, qui fut témoin de ces grands événements, entre autres circonstances particulières dont il parle, mentionne la déclaration solennelle rédigée dans le camp de la ligue et présentée au Pape dans l'église de Ferrare, en 1177. Ces hommes, dont la sagesse égalait la valeur, s'exprimaient ainsi [1]: « Nous » voulons qu'il soit porté à la connaissance de Votre » Sainteté et à celle de l'Empereur, que ce sera avec » gratitude que nous accepterons la paix avec l'Empe- » reur (l'honneur de l'Italie étant sauf) et que nous dé- » sirons reconquérir ses bonnes grâces, afin qu'il nous » conserve intacte notre liberté. Nous entendons nous » soumettre à toutes les obligations que l'Italie lui doit, » selon l'ancienne coutume ; nous ne lui refusons pas » nos anciens devoirs. Mais jamais nous ne consentirons » à nous dépouiller de la liberté que nous avons re- » çue en héritage de nos pères, de nos aïeux et de nos » ancêtres ; nous ne la perdrons qu'avec la vie, parce » que nous aimons mieux mourir avec la liberté, que

---

[1] Romualdi Salernitani, *Chronicon*. R. J. S., tom. VII : *Lombardi in utraque militia diligenter instructi* (*sunt enim in bello strenui et ad concionandum populo mirabiliter eruditi*) *per sapientes suos taliter responderunt*. Ib., p. 220.

» de vivre en servitude [1].» Voilà l'idée et l'aspect moral de la résistance que les communes faisaient aux prétentions de l'Empire. Il s'écoula six années de trêve, après quoi fut conclue la paix de Constance, signée le 24 juin 1183.

Les conditions de cette paix, communément appelée traité de Constance, méritent une étude spéciale et approfondie. Ce traité contient non-seulement l'un des monuments les plus importants du premier âge de notre histoire moderne, mais on y trouve le fondement le plus accrédité du véritable ordre social italien.

Il faudrait un livre entier pour développer toutes les qualités de ce traité et les effets qui en dérivèrent, et déjà ce travail a été entrepris par deux savants italiens qui vécurent au dernier siècle. Dominique Carlini, dans son examen de cette paix [2], et Jacques Durand dans un essai analogue, enrichi de plusieurs documents inédits [3], ont traité très au long cette matière. Nous

---

[1] Cette ferme volonté d'être libres en respectant les droits d'autrui, cette déclaration explicite de droits et de devoirs, nous rappellent ce qui se passa en Suisse plus d'un siècle après. Le 7 novembre 1307, trente-trois citoyens d'Uri, Schwytz et Unterwalden guidés par Furst, Stauffacher et Arnold de Melchthal se réunirent au milieu du silence de la nuit sur la prairie solitaire de Grutli pour aviser aux moyens de se soustraire à la tyrannie des baillis impériaux. Là ils firent le serment solennel de sauver *sans violence ni injustice la patrie et la liberté.*

Les Suisses peu nombreux, pauvres et vertueux, fondèrent leur liberté sur des bases solides et surent la garder. Les Italiens, comblés de tous les dons de la fortune, surent conquérir cette liberté, mais bientôt après ils se lassèrent de la défendre.

[2] De pace Constantiæ disquisitio, Veronæ, 1763.

[3] *Essai sur la ligue lombarde et sur la paix de Constance*, dans le 40me vol. des Mémoires de l'Académie Royale des Sciences de Turin.

conseillons à tous ceux qui désirent sincèrement s'instruire sur cette partie de notre histoire, de lire ces
deux livres, qui se recommandent également par leur
érudition critique et par leur brièveté substantielle.
Quant à nous, qui ne pouvons pas nous étendre sur les
circonstances particulières, il nous suffira de dire que
l'empereur et le roi son fils approuvèrent et confir-
mèrent, dans cette paix, les droits légaux et les bonnes
coutumes que possédaient déjà les communes. Au
nombre de ces droits étaient compris le *fodro* ou pro-
vision, les droits de pacage, ceux concernant les
fleuves, les bois, les ponts, les moulins, l'appel des
citoyens sous les armes, la faculté de clore et de for-
tifier les terres, la juridiction sur toutes les causes civiles et criminelles, et le droit de pourvoir à tout ce
qui était exigé par l'intérêt de la cité. Quant aux droits
régaliens, non formellement désignés dans le traité,
on convint qu'on ferait des recherches, pour les fixer
dans la suite. L'évêque de chacune des cités et plusieurs
hommes de bien, reconnus pour n'être pas liges des
parties contendantes, devaient rechercher s'il n'existait
pas d'autres droits appartenant à l'Empire. Les communes ou tout autre membre de la ligue qui manquait
à son devoir, était soumis à une grosse amende.
L'empereur se réservait l'investiture des consuls, principaux magistrats des républiques [1], le serment de

---

[1] Dans la collection qui a pour titre *Monumenta historiæ patriæ*
(tom. I, p. 708) on lit une convention passée entre Albert et Guy
comtes de Biandrate et les militaires de ce territoire. Elle porte la
date de 1093, et l'on y mentionne la Commune et les Consuls.
Pour bien expliquer la qualité du document, il faut se rappeler les

fidélité renouvelable tous les dix ans, et l'appel des causes civiles dont la valeur dépassait vingt-cinq livres impériales.

Par une espèce de déférence pour l'empire, le titre de consul donné depuis très longtemps au gouverneur de la commune, fut changé en celui de *podestat* [1]; et cela se fit peut-être pour éviter les investitures impériales, puisque les consuls n'existant plus, on pouvait dire que la nécessité de recourir à l'empereur avait cessé.

La constitution des différentes républiques italiennes se composait des mêmes éléments, sauf certaines légères modifications requises par le plus ou moins d'importance du corps politique. Il y avait un grand conseil investi du véritable pouvoir de l'*autonomie*; un conseil particulier appelé *credenza* [2], qui parfois se divisait en deux parties, auquel incombait le devoir de veiller aux relations extérieures, à la répartition des charges et à l'administration des finances.

Le *podestat*, premier administrateur de la commune,

---

discordes qui s'étaient élevées quelques années plus tôt, à Milan, entre les nobles et le peuple; on y établit que *Omnia alia mala laude duodecim consulum qui electi fuerint finienda dimittent*, où le nom de consul signifie le juge électif tiré du peuple. Ce qui nous rappelle l'obligation contractée par l'empereur Henri IV envers la commune de Pise dans une charte de 1081. *Nec marchionem aliquem in Tuscia mittemus sine laudatione hominum XII electorum in colloquio, sonantibus campanis* (Ughelli, *Italia sacra : Archiepiscop. Pisan.*, tom. III). Le nombre de douze juges élus semble avoir été la forme la plus solennelle du tribunal communal.

[1] *Podestat* tiré du mot latin *potestas*, pouvoir.

[2] Le mot *credenza*, en latin *credentia*, signifie créance, confiance; c'était, dans l'acception légale du mot à cette époque, l'équivalent de *secret*.

auquel était confiée la garde des lois et de l'ordre public, les juges civils et criminels, les notaires destinés à conserver le dépôt de la bonne foi publique, étaient les officiers ordinaires des communes. Dans certains endroits où l'on avait voulu mettre un plus grand frein à la puissance du *podestat*, on avait ajouté le capitaine du peuple, revêtu d'une certaine puissance tribunitienne. Lorsqu'au sein d'une république les Guelfes et les Gibelins étaient en forces égales et qu'on voulait éviter des conflits, on élisait un *podestat* pour chacun des partis.

Dans l'histoire des républiques de plus d'importance, on trouve la mention de *colléges de juges* ; M. de Savigny aperçoit dans ces juges les successeurs des *scabins* ou juges romains, créés par Charlemagne ; d'autres pensent que ces colléges étaient composés d'un nombre d'avocats chargés d'assister les plaideurs.

Le *podestat* et les juges étaient toujours pris parmi les personnes étrangères à la commune, afin d'écarter tout soupçon de partialité ou de tyrannie [1]. Ils ne restaient en charge que peu de temps, étant nommés le plus souvent pour six mois ou un an [2]. Avant de quitter le pays où ils avaient exercé leurs fonctions, ils

---

[1] C'était là la règle généralement observée, mais il y avait aussi des exceptions ; par exemple Venise n'a jamais admis dans son sein des étrangers, pour administrer la justice. Voy. Foscarini, *della litteratura Veneziana*, p. 34, 35.

[2] Dans le recueil intitulé : *Délices des hommes érudits de la Toscane* (Florence, tom. XVIII, p. 195, 256, 260), se trouvent de curieux renseignements sur cette espèce de contrat de frais de voyage que faisaient les républiques pour ces fonctionnaires. Voy. Jean Villani, histoire de Florence, liv. V, chap. XXXII.

devaient y demeurer un certain temps afin de se soumettre au *syndicat* et rendre leurs comptes. Pendant
ce temps, tous ceux qui avaient à se plaindre de leur
gestion, pouvaient les accuser, et s'ils fournissaient des
preuves suffisantes, ces fonctionnaires étaient tenus de
réparer les dommages éprouvés par les plaignants.

Un savant Italien a posé naguère une question qui
touche de très près au sujet dont nous parlons [1]. « Il
» serait très important de savoir, dit-il, quelle différence
» il y avait entre les lois et le gouvernement politique
» des cités républicaines, et les lois des cités soumises
» à la domination d'un prince ou d'un feudataire.

» Le Piémont, qui renfermait alors les deux formes
» de gouvernement, offrirait matière à de curieux rap-
» prochements. L'un des points qui mériterait d'être
» particulièrement examiné, serait l'origine du *syndi-*
» *cat*, qui était le *palladium* de la liberté de ces cités,
» et qui n'est pas prescrit par toutes les lois munici-
» pales de cette époque »

Nous tâcherons de répondre à cet appel, sans entrer dans de trop longs développements qui ne convien-
draient pas au genre de notre livre. Et nous puiserons
nos exemples dans l'histoire du Piémont qui offre en
effet des preuves claires et concluantes sur ce sujet.

La distinction véritable, entre la commune libre
et autonome et celle qui était soumise à un prince,
consistait dans le droit de souveraineté reconnu à la
première, et refusé à la seconde. Une telle souverai-

---

[1] M. Guillaume Libri dans le *Journal des Savants*, livraison de juillet 1839, p. 339.

neté comprenait tous les droits légaux que possédaient les républiques, et que le traité de Constance
avait confirmés. Elle se manifestait spécialement par
le droit de faire la guerre ou la paix, d'élever des for-
tifications, de battre monnaie et de créer des tribunaux
qui jugeaient en dernier ressort. La pleine juridiction,
merum et mixtum imperium et omnimoda iurisdictio,
n'était pas une prérogative de souveraineté, et appartenait également aux communes soumises au sceptre
d'un prince.

A l'exception de ces droits souverains, il n'y avait
pas anciennement de différence notable dans la forme du
gouvernement de ces deux sortes de communes. On ne
songeait pas alors à toutes ces subtilités d'administration
dont on s'occupe tant aujourd'hui. Le municipe se
mouvait librement dans sa sphère naturelle, et l'on ne
confondait pas l'administration avec le gouvernement.
Les franchises communales étaient considérées comme
faisant partie du droit public interne. L'esprit de liberté s'était répandu dans toutes les villes de l'Italie
supérieure à l'époque de la ligue lombarde, et avait
laissé partout sur son passage des traces que les changements politiques survenus depuis, ne purent faire
disparaître.

Cependant les communes soumises à un prince pouvaient, avec l'approbation de ce dernier, faire des lois
et des statuts pour leur usage propre; elles conservaient
intacts leurs anciens usages; le Conseil municipal élisait les magistrats, et le syndicat existait ici, de la
même manière que dans les républiques souveraines.
C'est ainsi qu'on trouve dans les statuts de Turin, de

1360, la prescription du syndicat faite par ordre d'A-médée VI, comte de Savoie, devenu alors maître de la ville [1].

Mais le désir et le besoin de conserver les vieilles coutumes en tout ce qui concernait l'administration de la justice, se faisaient surtout remarquer dans les actes solennels par lesquels une commune libre se mettait spontanément sous l'autorité d'un prince. Il suffira de citer l'acte de soumission de la cité d'Yvrée à Amédée V, comte de Savoie, du 24 septembre 1313, dans lequel on stipula que le vicaire, qui n'était autre que le po-destat, les juges, et les autres officiers de justice con-servaient leurs anciennes attributions et que les statuts se feraient comme par le passé [2]. La commune de Chieri, en se soumettant à la domination d'Amédée VI, comte de Savoie, et de Jacques, prince d'Achaïe, le 19 mai 1347, obtint de ces princes la promesse que le vi-caire et le recteur appelés à administrer la justice,

---

[1] *Rubrica de sacramento* DD. *Vicarii et judices juramus quod sta-bimus decem diebus in Taurino post nostrum regimen ad faciendam rationem cuilibet de Taurino et Gruglascho summarie et de plano con-querenti de nobis; nec inde possit dari licentia vel parabola quo-quomodo, eo salvo quod si infra quindecim dies non fieret querimonia de nobis possimus recidere, præstita ydonea fideiussione de iuri pa-rendo et de iudicatum solvendo. Statuta civit.* Turin, p. 393 de notre édition.

[2] *Item quod vicarius, iudices et cæteri officiales ... iurent.... me-rum et mixtum imperium et omnimodam iurisdictionem exercere secundum formam statutorum factorum et faciendorum per commune Yporediæ quæ statuta facere possent more solito, salvo semper omni iure ipsi domino comiti et heredibus competenti secundum suprascripta vel infrascripta, et ipsis statutis deficientibus secundum iura communia et bonas consuetudines ipsius civitatis.*

Datta, *Histoire des princes de Savoie de la branche d'Achaïe*, p. 91 et 92.

seraient toujours choisis parmi les étrangers [1], comme c'était l'usage dans les républiques libres.

Outre la variété infinie des lois particulières que retenait chaque pays, selon la diversité des lieux, certaines franchises étaient réputées comme le fondement de l'existence légale de chaque commune. Tels étaient les droits des habitants d'une commune, d'élire leurs conseillers et les magistrats municipaux, d'établir des règlements tant pour la police rurale qu'en matière d'industrie, de répartir l'impôt entre les contribuables, de combattre dans un corps d'armée spécial et sous leur propre bannière; de n'être jamais obligés de sortir de leur domicile pour payer des tributs, ni pour soutenir des procès, enfin de jouir de certains droits restreints de chasse, de pêche, etc. [2].

Les franchises et les priviléges des communes apparaissaient dans toute leur importance dans les réunions des Etats où les députés des terres *immédiates* ou dépendant directement du souverain, se rassemblaient avec les vassaux investis de fiefs, et souvent avec les élus du clergé. C'était ces Etats qui votaient le donatif, nom sous lequel venaient s'abriter tous les tributs extraordinaires. Ils délibéraient sur des matières politiques de haute importance et souvent les décidaient.

---

[1] Cibrario, *Histoire de Chieri,* p. 322.

[2] Nous avons extrait ce résumé de coutumes et de franchises inhérentes, pour ainsi dire, à la constitution communale, principalement des franchises du bourg d'Avigliana, commune considérable de la vallée de Suze, où les comtes de Savoie firent souvent de longues résidences. Ces documents étant encore inédits, nous avons cru utile d'en donner à l'appendice, sous le n° VI, la partie sur laquelle nous avons fondé notre texte.

Nous donnerons comme preuve, la réunion du Conseil général ou Parlement du Montferrat, tenu le 3 janvier 1379, au château de Moncalve, dans le triple but de rendre hommage au marquis Jean Paléologue, de voter des subsides en argent, et de répondre au comte de Savoie qui élevait des prétentions sur une partie des Etats du marquis de Montferrat. La relation authentique de cette réunion est imprimée [1], et elle contient plusieurs particularités relatives au mode de procéder, employé dans nos contrées à cette époque, en matière de discussion politique.

A côté des communes dotées de sages institutions, peuplées d'hommes libres, vivant au milieu de l'activité agricole et industrielle, il y avait aussi plusieurs pauvres villages tenus en fief par des familles de vassaux, dont les intérêts n'étaient jamais d'accord avec ceux des villageois. Ceux-ci étaient des gens pauvres et ruinés par la condition qu'on leur faisait, ils ne conservaient presqu'aucun droit de possession utile sur les biens. Astreints à des services forcés, ils étaient exclus de la propriété et de la disposition des biens qu'ils cultivaient. Mais leur misère disparut peu à peu, et ils reconquirent à mesure les droits inhérents à la véritable propriété. Les feudataires apprirent par expérience combien sont terribles les armes entre les mains de qui n'a rien à perdre. Les princes favorisèrent les transactions entre les feudataires et leurs sujets, et gagnèrent l'affection des peuples en enchaînant l'arbitraire de ceux qui les opprimaient.

[1] *Monumenta Aquensia*, ed. J. B. Moriondo, Taurini 1789, tom. 1, p. 368.

Quant à l'origine du syndicat, nul doute qu'il ne soit une imitation, ou pour mieux dire, un renouvellement de ce qui est prescrit dans le code de Justinien à tous les officiers chargés de l'administration supérieure des provinces. Ces lois prescrivaient qu'à leur sortie de charge, les fonctionnaires devaient demeurer cinquante jours dans la province qu'ils avaient administrée, se montrer en public, et répondre à toutes les plaintes que leurs anciens administrés pouvaient avoir à faire contre eux, au sujet de leur administration [1].

L'étude des neuf premiers livres du code avait appris aux Italiens à s'entourer de ces précautions en matière de sûreté publique; et, à peine leur fut-il donné de les mettre en pratique, qu'ils les appliquèrent bientôt avec attention, et en effet, dans les statuts municipaux les plus anciens comme dans ceux de Pistoie [2], on trouve que le délai pendant lequel on devait se soumettre au syndicat était de cinquante jours, tandis que dans les statuts plus récents, ce laps de temps est restreint de beaucoup.

On ne peut certainement pas contester l'utilité de l'institution du syndicat, mais il ne serait peut-être pas exact de le considérer comme ayant présenté une garantie politique positive. Qu'on remarque que cet examen ou ce jugement, si l'on veut, s'ouvrait au moment où le nouveau fonctionnaire entrait en charge, et que celui qui en sortait était déjà dépouillé de tout pouvoir et partant n'inspirait plus aucune crainte. En définitive,

---

[1] Cod., titre XLIX, liv. I ; Novelle 8, c. 9.
[2] § 76, dans Muratori, *Antiquit. med. œvi*, dissert. 50.

l'institution du syndicat visait plutôt à la moralité des hommes, à la réparation des dommages éprouvés, qu'à la défense de l'ordre public et à l'équilibre des forces politiques.

Les empereurs, le plus souvent dépourvus de forces positives, se contentaient de conserver, vis-à-vis des communes, la simple apparence d'un droit de protection. Nous verrons au chapitre VII, dans quelles limites se restreignait l'autorité impériale. Quelques princes se paraient du titre, acheté à bas prix, de vicaire de l'Empire [1]. On faisait usage de cette qualité, plutôt pour assujettir les autres que pour son propre avantage, se débarrassant ainsi des liens qui les entravaient, surtout dans l'administration de la justice et dans la perception des impôts, cas dans lesquels, en règle générale, les vassaux devaient obtenir de l'empire des concessions fréquentes et particulières. Nous avons dit que le traité de Constance avait confirmé les droits que possédaient déjà les communes. Il était au fond une déclaration de ce que l'on dirait dans le langage diplomatique d'aujourd'hui *statu quo ante bellum*. Pour connaître à fond l'état politique de ces communes, il faudra donc

---

[1] *Magistratus quos balias nominant* (ce qu'on appellerait aujourd'hui autorités), *omnes possessiones iuraque, res monetales,* potestatem *leges dandi et iudicia ferendi communia sibi adrogarunt. Principes quidem titulum præ se ferebant vicariorum imperialium in Lombardia, in Tuscia, Italia, nihil tamen volebant.* Ainsi s'exprime M. Dœnniges dans l'introduction au remarquable recueil intitulé : *Acta Henrici VII, imperatoris Romanorum et monumenta quædam alia medii œvi.* Pars 1, Barelini 1839, p. 9.

Ces documents tirés des archives royales de Turin, sont très importants ; ils jettent une grande lumière sur la condition des communes de la haute Italie, au commencement du XIVe siècle.

remonter aux premières guerres que les Lombards soutinrent contre Frédéric, voir quelles étaient les coutumes qui avaient prévalu chez eux, et comment étaient conçues les lois faites expressément pour eux. Néanmoins il est certain qu'en suite de cette paix, et grâce aux institutions qu'elle développa amplement, l'autonomie communale devint plus manifeste et plus sûre, à partir du XIIIe siècle.

Il nous reste encore plusieurs documents de la législation communale au XIIe siècle, contenant des lois partielles et des collections de statuts. Nous savons qu'en 1102, les Brescians avaient promulgué une loi contre les usuriers[1]; que de 1140 à 1200, Pise fit plusieurs lois[2]. La collection des statuts de Pistoie appartient à peu près à la même époque[3]. Venise, la plus ancienne république indépendante de l'Italie, réformait ses vieilles lois dès l'année 1242.

La véritable origine des lois de cette république est encore incertaine. Les chroniqueurs racontent que Henri Dandolo publia, en 1195, un statut de lois civiles qui devait être en ordre de date la troisième compilation. Mais les textes écrits de ces lois manquent absolument aujourd'hui[4]. Le statut de Gênes publié depuis peu, fut rédigé en 1142[5].

---

[1] *Breve recordationis de Ardicio de Aimonibus* publié par Biemmio.

[2] Valsecchi, *De veteribus Pisanœ civitatis constitutis.* Voy. n° 5 de l'appendice de ce volume une notice que nous a fournie M. le professeur Bonaini sur l'ancienneté des statuts de Pise.

[3] Voy. ces statuts dans le quatrième volume des *Dissert. antiquit. ital.*, par Muratori, commentées par Benevoglienti.

[4] Muratori L. C., p. 531. — Foscarini, de la littérature vénitienne, liv. I, p. 6, n° 1.

[5] Monum. historiæ patriæ, *leges municipales.*

Nous pourrions multiplier ici les citations d'anciens statuts, mais nous aimons mieux renvoyer ces détails au tome II de cette histoire, où il sera parlé des développements de la législation dans les communes. Nous ferons seulement remarquer que la date de la promulgation formelle des statuts n'est pas toujours celle du temps où ils ont commencé à exister, puisque bon nombre de ces dispositions avaient acquis auparavant force de loi, comme simples coutumes reçues et approuvées tacitement.

Ce développement de constitutions, cette création de lois s'étendit de plus en plus au XIIIe siècle. Les cités les plus importantes et celles qui l'étaient moins se trouvent dès cette époque en possession d'un code municipal, qui fut revu, modifié et surtout augmenté et qui survécut à toutes les vicissitudes politiques [1].

Toute trace d'indépendance disparut depuis pour les gouvernements communaux, mais les hommes des communes demeurèrent soumis aux lois puisées à cette source desséchée. L'abolition des statuts ne fut complète en Italie qu'à l'apparition des récents codes généraux.

Avant de parcourir les différentes dispositions de ces statuts municipaux, nous nous arrêterons un instant encore sur les éléments politiques des constitutions communales.

La plénitude de la puissance souveraine au sein des communes appartenait au peuple, et l'exercice des

---

[1] Durant cette tendance à créer des statuts, on vit même des abbesses en donner à leurs serfs. Giulini, mémoires etc., tom. VII, p. 573.

divers pouvoirs dépendants de cette souveraineté, était souvent troublé et presque toujours gisait affaibli entre les mains de ses délégués. Réveillé en sursaut, le peuple passait de l'inertie à la violence, et tombant sur les flatteurs qui méditaient sa ruine, il ébranlait les fondements de sa constitution politique. Ouvrons l'histoire de Florence et nous y verrons l'exemple continuel d'une incroyable mobilité dans les formes du gouvernement public ; l'histoire de Milan nous montrera combien était facile le passage d'une licence effrénée à une lâche soumission. D'autres l'ont déjà dit, et nous le répétons : c'était l'égalité et non la liberté qui faisait la base du gouvernement dans les républiques italiennes. Et ce n'est pas chose difficile à démontrer, que le peuple préfère toujours ce qui flatte ses désirs passagers et ses vanités sans nombre, à une distribution équitable et paisible des droits et des devoirs qui constituent la liberté vraie et durable. On ne doit même jamais espérer que le public comprenne à fond la corrélation des forces morales et rationnelles, qui satisfait aux justes besoins de tous, et fait le bien de la société en même temps que celui des individus.

« Au premier coup d'œil, » disait avec grande raison M. Saint-Marc Girardin, « il n'y a rien de si fort et de » si puissant que tout le monde. Au fond il n'y a rien » de si faible. Cette masse ne sait ni penser ni agir. » Elle ne le peut que si un grand homme lui prête son » âme et son génie. »

L'opinion de Montesquieu [1] sur la confusion des

____

[1] *Esprit des lois*, liv. XI, chap. VI.

pouvoirs au sein des républiques italiennes, se rapporte particulièrement aux aristocraties de Venise et de Gênes qui existaient encore au temps où il écrivait, et ne saurait s'appliquer à toutes les formes des gouvernements populaires antérieurs.

Dans les communes constituées d'après l'ancien régime, on avait tenté d'arrêter les usurpations des hommes puissants en élisant le podestat et les juges parmi les étrangers; mais comme le véritable édifice politique reposait sur le sable mouvant de la toute-puissance populaire, il ne pouvait faire autrement que de céder au choc incessant des factions contraires.

La cause de la ruine de ces républiques doit être attribuée, selon l'opinion d'un célèbre écrivain moderne, au défaut d'un pouvoir stable et protecteur qu'elles auraient dû se procurer par l'influence que donne la propriété territoriale, au lieu de se livrer entièrement, comme elles firent, au commerce et à l'industrie [1]. Nous sommes loin de nier que la propriété territoriale ne soit un puissant élément de stabilité politique, mais nous ne saurions nous dissimuler que les forces combinées de l'industrie et du commerce, sont parvenues à fonder ailleurs des républiques puissantes et stables.

Les jalousies les plus acerbes, la division des forces publiques, le peu d'obéissance aux lois, l'opposition des intérêts politiques du Pape, de l'Empereur et de la France, au milieu desquels s'agitaient continuellement

---

[1] Romagnosi, *Dell' indole e dei fattori dell' incivilimente.*

toutes ces petites souverainetés populaires, furent les causes vraies et patentes de leur perte.

Dans les premiers temps, les statuts des communes ne contenaient que des règlements d'administration et des règles sur les devoirs des magistrats; ils s'étendirent par la suite à l'administration de la justice civile et criminelle, et sur les matières d'économie politique. Comme les questions portées devant les juges avaient parfois trait à l'application des lois romaines et lombardes, et parfois à des matières régies par la coutume, il arriva qu'on distingua les règlements qui concernaient l'une et l'autre de ces deux législations. Et dans quelques endroits, à Pise, par exemple, on rédigea par écrit un *Constitutum legis* et un *Constitutum usus*. Le premier comprenait toutes les modifications introduites dans les lois romaines et lombardes, le second formait comme un dépôt de coutumes approuvées.

En matière criminelle la procédure de ces codes municipaux se ressentait beaucoup du système adopté par les Barbares. L'amende pécuniaire était admise comme légitime composition; les mutilations partielles du corps du condamné y étaient graduées comme peines; beaucoup de sévérité dans les supplices, peu de garanties pour l'accusé, complétaient cet ensemble de justice répressive.

Une méfiance continue, profonde, hostile à tous les voisins, une attention constante à concentrer dans un petit nombre de familles de la ville la propriété de tous les domaines répandus sur le territoire, sont les caractères communs et distinctifs de la législation civile de cette époque. Les femmes y sont dépouillées du droit de concourir, avec leurs cohéritiers du sexe masculin, à la succession de leurs parents, et pour prix d'une semblable exclusion on leur assignait une dot, dont on ne fixait pas même le montant, si toutefois elle ne se réduisait pas à une compensation dérisoire. Et souvent on y insérait la défense au mari de faire le moindre legs en faveur de sa femme [1].

Dans les communes livrées à l'industrie et au commerce, on ne ménageait pas les statuts pour la perception des gabelles et pour prohiber l'entrée des marchandises dont on craignait la concurrence. A ce point de vue, le soin de ces législateurs incultes est tel qu'il laisse derrière lui le raffinement des financiers modernes.

Pour tout dire en peu de mots, les statuts étaient le foyer où convergeaient tous les rayons des passions municipales.

Quoique le droit romain conservât toujours son autorité de loi commune, l'importance des statuts s'accrut infiniment et l'application en devint très-fréquente, en raison de leur opportunité à se plier aux diverses

---

[1] Ce soin minutieux et soutenu de réduire les femmes à cette infériorité de fortune vis-à-vis des héritiers mâles n'appartient qu'à cette époque. Si on remonte plus haut, d'après les usages germaniques l'époux payait à l'épouse le *methia* ou *meta* pour acquérir sur elle un droit de propriété et ensuite le *morgincap* le lendemain du jour de ses noces. Luitprand, dans la loi première du second volume de son édit, dit : *Ipsum autem morgincap volumus ut amplius sit nisi quarta pars de eius substantia qui ipsum morgincap fecit. Si quis minus voluerit dare de rebus suis, quam ipsa quarta parte sit, habeat in omnibus licentiam dandi quantum voluerit; nam super ipsam quartam portionem dare nullatenus possit.*

occurrences, et de la facilité qu'on avait de les changer. Pétrarque nous montre que de son temps l'application des lois romaines était tellement tombée en désuétude que si, dit-il, *on avait cessé de les enseigner dans les écoles, dès cette époque, elles auraient perdu toute vigueur*[1].

En étudiant ces statuts, il sera bon de se fixer sur la distinction des personnes, c'est-à-dire, la séparation qu'on faisait généralement de la noblesse d'avec le peuple.

Nous avons déjà observé que le caractère dominant dans la constitution communale italienne, c'était l'élément démocratique. A Florence, les nobles étaient exclus de l'exercice des droits politiques ; et lorsqu'il arrivait que l'importance d'un plébéien inspirât des inquiétudes au public, aussitôt on le faisait passer dans la classe des *magnats* ou nobles. Pour arrêter l'abus excessif de cette espèce d'ostracisme on rendit une loi, par laquelle aucun plébéien ne pouvait être relégué dans la caste des magnats qu'en cas de délits graves, comme s'il se rendait coupable d'homicide, d'empoisonnement, de vol, d'inceste [2], etc.

A Rome, les nobles ne jouissaient devant les tribunaux de prérogatives ni de droits égaux à ceux du peuple [3].

---

[1] Dans l'épître 1 des Séniles adressée à François de Carrare, seigneur de Padoue : *An nescis ut homines sic humana cuncta senescere? Senescunt pœne jam romanœ leges, et nisi in scholis assidue legerentur, jam procul dubio senuissent. Quid statutis municipalibus eventurum putas?*

[2] *Statuta populi Florentiœ.* Friburgi, tom. 1, p. 429.

Nous rapportons un chapitre des statuts de Rome, le 150e du premier livre, parce qu'il nous semble très-propre à éclaircir comment

Il ne sera pas difficile de croire que de semblables distinctions mettaient souvent en péril la paix publique, comme elles offensaient toujours l'idée de la justice dans l'esprit des hommes.

Dans les endroits où les nobles avaient conservé des forces à peu près égales à celles du peuple, il s'était formé des sociétés distinctes dans l'une et l'autre classe. Chaque société établissait ses priviléges et jurait de les maintenir; et en général, ces priviléges ne visaient qu'à préparer des vengeances, et à maintenir les haines entre les deux sociétés. On nous a conservé quelques chartes de ces congrégations et elles peuvent servir de

les lois se pliaient aux caprices populaires (édition de Rome 1549, p. 39). « Baro seu Baronissa de magnatibus, qui ad sequimenta
» præstanda tenetur, habens causam civilem, vel criminalem cum
» aliquo de inferioribus, non possit, durante causa, intrare palatium
» Capitolii nisi tunc tantum quando responderet accusationi crimi-
» nali, vel quando se repræsentaret ad mandatum Senatoris vel po-
» neret se intus.

» Et idem per omnia intelligatur de bastardis eorum sive cum
» dictis bastardis suis sive cum dictis baronibus litigarent. Satis est
» enim quod per advocatos et procuratores eorum possint defendere
» et prosequi causas suas. Et si inferior voluerit dictam causam ci-
» vilem in duos populares compromitti, cogantur dicti maiores ad
» compromittendum. Et si dicti duo infra mensem causam non deci-
» derent nullo servato iuris ordine, sed sola rei veritate perquisita,
» Senator eligat certum popularem, cuius consilio causam decidifaciat
» infra x dies post dictum mensem computandum. Et si in prædictis
» Senator vel aliquis prædictorum contra fecerit seu negligens fuerit,
» punietur in c libris provisi, et damnum parti læsæ reserceat. Baro
» etiam et quilibet de maioribus prædictis vel bastardus eorum con-
» trafaciens puniatur in quingentis libris provisis. — Additum est
» quod judex dictæ causæ Baronis seu Baronissæ non possit loqui
» cum tali Barone seu Baronissa durante dicto litigio, ad pœnam L li-
» brar. provisis. — Additum est quod dicti Barones et bastardi
» eorum nunquam possint venire ad Capitolium sine licentia domini
» Senatoris vel senatum regentium ad pœnam c Floren. auri etc... »

preuve au peu de moralité de ces temps-là. Parfois ce n'était plus une seule classe, c'était plutôt un certain nombre de citoyens appartenant aux deux ordres, qui se constituaient en société particulière pour acquérir plus de pouvoir, et s'opposer aux embûches des ennemis de leur patrie.

Parfois c'étaient des sociétés qui se formaient sous le patronage d'un prince dans l'intérêt d'un parti. Telle a été, par exemple, la société des croisés (*Societas Croceatorum*) formée à Parme vers 1266, à l'instigation de Charles d'Anjou, pour soutenir la faction guelfe et les prétentions des papes. Cette société acquit en peu de temps une si grande influence, qu'elle parvint à maîtriser le gouvernement [1].

En un mot, ces sociétés étaient des déviations de l'esprit d'association surgi dès le premier temps de la ligue lombarde, et les communes libres et celles qui obéissaient à un prince en renfermaient indistinctement.

Outre ces sociétés formées dans le but de conserver des droits privés, ou bien de sauvegarder des intérêts politiques spéciaux, il y en avait d'autres, plus fortes et mieux organisées, dont le but était de favoriser le commerce et d'accroître les richesses publiques. De ce nombre était la célèbre banque de Saint-George à Gênes, laquelle, dès sa fondation, sauva la patrie d'un danger imminent, en prépara la splendeur et acquit

---

[1] Voy. *Statuta communis Parmes. ab anno 1266 ad annum circiter 1303.* — Parme 1857. La préface que le savant M. A. Ronchini a mise en tête de ce recueil mérite de fixer l'attention des personnes qui s'occupent particulièrement de ce genre d'études.

une importance dont il reste encore des traces aujourd'hui. Ce fut de la banque de Saint-George que Machiavel écrivit qu'elle avait pu, à l'aide de ses propres statuts, conserver des habitudes honnêtes au milieu d'un peuple corrompu.

Les nobles dont les fiefs et les terres avoisinaient les cités gouvernées en républiques, se mettaient sous la protection de ces nouvelles puissances. Ils y étaient reçus en qualité de citoyens, avec obligation de remplir certains devoirs, et de se déclarer fidèles au principe démocratique, en jurant de respecter l'existence légale de la République. On les obligeait à posséder au moins une maison dans la ville sous la protection de laquelle ils se mettaient. Ce fut de cette manière que le 5 juillet 1222, l'évêque et le peuple de Turin reçurent sous leur protection et reconnurent pour leur concitoyen le marquis de Saluces. Les mêmes obligations étaient imposées aux communes, alors qu'en signe d'alliance elles demandaient à être admises aux droits de cité. Ainsi s'explique le contrat passé en 1221, entre les habitants de Verceil et la commune de Milan [1].

Dans les villes les plus opulentes, il se formait d'autres associations, ainsi les corporations des arts-et-métiers y étaient établies avec la plus grande régularité, et parfois elles formaient à elles seules, la base de la constitution politique. Dès les temps les plus reculés, après la barbarie, on trouve dans les cités italiennes des consuls, des gonfalonniers et des conseil-

---

[1] Voy. *Il comune di Vercelli nel medio evo, studj storici di Vittorio Mandelli*. Vercelli, 1857, p. 103.

lers des arts [1], mais le règlement des arts établi à Florence, et dont nos historiens modernes parlent avec tant d'abondance, fut remarquable entre tous.

Si les habitants des villes jouissaient d'une grande liberté, ceux des campagnes en manquaient souvent. Les cultivateurs furent appelés après les autres à participer aux droits et aux bienfaits d'un gouvernement libre, développé à l'ombre des villes républicaines. Ce fut dans la seconde moitié du XIIIe siècle que se multiplièrent les lois et les règlements qui affranchissaient les paysans; mais quoique arrachés à la servitude, ceux-ci demeuraient cependant soumis à une espèce d'impôt de rachat. Toutefois, le serf qui était parvenu à se soustraire pendant un an et un jour à la domination de son maître, était tenu pour libre, s'il s'était réfugié dans l'enceinte d'une cité libre.

Quelle qu'ait été l'impulsion donnée par les croisades, aux relations réciproques entre les hommes de toute condition; quelque haut que retentit le cri de liberté parmi les révoltés de la Lombardie, la servitude ne disparut que par degrés et après de grands efforts. Le grand bienfait de l'émancipation légale de tous les habitants de l'Italie ne put être obtenu que par le mouvement lent d'une prudence admirable [2]. Nous sommes

---

[1] *Consules negotiatorum*, à Milan, Giulini année 1159. *Ministrales artium, contractorum consules mercatorum et campsorum, ministrales armaturarum, Gonfalonerii et eorum consiliarii.* Savioli, annales de Bologne III? Voy. *Statuta antiqua mercatorum Placentiæ* publiés par M. G. Bonora, Parme, 1860.

[2] Voy. Ursprung der Besitzlosigkeit der Colonen im neueren Toscana : aus den Urkunden, von C. F. von Rumohr Amburgo, 1830. Voy. aussi Cantu, *Storia degli Italiani*, tom. III. p. 383, Turin, 1854.

obligé de dire à la honte de la nature humaine, que l'abolition générale de l'esclavage ne fut due en majeure partie qu'à l'industrie et aux calculs intéressés qui firent voir que, pour le commerce et l'agriculture, l'homme libre est un capital plus productif que l'esclavage.

Ce serait un travail d'une grande utilité que de montrer à travers quelle série d'efforts on est parvenu à détruire toute trace de servitude personnelle ; comment et en quelles proportions les princes et les républiques contribuèrent à ce grand résultat [1]. Pour le moment nous ne pouvons qu'indiquer deux lois, qui nous paraissent plus aptes à montrer de quels moyens se servirent les républiques de Bologne et de Florence, pour encourager l'affranchissement des serfs ; l'une de ces lois est de 1285 [2], l'autre de 1289 [3]. Nous ajouterons

---

[1] Un grand travail sur cette matière a été préparé par M. le chevalier Louis Cibrario. Nous hâtons de nos vœux la publication de ce livre qui sera digne sans doute de la grande et juste réputation littéraire dont jouit son auteur.

[2] Caccianimico, *Décades historiques de Bologne* de l'année 1283. « La république de Bologne racheta du trésor public les esclaves des deux sexes existant dans le Bolonais au prix d'un stère de blé froment pour chaque laboureur qui avait des bœufs, et d'un quart pour celui qui ne servait que de sa personne, et qu'on appelait *bracente* (homme de peine.) Ces affranchis furent constitués laboureurs, appelés dans notre langue *fumanti*, et les autres *bracenti*, à la grande consolation générale du peuple et de la république qui avait accompli une œuvre aussi pieuse. »

[3] Par un acte solennel du 6 août 1289 (rapporté par Migliorato Maccioni, *Ecrits en faveur des comtes de la Gherardesca*, tom. II, p. 74, et dans le tom. IV de l'Observateur de Florence) il fut établi par la commune de Florence.

« Cum libertas qua quisque voluntas non ex alieno sed ex proprio
» dependit arbitrio iure naturali multipliciter decoretur, qua etiam
» civitates et populi ab oppressionibus defenduntur, et ipsorum iura

enfin, que l'esclavage ne disparut entièrement de l'Italie qu'après la fin du XIVe siècle, quoiqu'il restât encore la servitude de la glèbe, reste d'asservissement qui s'est prolongé jusqu'à des temps rapprochés des nôtres.

Après la liberté légale des individus, le premier bien dans une société, c'est la paix, surtout entre les membres d'une même nation. Mais les républiques italiennes agitées à l'intérieur par les factions, engagées au dehors dans des guerres continuelles avec leurs voisins, jouirent peu de la paix. Quelques hommes de bien entreprirent de rétablir l'entente entre ces républiques, et comme la seule voix qui peut éteindre les haines est celle de la religion, on choisit les principaux pacificateurs parmi les religieux. Frère Jean de Vicence, de l'ordre des Frères mineurs, prêcha la paix aux villes de la Lombardie, et entreprit la réforme des statuts municipaux. Le jour que se réunit à Paquara (28 août 1233) une assemblée de paix, fut un jour d'allégresse et de réconciliation. Quelle n'eût pas été l'importance de cette réunion si l'on y avait proclamé une confédération d'États, qui aurait resserré les communes dans

---

» tuentur et augentur in melius, volentem ipsam et eius species non
» solum manutenere sed etiam augmentare per dominos priores artium
» civitatis Florentiæ et alios sapientes et bonos viros ad hoc habitos
» provisum ordinatum extitit salubriter et firmatum quod nullus
» undecunque sit et cuiuscunque conditionis, dignitatis, vel status
» existat, possit, audeat, vel præsumat per se vel per alium tacite vel
» expresse emere, vel aliquo alio titulo iure, modo vel causa adquirere
» in perpetuum vel ad tempus aliquos fideles, colonos perpetuos, vel
» conditionales, adscriptitios, vel censitos, vel aliquos cuiuscumque
» conditionis existant, vel aliqua alia iura, scilicet angharia vel pro
» angharia vel quævis alia contra libertatem personæ alicuius in civi-
» tate, vel comitatu, vel districtu Florentiæ, » etc.

.des liens d'une bonne entente politique capable de résister à toutes les attaques des puissances étrangères dirigées contre les intérêts communs, attaques qui, en moins de deux siècles, changèrent la face de l'Italie!

Frère Jean entreprit de réformer les statuts de Padoue, de Trévise, de Feltre, de Bellune, de Vicence, de Vérone, de Brescia et de plusieurs autres cités des alentours. Le pape Grégoire X secondait de tout son appui les entreprises du missionnaire politique. L'exemple de frère Jean fut suivi par d'autres religieux d'une moindre renommée, et qui s'occupèrent de la réforme politique et morale des républiques. Nous ne ferons mention expresse que d'un seul. Frère Gérard Boccabadati, ami et compagnon de saint François d'Assises, prêcha avec le plus grand succès la paix et la concorde aux citoyens de Parme; il fut élu podestat de cette ville et signala son administration, qui fut de courte durée, par des lois toutes empreintes de l'esprit de conciliation qui l'avait porté au pouvoir.

Mais cette œuvre de pacification qui paraissait si bien commencée, ne dura pas longtemps et après un court intervalle, les cités italiennes retournèrent à leurs anciennes jalousies et à leurs premières erreurs.

Puisque nous en sommes à parler des haines profondes que couvaient dans leur sein ces gouvernements municipaux, nous parlerons aussi des vengeances inexorables auxquelles ils se livraient, toutes les fois qu'ils pouvaient opprimer leurs ennemis. Ils ne se contentaient pas de mettre à feu et à sang le pays vaincu, mais ils voulaient que les lois elles-mêmes, dont le sceau devrait être le signe d'un bienfait commun, éternisassent le souvenir de leur colère destructive. Une loi expresse, à laquelle on jurait d'obéir, ordonnait à tous les fonctionnaires de la République, d'empêcher qu'on ne relevât jamais les murs des villes ou des villages que la vengeance républicaine avait renversés.

Sienne statuait que le bourg de Menzano resterait démantelé à perpétuité, en souvenir des offenses que les habitants avaient faites à la ville. Les habitants de Novare, pour tirer vengeance des injures des comtes de Biandrate, avaient rasé le bourg de ce nom, et fait insérer dans leurs statuts la rubrique *De tenendo destructo Biandrato*. Milan avait condamné à être démoli le château de Seprio, avec défense de ne jamais laisser une habitation là où avait existé Seprio. L'assemblée des Gibelins tenue à Empoli après la bataille de Monte Aperti, avait décrété la destruction de Florence, et ce ne fut que par la résistance ouverte d'un grand citoyen, Farinata Degli Uberti, que la ville fut sauvée [1]. Les codes municipaux offrent à chaque instant des traces de cet esprit de vengeance.

La description que nous venons de faire des règlements et des statuts municipaux nous a paru indissolublement attachée à l'exposition des vicissitudes politiques. Et il ne pouvait pas en être autrement, puisque sur le sol italique, l'institution de la commune fut le but constant des pensées et des travaux de plusieurs générations. La guerre et la paix concoururent égale-

---

[1] Le Dante a consacré par ses vers immortels le souvenir de ce fait. Voy. Inferno, chant 10e.

ment vers ce but ; les institutions et les lois fondamentales des municipes devinrent la plus simple, et en même temps la plus énergique expression des besoins et des aspirations des temps d'où surgit le véritable ordre civil. Et la forme intérieure du gouvernement municipal s'étendit, comme nous l'avons dit, indistinctement à toutes les contrées d'une certaine importance, même à celles qui étaient soumises à un prince. Or le droit communal considéré dans sa qualité de droit politique primitif, heureusement appelé par quelques auteurs *ius ante omnia iura natum* [1], fut pendant de longues années étroitement lié au sort variable des peuples italiens. Nous pourrons même le qualifier de forme absolue, particulière et caractéristique de leur gouvernement ; et pour ne pas porter le regard au delà de la République romaine, il est permis d'avancer que, depuis plus de deux mille ans [2], le *municipe* était la forme naturelle ou comme on dit aujourd'hui, le type du gouvernement intérieur italien. Si l'on considère les droits propres de chacune des cités, et les limites restreintes de leur sujétion politique à la cité dominante, il devient évident qu'il y avait peu de différence entre l'ordre municipal ancien et l'ordre communal, à l'époque de la Renaissance [3].

[1] Histoire du droit municipal en France, par Raynouard, introduction, p. 44.

[2] Il suffit, par exemple, de remonter au *ius Cæritum* en l'an 365 de Rome duquel ont parlé savamment Niebuhr dans son histoire romaine et Roth dans le livre *De re municipali Romanorum*.

[3] Voy. un élégant et savant extrait des Vicissitudes du droit municipal ancien, dans l'introduction historique aux éléments de droit romain de Heineccius, publié par M. Charles Giraud. Paris et Aix, 1835, p. 105.

Mais quelle fut la position réciproque des deux parties qui formaient la législation générale de l'Italie, savoir du droit romain ou du droit municipal? Voici comment elle se présente à nos yeux. Le droit romain était la loi commune qui réglait tous les actes de la vie civile, et contenait tous les principes généraux de la justice, applicables aussi bien à l'intérêt public qu'à l'intérêt privé. Le droit municipal était la loi d'exception, celle qui se référait à la qualité particulière de chaque commune, qui contenait tous les égards dictés par les convenances politiques, intérieures et extérieures. Le droit romain ne s'expliquait que par autorité de la science, et l'empereur avait seul le droit d'ajouter une constitution au code; dans les statuts, au contraire, les magistrats municipaux faisaient telle modification qui leur convenait. Du droit romain découlaient les préceptes de la raison écrite : des règlements municipaux découlaient les règles établies par les circonstances locales. La législation des statuts se perfectionnait et s'expliquait à l'aide de l'histoire contemporaine de chaque commune; les progrès de l'étude du droit romain procédaient conformément à la marche des études philologiques et de la jurisprudence.

Quant au principe fondamental du droit public interne, le fait allait contre le droit ainsi que nous aurons occasion de le voir encore dans le cours de cette histoire. On ne refusait pas de reconnaître en principe la suzeraineté de l'Empire telle qu'elle était posée par les légistes; les Guelfes l'admettaient autant que les Gibelins [1],

[1] Voy. l'article intitulé : *Un brono d'istoria della Republica fioren-*

sans que ni les uns ni les autres s'en trouvassent le moins du monde gênés dans les affaires de gouvernement et d'administration.

S'il est vrai, comme on l'a dit, que la monotonie de l'histoire d'un peuple, soit le signe de son heureuse condition, les Italiens doivent être sans doute considérés comme ayant été très-malheureux pendant les siècles où leurs communes étaient le plus florissantes. On ne saurait trouver rien de plus varié que le mouvement incessant de passions et d'entreprises différentes qui les portait parfois à de hautes aspirations, souvent à des fins déplorables. Est-ce à dire que cette constitution civile et politique, qui les plaçait dans une telle agitation, ne contenait en elle-même aucun élément bon, glorieux et durable? C'est à l'influence de ces lois que l'Italie doit l'activité sans pareille que ses habitants déployèrent dans les arts, le commerce et l'industrie. C'est sous l'empire de ces institutions attentives au maintien de l'indépendance municipale, que les individus, souvent abandonnés à leurs propres forces et en lutte perpétuelle avec tout ce qui les environnait, surmontèrent les difficultés et les dangers qu'ils rencontrèrent, et conquirent une splendeur qui nous éblouit.

Le gouvernement républicain est sans doute celui qui permet le plus à l'individualité humaine de se développer; il n'y a pas là de forces perdues. Mais ce gouvernement, soumis à des agitations continuelles,

<hr>

tina, 1351-58, par M. le marquis Gino Capponi, inséré dans l'*Archivio storico italiano*, tom. VII, 2e livraison, 1858.

entraîné ou entravé sans cesse dans sa marche par des représentants des masses les moins éclairés et les plus audacieux, vivant au jour le jour, flottant au gré des vents, renferme en soi le germe d'une destruction rapide.

Il n'en est pas moins vrai cependant que tous ces foyers d'esprits vitaux distincts, mais rapprochés, créèrent une immense puissance intellectuelle et matérielle. — L'étranger qui arrive en Italie, admire avec étonnement cette multitude de cités illustres et populeuses, en possession de la science, embellies de ces monuments prodigieux qui couvrent la Péninsule. Ici ce n'est pas une seule capitale qui absorbe toutes les forces de la province, mais les esprits heureusement doués, les richesses, l'aisance s'étendent dans toutes les contrées comme un héritage des anciennes splendeurs.

Tout ce que nous voyons est encore le fruit des institutions municipales; mais par les considérations que nous venons de faire, il est aisé de découvrir que tout ce qui fut donné à l'utilité municipale fut distrait de la vigueur nationale.

CHAPITRE V.

LOIS MARITIMES ET COMMERCIALES.

« Aucune partie de l'Europe n'est située d'une ma-
» nière aussi avantageuse que la péninsule italienne
» pour devenir une grande puissance maritime.....
» L'Italie, compris ses grandes et petites îles, a douze
» cents lieues de côtes..... Ainsi l'Italie a un tiers de
» côtes de plus que l'Espagne et moitié de plus que la
» France.... La première condition de l'Italie constituée
» en une seule monarchie sera d'être puissance mari-
» time. »

Tel est le jugement de Napoléon Ier sur la situation
géographique de l'Italie [1].

Si jusqu'à ce jour il n'a pas été permis à l'Italie de

[1] Mémoires pour servir à l'histoire de France sous Napoléon, écrits
à Sainte-Hélène par les généraux qui ont partagé sa captivité, et publiés sur les manuscrits entièrement corrigés de la main de Napoléon, par le général Montholon, tom. III, p. 160, 162-63.

réunir toutes ses forces politiques, du moins elle a pu, dès les temps les plus reculés, profiter de sa situation heureuse pour se procurer les bénéfices et la gloire d'un immense commerce.

Dans cette création, comme dans toute autre partie de l'histoire italienne, nous voyons les Vénitiens marcher en tête, et se lancer sans concurrents comme sans guides dans cette voie de trafics, suivie plus tard par toutes les républiques de la Péninsule.

Au temps de Charlemagne les Vénitiens s'étaient déjà rendus maîtres du commerce d'Orient. Le moine de Saint-Gall raconte que les grands de la cour de cet empereur se procuraient les marchandises du Levant à Pavie, où elles étaient apportées par les Vénitiens. Ces derniers étendirent peu à peu leur commerce, et étaient déjà riches et puissants, alors que les autres peuples de l'Italie gisaient dans la misère et l'asservissement.

Les habitants d'Amalfi, sur les côtes de Naples, suivirent les traces des Vénitiens, et s'enrichirent sans trop s'inquiéter de conquérir une grande importance politique.

Leur commerce se faisait principalement avec les marchands de Constantinople. Luitprand de Pavie, envoyé en ambassade auprès de Nicéphore Phocas, n'ayant pas voulu payer certaines étoffes au prix que leur donnaient les Grecs, répondit qu'il trouverait ces étoffes en Italie. On lui demanda comment l'Italie pouvait se procurer ces marchandises venues de pays si lointains? Ce sont les Vénitiens et ceux d'Amalfi qui nous les apportent, répondit-il, et qui font de beaux bénéfices dans ce commerce.

Vers l'an mil les Pisans et les Génois entrent dans la lice et commencent à trafiquer sur les côtes de Barbarie. Ancône les suit de près, et devient pendant quelque temps la rivale de Venise dans le commerce avec l'Empire grec.

Dans toutes les mers, en un mot, qui baignent les côtes de l'Italie, des navires sans nombre sortis des cinq ports principaux et des autres moins importants, donnaient au commerce un mouvement tel que jamais on n'avait vu, ni même imaginé quelque chose de semblable.

La cause d'une telle impulsion provenait de l'indépendance presque absolue dont jouissaient les habitants de ces villes maritimes. Enhardis par leurs franchises et leurs richesses, ils savaient protéger leurs expéditions commerciales avec des flottes armées; et des guerres soutenues avec éclat les faisaient respecter partout où il le fallait. Ainsi, dans les premières années du XI\ :sup: siècle, les Génois et les Pisans attaquèrent la Sardaigne, et en mil soixante trois, les Pisans seuls saccagèrent les États du roi de Tunis.

Les grands passages en Terre Sainte favorisaient le commerce italien. Les Vénitiens, les Génois, les Pisans nolisaient leurs navires pour le transport des troupes dans ces contrées lointaines. Ces expéditions procuraient un double avantage aux Italiens, soit en raison du nolis des navires, soit à cause des priviléges que les princes chrétiens établis en Orient, accordaient sans difficulté aux entrepôts ou aux factoreries qu'ils y possédaient. Si l'on ouvre les annales de Venise dictées par Dandolo, celles de Gênes écrites par Caffaro, si l'on s'arrête à la trentième dissertation de Muratori sur les Antiquités du moyen âge, on verra bientôt combien était prospère et considérable en Orient la fortune de ces trois peuples navigateurs, tandis que les autres nations de l'Europe s'épuisaient en vains efforts pour conquérir un pays qu'elles ne devaient pas conserver.

Le commerce maritime fut la source la plus féconde de la richesse et de la puissance italiennes. Il convient donc avant tout que nous nous occupions des lois qui développèrent un tel commerce, pour considérer ensuite l'état de l'industrie et des échanges dans l'intérieur de la Péninsule.

A ce sujet, il est de notre devoir de reconnaître le service signalé qu'a rendu M. Pardessus [1] à l'étude de l'histoire de la législation générale et de la civilisation, en publiant la collection des lois maritimes antérieures au XVIIIe siècle. La critique judicieuse et la vaste érudition avec laquelle il a développé, dans toutes leurs parties, les documents mis au jour, donnent un tel prix à son ouvrage qu'on chercherait en vain une source plus abondante et plus sûre, pour exposer ces matières

---

[1] En parlant de tout ce que doivent à M. Pardessus les hommes qui se livrent à ce genre d'étude, personne ne croira, j'espère, que nous ayons oublié les grands travaux des célèbres Italiens qui ont illustré l'histoire de notre commerce, et parmi lesquels nous citerons Tanucci, *Histoire des trois célèbres peuples maritimes de l'Italie*; Filiasi, *Essai sur l'ancien commerce des Vénitiens;* Baldelli-Boni, *Histoire des relations réciproques entré l'Europe et l'Asie, depuis la décadence de Rome jusqu'à la destruction du califat.* Ces écrits ont ouvert la voie aux nombreuses et très-curieuses investigations sur les textes des lois anciennes qu'on n'aurait pas pu facilement examiner, confronter, marquer dans leurs moindres détails, si l'on eût manqué des moyens très étendus que M. Pardessus a recueillis au profit commun de la science.

sérieuses. Le libre examen que nous ferons de certains points, sur lesquels nous ne partageons pas les opinions de M. Pardessus, prouvera suffisamment la sincérité de nos études et l'impartialité de nos louanges.

Les principes du droit commercial recueillis par les Romains et conservés au Digeste, principalement sous le titre *De lege Rhodia de jactu,* ont précédé et disposé toute la législation commerciale de l'Italie [1].

On doit admettre que cette partie de la loi romaine qui confirmait la jurisprudence grecque, était des mieux connues et des plus appliquées au moyen âge, puisqu'on trouve bon nombre de manuscrits des siècles XI et XII qui ne contiennent que ce titre détaché du reste du corps des lois, pour l'utilité des navigateurs et des commerçants [2].

La célèbre réponse de l'empereur Antonin à Eudomon de Nicomédie : *Je suis le maître du monde, et la loi, la souveraine des mers* [3], éloignait du commerce tout

---

[1] La célébrité très reculée des lois Rhodiennes nous est attestée par Cicéron lui-même : *Rhodiorum usque ad nostram memoriam disciplina navalis et gloria remansit* (Pro lege Manilia). Outre cette loi Rhodienne il y a au Digeste divers titres qui contiennent des règles de droit commercial. Sous la rubrique *De exercitoria actione,* il est question des contrats de mer ; sous le titre de *Nautico fœnore* on traite du prêt à la grosse aventure dont l'intérêt est plus élevé que dans tout autre prêt, en raison des grands risques. Au titre V du livre XLIV du Digeste, on voit des dispositions contre la baraterie et le titre IX du même livre parle de l'incendie, de l'avarie, du naufrage et de la capture du navire. Le recueil intitulé : *Lois Rhodiennes,* publié pour la première fois en 1561 à Bâle par Simon Scardio, est considéré comme apocryphe.

[2] Dans la bibliothèque royale de Turin, on possède plusieurs de ces codes détachés.

[3] Liv. IX. Dig., de lege Rhodia.

soupçon d'arbitraire et tout prétexte à la mauvaise foi.

Les lois particulières, les règlements propres de chaque port, les habitudes introduites à la suite des divers genres de commerce qui se développaient progressivement, n'étaient que des suppléments et des appendices au droit commun fondé sur les traditions. C'est en effet aux traditions qu'il faut reporter le plus ancien texte du droit commun moderne à l'usage du commerce de la Méditerranée, c'est-à-dire le fameux *Consulat de la mer*. On a beaucoup disputé sur l'origine de cette compilation de règles, contenant les textes des décisions sur les points les plus douteux de la jurisprudence commerciale et les instructions pratiques du commerce maritime. Mais il semble que, sur ce point, il ne peut y avoir de contestation qu'entre l'Italie et la Catalogne.

Dominique Albert Azuni fit de grands efforts pour prouver que l'honneur d'avoir composé le *Consulat de la mer*, est dû aux Pisans [1]. Antoine de Capmany en fit autant en faveur de Barcelone [2]. M. Pardessus, après avoir résumé toute cette discussion, penche en faveur des Catalans.

Pour nous, nous n'avons jamais attaché une grande importance à recueillir des faits ambigus et peu accrédités, pour accroître d'une obole le patrimoine de gloire que chaque nation possède.

---

[1] Origine et progrès de la législation maritime. — Système universel des principes du droit maritime de l'Europe, p. 237.

[2] Memorias historias sobre la marina, commercio y artes de la antiqua ciudad de Barcelona, tom. I, liv. II, ch. 1, p. 153.

La gloire de l'Italie la met au-dessus de l'envie de tout ce dont une autre nation pourrait s'enorgueillir le plus ; loin de contester, nous admettrons volontiers que le *Consulat de la mer* est l'œuvre des Barcelonais. Il n'en est pas moins vrai cependant que cette compilation se compose de règles déjà posées et reconnues par des peuples plus instruits et mieux formés dans le commerce maritime. Dès lors on ne doutera pas que les Pisans et les autres peuples de l'Italie qui les premiers s'illustrèrent dans la navigation, n'aient été pour leur part, les auteurs de ces préceptes qui furent par la suite réduits sous forme de coutume authentique. Il semble que les négociants de Barcelone ne commencèrent à fréquenter les Echelles du Levant que vers le commencement du xiiie siècle, tandis que les Pisans les fréquentaient déjà depuis deux cents ans, et l'on peut conclure que ce fut à leur exemple que d'autres peuples s'aventurèrent dans ces mêmes eaux. On a beaucoup parlé des lois ou tables d'Amalfi, qu'on a prétendu avoir servi de règle à tout le commerce de ce peuple navigateur. Mais nous ne possédons pas de plus ancienne notice que celle de Freccia, jurisconsulte napolitain qui vécut au xvie siècle et qui a écrit [1] que la table d'Amalfi, remplaçait dans cette contrée la loi Rhodienne, et avait force de droit commun en matière de commerce maritime.

Le seul témoignage d'un auteur qui n'avait pas vu fleurir le commerce d'Amalfi et que des renseignements inexacts avaient pu facilement induire en erreur,

---

[1] *De sub feudis*, tit. 1, chap. 7.

ne suffit pas d'après nous, pour prouver l'existence d'une loi générale non confirmée par l'histoire ni par les documents contemporains.

Qu'il nous soit permis de suspendre notre jugement sur l'importance de la table d'Amalfi jusqu'à ce que des preuves suffisantes viennent nous démontrer ce qu'elle était. Rien n'est plus probable que l'existence de quelque loi particulière au port d'Amalfi, mais jusqu'à présent, il n'est pas démontré qu'elle ait servi de règle commune aux navigateurs de la mer Tyrrhénienne.

On connaît un autre code de commerce que M. Pardessus croit être d'une origine très-ancienne, antiquité qui ne nous paraît pas encore suffisamment prouvée. Ce code est intitulé : *Ordinamenta et consuetudo maris, edita per consules civitatis Trani*, et on voudrait le faire remonter à l'an 1063. Si cela est vrai, la coutume de Trani serait l'aînée de toutes les lois qui ont été faites en Italie sur la matière. Rédigée en italien, comme nous la voyons dans les deux éditions des statuts de Fermo, dont elle fait partie, cette loi, si elle était aussi ancienne qu'on veut le dire, nous fournirait la preuve que notre langue était déjà toute formée à une époque où, jusqu'ici, nous croyions qu'il en était à peine question. Voilà la première raison qui nous empêche de croire à l'ancienneté des règlements de Trani. On a répondu à cela que peut-être le texte primitif était incorrect et inculte (ce qui n'est pas dans l'édition imprimée), mais qu'il a pu être corrigé et repoli par ces réformateurs que nous avons vus si souvent chargés de corriger les statuts de nos communes. Mais la réplique est facile, la langue ordinaire

des lois, même des lois maritimes, était le latin
chez les Italiens, comme l'atteste le *Capitulare nauticum* des Vénitiens, et sans le secours d'autres arguments, on ne peut supposer qu'on ait fait cette traduction en langue vulgaire, chose presque inouïe à cette
époque [1]. Il y a d'autres raisons qui prouvent qu'une
telle compilation est postérieure au xie siècle. On y remarque en effet la qualification de *comte* attribuée à
Nicolas de Roger, l'un des trois compilateurs du règlement, et elle ne s'accorde point avec les usages du temps
supposé. M. Pardessus fait remarquer que ce n'est pas
là un titre d'investiture féodale, mais une simple désignation honorifique accordée aux professeurs de droit
comme l'était sans doute Nicolas; mais si l'on se sou-
vient qu'en 1063 l'école de Bologne n'était pas encore
ouverte, comment croire qu'il existait déjà des titres
honorifiques dont les docteurs n'ont été revêtus que
fort longtemps après que cette université avait renou-
velé l'enseignement du droit romain?

A ces considérations qui nous empêchent absolument
de nous joindre à l'opinion de M. Pardessus, nous ajouterons une observation qui a une grande importance.
En tête du chapitre xvi du règlement de Trani on lit :
« Nous, consuls susdits, nous proposons, disons et or-
donnons que, si un patron veut embarquer un secrétaire,
celui-ci doit avoir prêté serment devant sa commune, et

---

[1] Il reste encore des pièces relatives à la diplomatie et au commerce des Vénitiens écrites en langue vulgaire, mais elles ne remontent pas au delà du xiiie siècle. Voy. Cantù, *Scorsa di un Lombardo negli archivi di Venezia.* Milan et Vérone, 1856, p. 136 et
suiv.

être homme de bien. » M. Pardessus traduit *jurato del suo commune* : qui devra prêter serment à la communauté du navire; nous, au contraire, nous croyons que ces mots signifient que le secrétaire devait prêter serment devant le magistrat communal de son pays ; dire que *commune* a rapport à la communauté du navire, serait donner à ce mot une signification par trop inusitée, et trop éloignée du sens ordinaire, pour qu'elle puisse convenir à l'idée de M. Pardessus. Par contre si elle est prise dans le sens que nous lui donnons, outre que la locution devient très claire, elle se rapporte aussi mieux à des temps postérieurs, alors que le mot *commune* indiquait avec précision l'autorité du gouvernement municipal. Enfin il ne faudra pas négliger l'avertissement de ce savant correspondant de M. Pardessus qui lui écrivait : *En 1063, Trani ne pouvait avoir les grands développements de commerce et de juridiction consulaire que supposent les règlements dont il est question*[1].

De tout ce qui précède, on peut conclure que la date de 1063 assignée aux règlements de Trani, n'est pas exacte, et qu'il faut peut-être la remplacer par celle de 1363, d'après les motifs d'induction exposés par M. Pardessus lui-même. Bien que la digression que nous venons de faire ne s'accorde pas avec la célérité avec laquelle marche notre histoire, nous ne pouvions pas l'éviter sans encourir le reproche d'être trop prompt à admettre ou à rejeter un fait d'une grande importance pour nos études[2].

---

[1] Collection des lois maritimes, t. V, p. 218.

[2] Nous sommes forcé de prolonger encore cette digression pour mettre le lecteur au courant de la discussion qui s'est établie sur

En parlant des lois municipales, nous avons vu comment dans certaines contrées, elles se divisaient en deux codes, l'un appelé *Constitutum legis*, l'autre *Constitutum usus*. Dans ces secondes constitutions se groupèrent les ordonnances du commerce maritime réglées principalement par l'usage. Un diplôme de Henri IV de 1081 publié par Muratori[1], promet aux Pisans la conservation de leurs constitutions commerciales conformément à leurs usages. Les Pisans avaient consigné dans le *Breve*

cette question après la publication du premier volume de l'original italien de notre histoire, faite en 1840.

M. Louis Volpicella, auteur d'un livre fort estimé : *Le consuetudini della citta d'Amalfi ridotte a miglor lezione ed annotate*, imprimé à Naples en 1849, s'est attaché à fixer la date des ordonnances maritimes de Trani. M. Volpicella combat l'opinion de M. Pardessus partagée par M. Libri et ne se range pas non plus à la nôtre ; il croit que ces ordonnances doivent être rapportées à l'an 1183. Il oppose à M. Pardessus que, en 1063, dans toute la Pouille, l'usage était de dater les actes d'après la chronologie des empereurs de Constantinople, et que, au XIᵉ siècle, on ne se servait encore point dans ce pays de noms de famille, tandis que dans le document dont nous parlons les trois consuls qui ont rédigé ces ordonnances, sont désignés par leurs noms de famille.

M. Volpicella objecte à la correction que nous avons proposée qu'au milieu du XIVᵉ siècle la ville et le port de Trani étaient tellement déchus de leur ancienne importance, qu'on ne saurait leur accorder l'honneur de la promulgation de ces coutumes. Un savant français, M. Eugène de Rozière, dans une dissertation insérée au tom. Iᵉʳ (p. 189) de la *Revue de droit français et étranger*, a pris la défense de l'opinion de M. Pardessus. Enfin un savant italien, M. Ch. de Cesare, vient de soulever de nouveau cette discussion dans l'*Archivio storico italiano* (tom. XII, p. 53-54), sans arriver à une conclusion définitive. Nous nous arrêtons ici. Puisqu'aucun nouveau document n'est venu en aide à aucun des différents avis exprimés sur la question, elle ne peut encore être décidée. Il nous semble seulement que les arguments opposés à l'opinion de M. Pardessus n'ont pas été jusqu'à présent complétement réfutés.

[1] *Antiquit. med. œvi*, IV, p. 19.

curiæ maris, un règlement spécial aux procès en matière de navigation. Pour s'accommoder de plus en plus aux besoins des parages lointains où s'étendait son influence, Pise faisait des règlements spéciaux tels qu'on les trouve dans le *Breve* donné au port de Cagliari en 1319 [1]. C'était un adieu que Pise, sur le point de perdre sa souveraineté sur cette partie de la Sardaigne, faisait à ses anciens sujets [2]. Si l'on ne trouve dans la législation commerciale de Venise aucun document précis qui remonte au delà du XIIe siècle, il résulte néanmoins que les règlements qu'elle fit à cette époque n'étaient que la réforme et le renouvellement de lois anciennes. L'historien de la littérature vénitienne, Marc Foscarini, avec sa grande sagacité pense que les vieux statuts de cette République furent abandonnés en 1215 pour accepter le *Consulat de la mer*; d'autres ont ajouté que cette acceptation avait eu lieu avec grande solennité à Constantinople, mais il n'existe pas de preuve de ce fait. Plus tard, en 1255, parut le *Capitulare nauticum*, œuvre remarquable de la sagesse vénitienne, premier texte d'une loi complète qu'on connaisse sur la marine militaire et marchande, et qui porte en tête la preuve qu'elle n'était dans l'origine qu'une réforme [3].

Le *Capitulare nauticum* marque les grands progrès

---

[1] Le texte de ce *Breve portus Kallaritani,* en date du 15 avril 1319, extrait des archives Roncioni de Pise, est imprimé par M. Pardessus dans sa collection ; dans la bibliothèque de S. M. le roi de Sardaigne, on en a une copie plus soignée et mieux corrigée.

[2] Manno. Histoire de la Sardaigne, liv. IX.

[3] *Hæc sunt statuta et ordinamenta super navibus et lignis aliis quæ emendata, reformata et correcta fuerunt anno MCCLV.*

que les Vénitiens avaient déjà faits dans la législation maritime. Il renferme sur les cas douteux des décisions tellement nombreuses et d'une telle nature, qu'elles ne pouvaient être prévues que par un peuple instruit par une longue expérience. Plusieurs règles de l'ancienne jurisprudence sont changées dans ce statut, et le changement le plus marquant est relatif au cas de contribution pour cause d'avaries.

Le droit vénitien s'éloignait du droit commun sur certains points et il fut imité dans les lois d'Ancône et de Trani. Il est probable que tout le commerce et le cabotage du golfe Adriatique se réglaient d'après les statuts de la reine de ces mers. Il semble même que par la suite, les Vénitiens se plièrent aux usages du *Consulat de la mer*, peut-être pour se rapprocher davantage des autres nations qui naviguaient dans la Méditerranée.

On ne connaît pas bien les premiers documents de la législation maritime de Gênes; mais dans un statut de 1143 publié récemment, et dont nous avons déjà parlé [1], on trouve une loi sur les taxes en cas de guerre, et la ratification des conventions passées entre la République et l'empereur de Constantinople. C'étaient les premiers traités conclus avec Jean Comnène, lesquels devaient ouvrir cette série de relations qui bientôt élevèrent si haut la puissance génoise depuis le Bosphore jusqu'aux bouches du Volga [2]. Mais déjà auparavant,

---

[1] C'est celui qu'a illustré M. Raggio et qui est inséré dans le IIe volume des *Monumenta historiæ patriæ*, etc.

[2] Voy. le livre du comte Louis Sauli, *de la Colonie des Génois a*

c'est-à-dire du temps de la première croisade, les Génois avaient établi une colonie à Saint-Jean-d'Acre, gouvernée par leurs propres lois. Leurs conventions avec le nouveau roi de Jérusalem, furent écrites en lettres d'or, sur une arche de l'église du Saint-Sépulcre, au dessus de laquelle on lisait l'inscription : *Præpotens Genuensium præsidium.*

Le grand registre de la république de Gênes, connu sous le nom de *Liber iurium*, que le Comité royal d'histoire nationale a publié à Turin en 1854 et 1857, contient un grand nombre de documents qui prouvent l'ancienneté et l'étendue des concessions faites par les rois de Jérusalem au profit des Génois. Le plus ancien appartient à Baudoin et porte la date de l'année 1104.

Un vaste commerce, fruit de sages conseils et d'entreprises hardies, ne permet pas de douter que les Génois n'aient eu des règles certaines pour leurs transactions commerciales. Probablement ces règles ne différaient pas des coutumes générales des autres peuples navigateurs, et qu'on n'écrivait pas, parce que tous les connaissaient.

A partir du xive siècle, Gênes ne manqua pas de documents de jurisprudence maritime pour ses établissements du Levant, point principal de ses entreprises. La collection qu'on en conserve est intitulée *Oficium Gazariæ* et tire son nom de la contrée déjà habitée par les tribus nomades de Gazari qui avaient fondé la colonie de Caffa, l'ancienne Théodosie.

Galata, avec les nombreux documents qui se trouvent à la fin du IIe vol. de cet ouvrage.

L'*Oficium Gazariæ* comprend les diverses lois publiées de 1313 à 1344 [1].

Le gouvernement de la colonie de Caffa jouissait d'une grande liberté d'action. Le consul qui en était le chef ne restait qu'une année en fonctions; ce terme expiré, il devait cesser d'exercer son autorité, sous peine d'une amende de 500 livres génoises. Si le successeur que la République devait lui envoyer n'était pas encore arrivé, le grand conseil procédait à l'élection d'un consul intérimaire. Toutes les délibérations devaient être prises du consentement de la majorité du grand conseil. Le petit conseil était chargé des détails de l'administration. Les autres colonies génoises sur la mer Noire, se réglaient d'après les mêmes formes d'administration [2].

Nous allons maintenant examiner plus attentivement certaines parties de ce que nous appellerons droit commun maritime de l'Italie.

Les Italiens abolirent de bonne heure le droit, ou plutôt l'abus horrible de dépouiller les naufragés de tous leurs biens, usage qu'on semblait avoir emprunté aux

---

[1] Dans l'édition de l'*Oficium Gazariæ*, publiée par le comte Louis Sauli, et insérée dans le deuxième volume des *Monumenta historiæ patriæ*, on trouve un décret portant la date de 1304 (p. 344). On remarque une faute de copiste sur ce chiffre, puisque ce décret tend à assurer l'exécution d'un règlement antérieur appartenant à l'an 1331. L'édition de M. Sauli est la répétition très-fidèle du code manuscrit qu'on conserve dans les archives de la banque de Saint-George.

[2] V. *Manuale di Storia del commercio, dell' industrie e dell' economia politica* du chev. Jérôme Boccardo. Turin, 1858, p. 139-40. V. *Il mar nero e le colonie degli Italiani nel medio evo*, par M. Canestrini. — *Archivii storici italiani*, nuova serie, t. V, 1re livraison.

oiseaux de proie, prêts à assouvir leur faim sur les cadavres que leur donne la tempête. L'Église avait solennellement condamné le droit d'épave dans le concile de Latran tenu en 1070. Un siècle plus tard l'empereur avait intimé une pareille défense [1].

Frédéric II, d'accord avec le pape Honorius III, avait aboli les droits de naufrage et d'aubaine. Venise ne tarda pas à suivre cet exemple généreux. Mais la cupidité humaine ne négligeait rien pour éluder l'intention des lois. Pour détruire ces coupables pratiques, les gouvernements eurent recours à certaines mesures analogues à celles qu'on a prises de nos jours pour arrêter la traite des noirs, action plus infâme et plus cruelle encore que le droit d'épave. Les États conclurent entre eux des traités par lesquels ils s'obligeaient réciproquement à abolir ce droit. En 1268 un traité de ce genre fut convenu entre Conradin et la république de Sienne. En cette même année il y eut un semblable traité entre la Seigneurie de Venise et saint Louis, roi de France. En 1434 Barcelone traitait avec Venise dans un but semblable. Nous ne parlerons pas des taxes ou comme on dit des droits d'ancrage, d'abordage et autres de ce genre, imposés aux navigateurs qui relâchaient dans un port [2].

---

[1] Frédéric Ier par une constitution de 1172, relatée par Conciani, *Barbar. leyes antiq.*, tom. VI, p. 17, et Frédéric II par son authentique *Navigia*, cod. *de furtis*, qui se fait remarquer par son inscription : *Nova constitutio de statutis et consuetudinibus contra Ecclesiæ libertatem editis tollendis*, et par là on reconnaît que l'abolition de cette coutume barbare, devenue universelle (*omnium locorum consuetudo*), est due à l'Eglise.

[2] Voy. dans le Lexicon de Ducange aux mots *Ancoragium curratum*,

C'était le temps où l'utilité apparente de la perception immédiate d'un droit prévalait sur des intérêts plus considérables mais éloignés que produisent les échanges réciproques. Et, ne soyons pas étonnés que telles aient été les croyances de ces hommes non encore instruits sur les vrais principes de l'économie politique, alors qu'il est difficile même aujourd'hui de détruire des erreurs du genre de ces anciennes institutions [1].

Deux découvertes, ou plutôt deux inventions dues. aux Italiens, donnèrent le plus grand développement au commerce de toute nature; ce fut la lettre de change et l'assurance. On a beaucoup discuté sur l'origine de la lettre de change, que les uns font remonter au VIIe siècle et d'autres au Xe. Nous dirons avec M. Blanqui [2] « que l'invention est due bien plutôt aux » marchands italiens qu'aux brocanteurs juifs de ce » temps, ceux-ci n'ayant pas eu occasion de se livrer » d'aussi bonne heure que les autres au commerce de » place en place qui a probablement suggéré cette idée.

exclusaticum, foraticum, gabella, geranium, mensuraticum, mediaticum nautaticum, passagium, pedagium, plateaticum, palifictura, ponderagium, pontaticum, portaticum, portulaticum, pulveraticum, ripaticum, rotaticum, teloneum, transitum, viaticum, et autres semblables. Nous avons cité ces mots parce qu'ils expliquent leur signification à peu près, et prouvent combien les communications étaient entravées par de pareils péages.

[1] On peut lire de fort curieux détails sur la législation en matière de finances au moyen âge, particulièrement pour ce qui a rapport à l'Italie, dans le livre de M. le chevalier Louis Cibrario : *Della economia politica del medio evo*. Ce livre qui compte déjà plusieurs éditions, a aussi été traduit en français.

[2] Histoire de l'Economie politique, tom. I, p. 907.

» Le nom même de la lettre de change qui était primiti-
» vement italien, semble en indiquer les véritables au-
» teurs, et la première ville où l'on en fit usage, Lyon,
» alors l'entrepôt de l'Italie, est un indice de plus. »

On doit croire également que l'assurance, fondée sur le calcul des probabilités, et couvrant toute espèce de propriété contre des dangers ou des risques imprévus, a dû être l'œuvre de la perspicacité italienne. Ce contrat très usité de nos jours, fut pratiqué en Italie dès le XIVe siècle. François Balducci Pegolotti [1], qui écrivait vers cette époque, parle de contrats sur les *risques de mer et des gens*, et le *Breve* du port de Cagliari dont nous avons parlé, prévoit les cas de *naulegare* et *sigurare*. En cela aucun autre peuple ne saurait disputer la priorité aux Italiens.

Le commerce de terre n'était pas moins florissant que celui de mer dans la Péninsule.

Les histoires les plus récentes et les ouvrages d'économie politique [2] ont tant vanté la prospérité de l'industrie et du commerce des républiques italiennes, que nous estimons inutile de nous attacher à autre chose qu'aux grands résultats qui sont indispensables pour éclaircir le sujet de nos investigations.

---

[1] Dans l'itinéraire imprimé dans la *Decima* de Pagnini, quelques écrivains observent qu'il est parlé d'assurance maritime dans les lois de Wisby, sur la date desquelles M. Pardessus a selon son habitude disserté amplement et avec le concours d'une grande érudition, dans le premier volume de sa collection.

[2] Voy. la 30e dissertation des *Antiquit. med. œvi* de Muratori. Sismondi, *Histoire des républiques italiennes.* Pecchio, *Histoire de l'économie politique en Italie.* Blanqui, *Histoire de l'économie politique.* Cibrario, *Economie politique au moyen âge,* etc.

Les manufactures des produits indigènes et étrangers étaient très nombreuses. La circulation des capitaux était vaste et rapide, la richesse publique prit des proportions qui même aujourd'hui paraîtraient extraordinaires. Le soin des gouvernements se portait sur ces sources intarissables du bien-être général.

La statistique et le système financier étaient connus dans la pratique, ou pour parler plus exactement, étaient créés par les prévoyants recteurs des communes et la science existait déjà, avant qu'on en eût donné les définitions si précises aujourd'hui. Nous n'avons qu'à nous en référer aux exemples si souvent cités de la balance des dépenses et des recettes de la république de Florence, depuis 1336 jusqu'à 1338, et au compte-rendu de 1421, fait par le doge Mocenigo à la Seigneurie de Venise [1].

Les républiques italiennes, écrit M. Blanqui, « avaient » déjà mis de l'ordre dans l'industrie avant que saint » Louis y eût fondé les corporations; la puissance de » leurs gouvernements ne semblait pas avoir d'autre » mission que de protéger les intérêts du travail [2]. » Il n'y a pas de louange plus sincère que celle qui vient d'un étranger, mais on doit ajouter que les corporations s'étaient établies bien antérieurement en Italie, et que sous le nom d'*Arts*, elles avaient entrepris dans certains endroits de gouverner l'État, ainsi que nous l'avons déjà dit.

Nicolas Machiavel reprochait aux Florentins de

<hr>

[1] Blanqui, Histoire, etc., tom. I, p. 20.
[2] Ibid., p. 304.

s'être trop abandonnés au commerce, et d'avoir ainsi oublié le métier des armes avec lesquelles ils auraient dû défendre leur liberté. Il n'y a pas de doute que le caractère mercantile de ces républiques, après leur avoir été d'une grande utilité, finit par gâter leurs institutions. Mais ce n'est pas là seulement qu'il faut voir la cause de la ruine de ces Etats ; les jalousies municipales, le peu de respect pour les lois intérieures, et les menées continuelles de la politique étrangère, contribuèrent plus que tout autre à la destruction des anciennes institutions. C'est ainsi que l'on arrive jusqu'au XVIᵉ siècle, où Charles V mit le comble à l'œuvre de l'asservissement de l'Italie.

Si l'existence des corporations des *Arts* prouve la puissance que l'industrie avait acquise en Italie, elle accuse en même temps l'avidité de ceux qui substituaient la tyrannie à sa protection. A cette époque en effet, on ne ménageait ni les sujétions, ni les embarras, ni les inquisitions pour assurer chez les sujets la perception des impôts que l'on appelle aujourd'hui impôts indirects. Aux lois qui prohibaient sévèrement l'importation des produits manufacturés, dont on craignait la concurrence, se joignaient des peines sévères contre les artisans qui auraient porté à l'étranger la moindre notion sur le secret des métiers, et la méthode de fabrication employée dans les diverses fabriques.

On était *protectionnistes* outrés. C'est un système dont le résultat immédiat frappe plus que celui produit à la longue par la libre concurrence. On ne peut pas dire même aujourd'hui que ce système ait fait son temps. La politique s'y trouve mêlée assez pour retarder les progrès de la liberté [1].

A côté de ces prescriptions restrictives et souvent sordides, étendait ses racines le grand principe de l'association. Les Italiens ne tardèrent pas à s'apercevoir du progrès infini des forces multiples réunies. Les compagnies du commerce leur avaient assuré la paisible possession des trafics de l'Orient. Après la première moitié du XIIe siècle nous voyons établie à Tyr la société qui s'était formée à Pise sous le nom des *Humbles* (*Societas humiliorum*), humilité glorieuse et factice s'il en fut. Tout occupée de commerce elle ne laissait pas que de secourir les armées des croisés et en était récompensée par de grands privilèges [2].

Depuis que le commerce des Italiens se tourna vers le côté occidental de l'Europe, il se forma sous le nom collectif de *Lombards*, une grande société de tous les marchands. Elle avait ses chefs et envoyait ses ambassadeurs ; elle était constituée en somme comme une vraie république qui traitait avec les princes dont elle approvisionnait les Etats de ses marchandises. Elle conclut plusieurs traités publics pour assurer les communications commerciales, et surtout pour empêcher qu'on n'accrût à son détriment les primes et les droits. En 1238, Louis de Savoie, seigneur de Vaud, donna un

---

[1] Voy. à ce sujet un livre rempli d'aperçus curieux et de réflexions piquantes : Letters to the president on the foreign and domestic policy of the Union and its effect as exhibited in the condition of the people and the state, by H. C. Carey. — Philadelphia 1858.

[2] Concession de 1188 accordée par Guillaume de Montferrat au nom des chevaliers du Temple et de Saint-Jean ; dans Muratori, 30e dissertation.

sauf-conduit aux procureurs de la compagnie des marchands de la Lombardie, de la Toscane et de la Provence, représentant l'universalité des négociants de Milan, de Florence, de Rome, de Lucques, de Sienne, de Pistoie, de Bologne, d'Orvieto, de Venise, de Gênes, d'Albe, d'Asti et de la Provence [1].

Cette compagnie de négociants (*universitas mercatorum*), gouvernée par des chefs, appelés tantôt consuls, tantôt capitaines, portant dans ses armes une étoile et une bourse, emblêmes de son but et de sa confiance, entretenait des relations avec la France principalement, où, grâce aux priviléges que lui avaient accordés les rois de cette nation, elle traitait de puissance à puissance. Une charte du 2 mars 1278, publiée récemment, contient l'indication détaillée de tous ces priviléges, et comme l'observe avec opportunité le savant éditeur, elle aurait besoin d'un commentaire étendu que nous ne saurions faire ici [2]. Nous dirons seulement que les franchises dont jouissaient les Italiens établis à Nîmes, étaient très étendues. Pour un don modéré, appelé droit de vente, mis à la charge du vendeur et de l'acheteur par portion égale, nos commerçants étaient assimilés aux bourgeois de Paris ; par là ils devenaient exempts du paiement des taxes, de la milice et de toute autre sorte de charges ; ils conservaient leurs lois nationales, l'usage

---

[1] Document existant dans les archives de la Chambre royale des Comptes, à Turin.

[2] Publié par M. Libri dans le Journal des Savants, livràison d'octobre 1838, p. 618, où on lit plusieurs documents précieux sur l'histoire du commerce italien en France, pendant les siècles XIII et XIV.

de leurs propres mesures, payaient un faible loyer
et étaient sous la sauvegarde spéciale des officiers
royaux. Le roi abolissait en leur faveur les droits d'aubaine, de detraction et d'épave, et promettait que dans
le cas où, par suite de leur mauvaise conduite, il se
verrait obligé de chasser ces négociants du royaume,
il leur accorderait un sursis d'un an et quarante jours
pour mettre ordre à leurs affaires.

La puissance ecclésiastique concourait à rendre in-
violables les contrats commerciaux conclus sous la foi
du serment et à les mettre à l'abri de toute fraude.
Les excommunications qu'elle fulminait contre quiconue
que aurait manqué à ses promesses avaient alors plus
de portée que les discours des princes et le fracas des
armes.

Toutes les branches du commerce d'Occident étaient
donc entre les mains des négociants italiens communément connus sous le nom des Lombards; sous ce
rapport l'Italie s'appelait alors la Lombardie. Aujour-
d'hui encore dans les trois villes les plus renommées
par l'étendue de leur commerce, telles que Paris,
Londres et Amsterdam, il y a des quartiers distincts
désignés sous le nom ancien de Lombards qui les ont
habités et où ceux-ci avaient établi le principal centre
de leur commerce.

Il se forma une juridiction spéciale pour les procès
commerciaux, et l'on chercha à y abréger les formes
judiciaires pour ne pas laisser les capitaux improduc-
tifs et la bonne foi en suspens.

Cette juridiction était de deux espèces; l'une, celle
des consuls envoyés à l'étranger par un Etat, et ces

agents avaient la double mission de veiller à tous les actes du commerce national et de juger les affaires entre les négociants nationaux résidant dans le pays où ces consuls étaient accrédités. L'autre, connue aussi sous le nom générique de juridiction consulaire, s'exerçait à l'intérieur par des juges chargés de statuer sur toutes les contestations de commerce. Ces juridictions privilégiées, étaient la conséquence des corporations des arts et métiers qui, comme nous l'avons vu, existaient en Italie depuis les temps les plus reculés.

Indépendamment des tribunaux spéciaux, il y eut des preuves privilégiées pour les causes commerciales, et dans plusieurs endroits il fut prescrit que les livres de commerce régulièrement tenus par les négociants, sous la surveillance du juge, feraient foi en justice. Un statut de Florence alla même jusqu'à reconnaître que ces livres valaient titre authentique, et qu'ils conféraient implicitement hypothèque sur les biens des débiteurs qui y étaient inscrits [1]. On doit aux Italiens l'invention des théories du crédit, des moyens d'accélérer la circulation du numéraire et du change. L'histoire ne mentionne aucun peuple qui ait commencé avant les Italiens, ou en même temps qu'eux, à imaginer et à mettre en pratique ces institutions qui, après une certaine expérience, donnèrent lieu à ces admirables combinaisons qu'on a appelées à bon droit, la magie du crédit.

La banque de Venise fut instituée dès l'an 1171 et la nature de cet établissement a pu être appréciée dans

---

[1] Ansaldi, *de Commercio et mercatura*, discursus generalis, n° 94.

les documents publiés après la chute de la République[1].

M. Blanqui parle en ces termes des opérations de la banque de Venise[2]. « C'était une banque de dépôt qui » ouvrait des crédits aux bailleurs de fonds pour faci- » liter les paiements et les revirements. La caisse ne » retenait aucun droit de garde ni de commission, et » ne payait aucun intérêt; mais ses certificats de dépôt » faisaient les mêmes fonctions que le numéraire. » Il est à craindre que M. Blanqui ne soit tombé ici dans quelque confusion et qu'il n'ait attribué à la vieille banque primitive de Venise, le caractère particulier de la banque de circulation (*Banco-giro*) qui ne fut établie que plus de quatre siècles après (en 1585), et dont nous parlerons dans le second volume de cet ouvrage.

Le commerce de l'argent monnoyé fut pratiqué en Italie dès les temps les plus reculés. Dans presque toutes les villes, même dans les moins importantes, il y avait des banques de prêt et de change. Nous lisons dans un statut de Suze, première ville qu'on rencontre en descendant le revers des Alpes-Cottiennes, le précepte suivant : *Cambiatores extranei cambitionem non accipiant nisi ab indigenis cambiatoribus*[3].

Par là on visait à prévenir les abus que les usuriers étrangers et les juifs en particulier pouvaient commettre au préjudice des habitants. Ces banques

---

[1] Daru, *Histoire de Venise*, vol. VII, pièces justificatives, section II, § 5. La date de la fondation de la banque de Venise est assignée à l'année 1157, dans l'ouvrage intitulé : *Venezia e le sue lagune*. Ce livre a été écrit avec beaucoup de soin par des hommes versés dans l'histoire de l'ancienne République.

[2] *Histoire de l'économie politique*, t. I, chap. xx.

[3] Monumenta historiæ patriæ, leges municipales, p. 8.

s'appelaient communément *Casane*. Les chroniques d'Asti [1], racontent que les habitants de cette ville, très commerçante alors, entrèrent en France, en 1226, et qu'ils s'adonnèrent aux changes concurremment avec les négociants de Cahors déjà en possession de cette industrie. Il est connu que les Italiens augmentèrent ainsi leurs richesses et devinrent les principaux banquiers de l'Europe, et que c'était à eux que recouraient les princes qui avaient besoin d'argent.

Avec les gros bénéfices produits par l'accroissement du crédit, et la circulation des capitaux, apparurent les graves inconvénients qui suivent toujours les rapides oscillations survenues dans le cours du prix des marchandises. Une décrétale du pape Alexandre II, qui vivait dans la seconde moitié du XIIe siècle, renferme à ce sujet des particularités curieuses. Elle est adressée à l'archevêque de Gênes et est conçue en ces termes [2] : « Il » arrive souvent, y dit-on, que dans cette ville, certaines » gens achètent du poivre, de la canelle et autres mar- » chandises dont le prix, au moment de l'achat, ne dé- » passe pas 5 livres, et ils promettent de les payer aux » vendeurs six livres à terme fixe. Bien qu'on ne puisse » pas dire que ces contrats soient usuraires, il n'en est » pas moins vrai que ceux qui les font commettent un » péché, alors qu'il n'y a pas de doute qu'il survienne » une augmentation ou une diminution sur le cours » de ces marchandises, au moment du paiement. Vos » concitoyens feraient donc bien de s'abstenir de faire

---

[1] Voy. Muratori R. J. S.
[2] *Decretal. Gregorii IX de usuris*, cap. VI.

» des contrats de cette nature, car les pensées des
» hommes ne demeurent jamais cachées au Dieu tout
» puissant. »

N'est-ce pas là un essai de ces spéculations incertaines
si répandues aujourd'hui sous le nom de jeu à la
hausse et à la baisse, qui ne sont pas l'effet exclusif du
commerce des fonds publics? Mais déjà la fondation
de ces fonds publics avait eu lieu depuis bien longtemps
en Italie ; à Florence, par exemple, dès 1371 on dut
songer à mettre un frein à ces spéculations devenues
excessives, en frappant d'une taxe la vente de ces capitaux [1]. Il faut savoir que les Florentins, doués d'un
esprit admirablement porté à trouver des ressources
inouïes dans les finances et à étendre leur crédit, fondèrent le *Mont*, ce qu'on appellerait aujourd'hui dette
publique. On en fit le premier essai en 1336 ; le second
eut lieu en 1353, et l'établissement y fut assis sur de
plus larges bases. Le capital était de huit cent mille
florins d'or, [2] l'intérêt était fixé à un denier par livre,
par mois. Les fonds placés sur le Mont ne pouvaient
pas être saisis par voie de justice, toute facilité était
accordée pour les mettre en mouvement. Le gouvernement respectait religieusement sa promesse et les
citoyens se hâtaient de déposer leurs fonds au Mont.
L'objet des opérations du Mont a été traité avec tant de
précision dans les idées et tant de vivacité de style par
Mathieu Villani, au chapitre cvi du livre III de son
histoire, que nous y renvoyons nos lecteurs désireux de
bien connaître ces matières.

[1] *Delizie degli eruditi Toscani*, t. XIV, p. 97.
[2] Aujourd'hui 16,926,000 francs.

Gênes, déchirée par la fureur des factions, trouva son salut dans une institution de nature financière, mais tellement unie aux destinées du gouvernement qu'elle en soutint le commerce, en calma les agitations et en assura la durée.

Ainsi commença la banque de Saint-George dont nous avons dit un mot en parlant des lois municipales; elle fut fondée en 1346, alors que la République confia à quatre plébéïens, le soin de pourvoir aux besoins de l'État et au salut de la patrie.

Ces quatre citoyens proposèrent et la Seigneurie ordonna qu'on armât un nombre de galères suffisant pour maintenir dans l'obéissance les citoyens émigrés. Cette flotte était mise sous les ordres du doge pour les expéditions guerrières, et sous les ordres du conseil des associés à la banque en ce qui concernait les affaires du commerce; en temps de paix ces galères étaient employées à des voyages et à des entreprises commerciales au profit des associés. Pour faire face aux dépenses d'équipement et d'armement, le gouvernement remit entre les mains de la société, à titre de nantissement, une partie des droits de gabelle, pour être répartis entre les associés en proportion de leur contribution à la fondation de la banque. Telle fut l'origine de cet établissement, appelé depuis à fournir à l'État les subsides nécessaires. On lui confia l'administration de toute espèce de gabelle et de revenus publics. Les administrateurs de la banque, répondirent pleinement à la confiance publique et aux espérances des citoyens. Peu d'années s'étaient écoulées, et la banque de Saint-George s'était déjà emparée de l'île de Corse et de plusieurs villes des Rivières adjacentes [1]. On peut affirmer qu'elle servit de modèle aux autres établissements de ce genre qui chez d'autres nations mirent entre leurs mains le commerce des Indes.

C'est en Italie que prirent naissance les Monts-de-piété; c'est à deux moines, frère Barnabé de Ferni et frère Bernardin de Feltre, qu'on attribue l'honneur de la création de ces établissements destinés d'abord à soulager la misère, en offrant de l'argent à emprunter, sur simple gage, sans paiement d'intérêt. Cette belle institution ne tarda pas à dégénérer; on s'empara de l'idée charitable pour la plier à des conditions usuraires. Des banques de ce genre établies au-delà des monts, conservaient en souvenir des anciens fondateurs, le nom de *maisons des Lombards* [2].

La profession commerciale devenue aussi agréable qu'utile aux Italiens, était entourée de la plus grande considération. Le commerce avait été la source de la grandeur commune : par suite, lui refuser honneur et hommage c'eût été pour les plus illustres familles italiennes, méconnaître la splendeur de leur origine. Partant, il fut admis dans les plus célèbres villes de l'Italie que le commerce ne faisait pas déroger [3].

---

[1] *Histoire de la république de Gênes*, de Charles Varèse, tom. II, p. 246-48.

[3] Savary, Dictionnaire universel de commerce, voy. Lombard.

[2] Ansaldi, L. C. n. n. 71 et 81. V. *Etablissements de la religion de Jérusalem* au titre de *la réception des frères*. A Milan l'exercice du commerce n'était incompatible avec aucune des plus hautes positions sociales. Ce ne fut qu'en 1593 que le collége des jurisconsultes de cette ville, sorte de noblesse patricienne, fit un décret pour exclure de son sein les commerçants.

Si après les temps barbares les Italiens firent revivre le commerce, s'ils le développèrent et le conduisirent à l'état d'instrument de la puissance politique et civile, l'étude des lois qui lui sont propres fut cultivée avec non moins de zèle par nos compatriotes. L'école de la jurisprudence commerciale peut être considérée comme étant tout-à-fait italienne par l'origine et les principes.

Mais le génie des Italiens ne s'arrêta point au cercle du commerce privé et aux intérêts des commerçants, il ne tarda pas à s'élever jusqu'aux relations qui lient le bien public aux richesses, et les premiers, ils firent une science de l'économie politique. Nul ne peut, croyons-nous, contester cette priorité aux Italiens. Bien avant que les écrivains se livrassent à de pareilles études, les hommes pratiques en avaient examiné et mis à exécution la substance. On obéissait aux sages préceptes de finance et de statistique sans prévoir qu'ils pourraient paraître bientôt sous forme de science politique. — L'art dans ce cas a précédé la science.

Le premier objet auquel s'attachèrent les écrivains qui entreprirent l'étude de la science économique fut le numéraire. L'activité de la circulation des capitaux, les grands produits obtenus en Italie par le change et le commerce des métaux, nous expliquent pourquoi cet examen précéda les autres. C'est peut-être avec quelque raison que Ganilh observait, *que l'Italie se fit toujours remarquer par la mauvaise qualité de sa monnaie et par les meilleurs ouvrages sur le système monétaire* [1].

---

[1] Il est bon cependant de faire observer que les Papes, entre autres

Nous nous réservons de tracer un tableau de l'école d'économie politique italienne quand nous serons parvenus à la seconde partie de cet ouvrage. C'est alors qu'une série de noms illustres, à commencer par ceux de Davanzati et de Seonetti, viendra se placer sous les yeux de nos lecteurs. Nous avons déjà parlé de la juridiction consulaire, mais nous ne devons pas manquer d'ajouter que la première institution des consuls à l'étranger appartient à l'Italie. Ce n'était pas peu de choses, dans ces temps reculés, que de faire reconnaître par des gouvernements méfiants et jaloux, des représentants d'un autre pays, chargés de protéger les personnes et les biens de leurs concitoyens. Gênes avait des consuls à Antioche en 1098, à Jaffa, à Césarée, à Saint-Jean-d'Acre en 1105; à Tripoli en 1100; à Laodicée en 1108 et en 1127. Pise obtint la même faculté dans les principales places du Levant en 1105. Venise tenait des consuls à Jaffa depuis 1099, à Jérusalem en 1111 et en 1113, à Antioche en 1167, à Beyrouth en 1221 [1]. Ainsi marchait le commerce italien au temps où les autres pays n'étaient pas en mesure de lui faire concurrence. Son premier développement se joignait au mouvement des croisades. Il fraya le chemin par lequel d'autres peuples arrivèrent ensuite à des

Innocent III, se montraient sévères au sujet de l'altération de la monnaie ; et il ne sera peut-être pas sans intérêt de rappeler ici que le mode de sous-division décimale était déjà anciennement en usage dans l'État de l'Église ; l'écu se divisait en dix *paoli*, le *paolo* en dix *baiocchi*, et ainsi de suite pour les fractions inférieures.

[1] Voy. Boccardi, *Manuale di storia del commercio, delle industrie, e dell' economia politica*, p. 142-43.

fortunes plus splendides et surtout plus durables. La marine fut l'élément principal de sa puissance, et au moment où celle-ci allait lui être retirée, un Italien découvrait cette nouvelle partie du monde auquel un autre Italien eut l'insigne honneur de donner son nom [1]. En perdant son indépendance l'Italie perdit son commerce et sa richesse, en la recouvrant l'un et l'autre lui reviendront.

Nous finirons donc ce chapitre en répétant le mot de Napoléon Ier par lequel nous l'avons commencé : La première condition de l'Italie fortement constituée *sera d'être puissance maritime.*

[1] Nous pourrions peut-être ajouter à ces illustrations le nom de Marco Polo, l'homme qui, pour nous servir des expressions de Libri (dans son Histoire des sciences mathématiques, tom. II, pag. 25-26), *peut seul disputer à Colomb la gloire des plus grandes découvertes géographiques.*

CHAPITRE VI.

LOIS PÉNALES. — PROCÈS CRIMINELS.

Par une étrange combinaison de principes divers, ce qui devrait être le plus à cœur aux hommes réunis en société, est ce à quoi, souvent, on fait moins attention, pour ne pas dire ce qu'on néglige le plus, au grand détriment des gouvernements et des peuples.

Il serait impossible de trouver un exemple plus frappant de cette négligence que nous appellerions plutôt malheureuse que coupable, que celui fourni par les vicissitudes des lois pénales.

A l'époque où l'étude du droit civil se développait et se perfectionnait, où l'enseignement des anciens jurisconsultes romains se tournait tout vers cette équité philosophique qui élevait la jurisprudence à la dignité de science morale, les lois relatives à l'accusation, aux preuves et aux peines, en matière criminelle, ne s'étaient pas encore écartées de cette ancienne rigueur engendrée par des mœurs féroces et une politique dominatrice. Sous le régime d'une république libre, c'était à peine si l'on songeait à la procédure criminelle, autrement qu'à ce qu'en suggérait la raison d'État ou l'exigence des temps.

Machiavel disait : « Quand la grandeur d'une répu » blique et la puissance de ses actes ne se manifeste» raient pas par une infinité de signes caractéristiques, » elles apparaîtraient par la nature des peines infligées » aux coupables [1]. » Puis il parle des peines très-sévères appliquées à une multitude d'hommes, et en vante la cruauté et la rapidité dans l'application comme autant de qualités politiques.

Cette manière d'entendre l'application de la pénalité ne suffirait pas à nos yeux, pour guérir les grands maux résultant d'un système pénal imprudent, sans frein et cruel.

Il y a une différence notable entre la civilisation ancienne et la moderne, au sujet de l'exercice de cette partie du pouvoir social. Autrefois le but réel de tout gouvernement, était l'intérêt politique général; tout pour l'association, rien ou peu de chose pour les droits personnels. Aussi les anciens peignaient le bien-être d'un État avec des couleurs qu'on n'emploie pas aujourd'hui. La force, la puissance, la gloire, voilà le triple but d'un gouvernement ancien. Aujourd'hui au contraire, dans l'état actuel de la civilisation, les vertus morales sont considérées à bon droit comme la base fondamentale de toute société régulière. Ici la

---

[1] Discours sur la 1re Décade de Tite-Live, liv. III, chap XLIX.

justice apparaît comme la pierre angulaire de tout
édifice social; les premiers droits individuels doivent
être respectés plus que le pouvoir collectif, parce que
les droits imprescriptibles de l'humanité passent tous
les égards dus à la société. Et si l'on recherche la cause
de cette différence, nous la voyons avant tout dans
l'influence de la religion chrétienne qui prêche l'égalité
morale entre les hommes, et dans la diffusion des lumières de la science et des lettres, lesquelles ont démontré les relations qui existent entre les droits et les
devoirs, au sein des sociétés civilisées.

Un savant écrivain de nos jours a parlé avec tant
d'intelligence des institutions de l'ancienne Rome en ce
qui concerne la jurisprudence criminelle, et il en a fait
un tableau si saisissant, qu'on est heureux de penser
qu'un pareil état de choses est passé sans retour [1]. Et
son ouvrage enrichi de citations opportunes, est agréa-
blement instructif pour qui désire se livrer à des
études de ce genre. Qu'on fasse surtout attention que
les lois inspirées pour un but politique, ou suggérées
par la condition corrompue des temps, ne remplissaient
assurément pas les conditions assignées par la morale à
l'application des peines.

Lorsque la puissance impériale ne connaissait plus
de bornes, souvent l'arbitraire remplaçait la règle. La
cruauté du supplice était considérée comme un remède
très-efficace pour prévenir le retour des crimes atroces.
Ainsi les lois terribles de lèse-majesté [2] visaient à faire

---

[1] Nicolas Nicolini, *Histoire des principes régulateurs de l'instruction et des preuves dans les procès criminels*, Naples 1829.

[2] Tit. Cod. *Si quis imperatori maledixerit : ad L. Juliam maiestatis.*

aux enfants innocents du coupable, un supplice de la vie, une consolation de la mort; ainsi l'on infligeait la peine capitale pour la promiscuité du mariage entre les provinciaux et les barbares [1].

Le trésor se remplissait par les confiscations; les magistrats s'enrichissaient par les amendes, et l'on s'aperçoit facilement en lisant les titres du code, que les empereurs ne s'inquiétaient de l'application d'aucune peine autant que de celle qui entraînait la spoliation des biens du coupable [2].

Enfin l'application de la torture était d'un usage fréquent, bien que par un tempérament apporté à l'ancienne cruauté, Dioclétien et Maximien eussent déjà prescrit aux juges de ne pas commencer le procès par les supplices, mais d'examiner d'abord quelles preuves ou quels indices appuyaient l'accusation [3].

Telles étaient les lois criminelles dans l'Empire romain, lorsque les Lombards vinrent en changer l'aspect, et y introduire leurs anciennes traditions germaniques et leurs usages exclusivement guerriers. Ainsi que nous l'avons vu au chapitre II de cette histoire, la peine appliquée aux délits ordinaires se réduisait à la *composition*, c'est-à-dire au paiement d'une somme d'argent proportionnée à la nature du fait et à la qualité de l'offensé. Les délits plus graves, ceux qui trou-

---

[1] L. unica cod. Theodos. *De nuptiis gentilium;* voy. sur cette loi le commentaire de Godefroy.

[2] Tit. cod. *De pœnis ; de bonis proscriptorum seu damnatorum ; de bonis eorum qui mortem sibi consciverunt; de modo mulctarum quœ a judicibus infliguntur.*

[3] L. 8, cod. *de Quœstionibus.*

blaient l'ordre public, étaient punis de mort, et quelquefois on ajoutait la confiscation des biens. Parmi les crimes qui emportaient peine de mort étaient compris non-seulement les cas de lèse-majesté, de révolte à main armée, d'homicide du maître par son esclave, mais encore l'émigration hors du royaume, l'abandon des camarades au moment du combat [1] ; ce qui montre combien ce régime était sévère et quelle confiance il mettait dans les batailles.

La série des sanctions pénales contenues dans les édits des rois lombards, sauf pour les crimes capitaux, n'est rien autre qu'un catalogue d'amendes et de mutilations. Pour donner un rapide aperçu de la graduation de ces peines, nous dirons que l'homicide commis sur un homme libre ou sur un esclave était taxé à neuf cents sols [2] ; le meurtre d'un *aldion* était puni de soixante sols et celui d'un serf attaché à la glèbe, de vingt ; l'homme libre qui frappait un coup de poing était condamné à trois sols, au double pour un soufflet ; à six sols pour une blessure légère, à douze s'il y avait fracture d'os. Dans l'évaluation de l'amende on ne comptait plus les coups ni les blessures qui dépassaient le nombre trois ; et pour les esclaves l'amende diminuait considérablement. Dans certaines circonstances, la différence de nationalité donnait lieu à l'application

---

[1] L. 3 et 7 de l'édition de Rotharis. Voici le texte de cette loi 7 : *Si quis contra inimicus pugnandum collegam suum dimiserit, aut austalin fecerit, id est si cum diceperit et cum eum non laboraverit animæ suæ incurrat periculum.* Cette suite de solécismes était du latin vulgaire de l'époque.

[2] L. 14 de l'édit précité.

de peines différentes. Ainsi le commerce illicite entre un Lombard et une fille de cette nation était puni d'une amende de vingt sols, mais si ce commerce avait lieu avec une Romaine, douze sols suffisaient [1].

Nous ne pouvons pas descendre dans de grands détails à ce sujet, mais nous ne passerons pas sous silence une considération de l'illustre professeur Carmignani sur l'ensemble de ce système pénal. « Au » milieu de la barbarie du moyen âge, dit-il, les peines » afflictives corporelles, cruelles et atroces dans l'ordre » politique, se réduisirent à rien dans l'ordre civil, » par suite du principe de leur rédimibilité en argent. » Et ce serait un problème intéressant à résoudre pour » les historiens de la législation, que de rechercher » comment, à cette époque, on en vint à cette contra- » diction apparente dans laquelle furent placés les sys- » têmes de la sûreté sociale; on considérait la sévérité » des peines comme un appui solide du pouvoir poli- » tique, et on la dépréciait dans l'ordre civil sans le- » quel le pouvoir politique, quelle que soit la présomp- » tion humaine, reste isolé comme Éole dans le séjour » des vents [2]. »

Les causes que le célèbre jurisconsulte voudrait qu'on recherchât, se trouvent plutôt dans les mœurs de l'époque que dans des raisons abstraites, parce que dans les principes fondamentaux des sociétés, on doit considérer l'usage pratique comme préexistant toujours à la théorie abstraite. Outre ce que nous avons dit à

---

[1] L. 194 de l'édit sus-mentionné avec la note contenue dans l'édition de Muratori.

[2] Théorie des lois sur la sûreté sociale, t. 1, p. 236.

ce sujet, dans le chapitre ii de cette histoire, nous ferons observer que l'usage de se rédimer en argent
d'une peine afflictive, est indiqué dans Homère [1], et
Tacite [2] dans son incomparable description de la Germanie, raconte que chez les Germains, on rachetait
non-seulement les délits de moindre importance, mais
l'homicide, en donnant des bestiaux et des troupeaux;
et la famille entière, ajoute-t-il, *en profite, et le public
s'en trouve bien, parce que les inimitiés privées mettent
en péril les gouvernements libres.*

Les peuples septentrionaux descendus en Italie conservèrent la *composition* comme un ancien usage,
gardien des intérêts des familles et de la liberté commune. Ainsi que nous l'avons vu, cela convenait bien
à leur constitution sociale et répondait aux diverses occurrences d'un peuple porté au maniement des armes
et à l'offense. En admettant le rachat en argent, on fit
disparaître la nécessité de la peine afflictive, et on ne
laissa pas, par une impunité absolue, se continuer les
inimitiés privées qui, au dire de Tacite, prenaient racine
au sein des familles et entre voisins. Mais là où ces-
saient les égards de famille, et lorsqu'il y avait offense
contre l'État, il ne pouvait plus être question de *composition,* et l'on devait par l'exemple du châtiment
éloigner les hommes du crime et par la promptitude de la
peine, faire disparaître les coupables dangereux. En effet,
Tacite en faisant l'énumération des crimes qui entraî-
naient peine afflictive parmi les Germains, parle des

---

[1] Iliad., liv. IX et XVIII.
[2] *De moribus Germaniæ,* 12 et 21.

déserteurs, des lâches, des traîtres; de tous ceux en
un mot qui, dans l'ardeur du combat, mettaient la nation en danger. Et l'on ne doit pas oublier que, quand
les crimes étaient commis par des gens incapables de
payer l'amende faute de posséder des biens, on y subs-
tituait la peine corporelle.

Nous arrivons maintenant à la procédure telle qu'elle
s'instruisait chez les Lombards. Pour en faire la description, nous emploierons les paroles du célèbre et
malheureux Marius Pagano, qui l'a faite avec une élé-
gante brièveté [1].

« La procédure chez les Lombards était toute mili-
» taire, l'accusation était publique, le débat oral; le
» juge citait le coupable par le moyen du *bannum*, et
» sauf empêchement légitime, ce dernier était tenu de
» comparaître en personne. L'accusé et son accusateur
» étant en présence de l'auditeur ou du juge, l'accusa-
» teur demandait la parole et formulait à haute voix
» son accusation. Le délinquant répondait, et s'il niait
» ou proposait une exception quelconque, on plaidait;
» et le plus souvent, le jugement était rendu le jour
» même, après avoir entendu en même temps les té-
» moins, l'accusation et la défense; et le greffier te-
» nait note des dires, des répliques, de la déposition
» des témoins et du jugement; et c'était tout le pro-
» cès. A défaut de témoins, on avait forcément recours
» aux jugements divins. Si l'auditeur n'avait pas terminé
» le procès dans le délai de quatre jours, il devait ren-
» voyer l'inculpé devant le juge du district, c'est-à-dire

---

[1] *Considérations sur la procédure criminelle*, chap. x.

» devant le comte ou le gastalde qui, assisté de six
» seigneurs, devait nécessairement terminer le pro-
» cès. »

Puisque nous avons parlé des jugements mal à propos désignés sous le nom de jugements de Dieu, et dont
on fit un grand usage aux temps de la barbarie, l'occasion veut que nous en disions quelques mots; et, bien
que ces institutions aient été mises hors d'usage, cependant elles caractérisent ces temps-là et ont quelque chose de singulier et de hardi qui aujourd'hui encore captive l'attention des lecteurs.

L'origine des épreuves ou des jugements de Dieu
semble remonter aux Goths et aux Angles. Ces jugements s'appelaient *Ordalies*, ce qui veut dire *Grands
jugements* [1]. Nous allons chercher cette origine chez les
peuples du Nord, parce que c'est par eux que l'usage
de ces épreuves a été apporté en Italie. Mais si on
voulait remonter plus haut, on trouverait des traces de
ces habitudes chez d'autres peuples, et en des temps
plus reculés [2]. Les Angles les appelaient *Lada*, qui signifie expérience légitime. En Italie on les appela
Paribiles ou soit visibles, évidence des faits [3].

Ces épreuves étaient de genres différents : le plus ancien et le plus fameux de ces jugements était le duel,
ou le combat en champ-clos. On offrait cette épreuve à
quiconque contestait un jugement ou un témoignage.
C'étaient les personnes en cause elles-mêmes qui devaient

---

[1] Ducange ad voc.

[2] Voy. Ferguson, An essay on the history of civil society, part. II,
sect. III.

[3] Constitut. regni Siciliæ, liv. II, tit. 31.

combattre ; pour les ecclésiastiques, les vieillards, les enfants et les femmes, on admettait des champions qui les remplaçaient dans le combat. Avant d'entrer dans la lice, les combattants étaient visités avec soin par le juge pour s'assurer qu'ils n'étaient pas porteurs d'herbes ou d'autres maléfices. Ensuite ils combattaient avec l'épée, ou le bâton et le bouclier, la tête découverte et les pieds nus. Le vainqueur était acquitté par le juge ; le vaincu était condamné. Si l'un des combattants ne se présentait pas à l'heure du combat, après avoir été appelé trois fois à haute voix, son adversaire entrait dans la lice et frappait l'air de son épée ; après ce combat simulé, le juge condamnait le contumax [1].

Il ne faudrait pas croire que l'immoralité de l'épreuve par le duel n'ait pas été reconnue sous le règne des Lombards ; voici comment s'en explique ouvertement le roi Luitprand [2]. « Nous ne tenons pas pour » certaine l'épreuve du jugement de Dieu, et nous » avons appris que plusieurs personnes ont injustement » perdu leur cause à l'aide du combat. Mais nous ne » pouvons abolir cette loi [3], parce que telle est la » coutume de notre nation lombarde. » — Ainsi parlaient les lois au VIIIe siècle et au IXe.

Tout ce qui appartenait à la nationalité lombarde devait se conformer à cette coutume. Les ecclésiastiques y étaient soumis autant que les laïques. Nous en donnerons pour preuve un document curieux. C'était en 971 : plusieurs évêques permirent qu'un duel judi-

---

[1] Struve, Historia juris criminalis, § 6.
[2] Liv. VI, chap. 65 de son édition.
[3] Dans beaucoup de codes on trouve cette épithète impie.

ciaire eût lieu pour la décision d'un procès concernant la propriété de quelques domaines situés sur le lac de Garde, une église de Brescia, celle des saints Faustin et Giovite. Les prêtres Predevert, Jean et Bonipert se présentèrent au nom de cette église, assistés de Vincent leur avocat, au plaid qui se tenait à Vérone, sous la présidence de Badalde, patriarche d'Aquilée. Les évêques de Vérone, de Padoue, de Bellune, de Vicence et de Trévise, s'y trouvaient aussi. Une des parties ayant argué de faux un titre produit, on ordonna le combat avec les bâtons et les boucliers aux termes d'une constitution d'Othon I [1].

Cet empereur, dans le but d'empêcher les cas de parjure qui se reproduisaient avec une déplorable facilité, voulut rappeler en vigueur l'usage des duels. Il essaya de faire passer cette mesure au comité, convoqué à Rome en 962. Mais le pape ayant éludé cette demande en la renvoyant à un autre comité, Othon promulgua son capitulaire dans la diète de Vérone, en 967. D'après cette loi il y avait lieu à combat dans les cas suivants : Lorsqu'un titre était argué de faux. Dans les questions d'investiture d'un domaine. Si l'on se plaignait d'avoir été forcé de souscrire à une obligation relative à un immeuble, ou d'avoir été volé pour une valeur de plus de six sols, si l'on niait un dépôt, et si on affirmait qu'une personne ne fût pas entrée au service d'autrui. L'empereur prescrivait que cette loi s'étendrait aux Romains ainsi qu'aux Lombards [2].

---

[1] Muratori, Antiquit., tom I, p. 152. Troya, *Storia d'Italia del medio evo,* vol. V, part. V, pag. 373.

[2] Troya, l. c., pag. 370.

C'était comme on le voit pourvoir par le duel aux cas les plus douteux. Le comité de Ravenne tenu la même année refusa son acquiescement à cette loi, et elle n'entra en pleine vigueur que sous le règne d'Othon II.

Henri III, en 1052, par un diplôme impérial, accorda au clergé de Volterre le droit de se servir du moyen du duel pour la décision de ses procès [1]. Si nous voulions multiplier les citations et les exemples sur cette matière, l'histoire ne nous ferait certainement pas défaut. Nous aurons occasion d'y revenir dans la suite de notre travail. Il nous suffira de rappeler ici le défi envoyé par Charles d'Anjou à Pierre d'Aragon devenu roi de Sicile après les vêpres siciliennes. Un frère prêcheur porta la lettre, Pierre la reçut et accepta le duel. Il fut convenu que les deux rois, accompagnés chacun par cent chevaliers, combattraient en champ clos, Charles pour prouver la déloyauté et l'usurpation de Pierre, celui-ci pour faire reconnaître son bon droit et sa moralité. Le rendez-vous fut fixé à Bordeaux. Edouard roi d'Angleterre, alors maître de cette ville, refusa de donner le camp. Charles et Pierre s'y trouvèrent avec leur suite le 1er juin 1283 ; Charles s'y montra avec grand éclat, Pierre à la dérobée. Il n'y eut pas de rencontre ; et chacun s'en retourna chez lui. De grandes protestations furent ensuite publiées des deux côtés ; elles restèrent comme à l'ordinaire sans effet [2].

Agobard, archevêque de Lyon, grand ennemi de toutes les superstitions, fit un livre contre le duel judiciaire et

[1] Muratori, Antiquit. italic., Dissert. 39, p. 641.

[2] Voy. Amari : *Un periodo delle istorie Siciliane del secolo* XIII, chap. X.

les autres épreuves de ce genre [1]. Ces sortes de jugements consistaient dans les épreuves suivantes : Le fer
rouge, lorsque l'inculpé pour démontrer son innocence
au public portait en main une barre de fer qu'on
avait bénite et fait rougir, ou qu'il marchait sur le fer
rouge ; — l'eau bouillante ou l'eau froide ; — la première épreuve consistait à plonger la main dans de
l'eau bouillante en pratiquant certains rites particuliers.
La seconde consistait à jeter dans l'eau froide l'inculpé
ayant la main droite attachée au pied gauche, la main
gauche attachée au pied droit, et si le corps surnageait
l'accusé était reconnu coupable, si le corps plongeait
l'accusé était tenu pour innocent.

Il existait des épreuves moins dangereuses, comme
celles du pain et du fromage qu'on donnait à manger
à l'inculpé, après cette conjuration que si l'accusé men-
tait dans ses dénégations, l'aliment qu'il venait de
prendre devait l'étrangler [2].

A côté de ces épreuves appelées épreuves vulgaires,
dans lesquelles, on est obligé de le reconnaître, on
mettait une confiance superstitieuse, et qui souvent étaient
frauduleuses, on admettait d'autres preuves légales
de natures différentes ; tel était le serment d'innocence
fait par l'accusé, et souvent par ceux qui, en qualité de
témoins, faisaient la même attestation que lui, et prenaient le nom de *Compurgatores*, de *Conjurantes* et de

---

[1] Le livre d'Agobard est intitulé : *Liber de divinis sententiis di-
gestus cum brevissimis adnotationibus contra damnabilem opinionem
putantium divini judicii veritatem igne vel aquis vel conflictu armo-
rum patefieri.*

[2] Voy. Conciani, *Barbarorum leges antiquæ*, tom. I, *ad leges Longa-
bardorum appendices.*

Sacramentales; ceux-ci étaient ordinairement au nombre de douze, rarement en nombre inférieur; c'était ce qu'on appelait preuve canonique, parce qu'elle était particulièrement pratiquée dans l'Église, dès les temps du pontife Léon IV, selon ce qui est dit dans le concile d'Althéim tenu en 916 [1]. Quelquefois après la preuve des douze *Sacramentales* ou témoins-jurés, on en venait aux jugements dits de la croix. L'accusé se rendait dans ce cas à l'église ou sur le tombeau d'un saint, là on coupait deux petites pousses de bois sur l'une desquelles on gravait le signe de la croix et on laissait l'autre intacte. On enveloppait les deux morceaux de bois dans une étoffe de laine, de manière qu'on ne pût distinguer l'un de l'autre, on les plaçait sur l'autel, et un prêtre ou un enfant en prenait un, et si le bois portait le signe de la croix l'innocence de l'accusé était reconnue. L'expérience de la croix se faisait aussi de cette manière : L'accusé étendait les bras en croix et restait ainsi pendant qu'on récitait certaines prières; s'il ne pouvait pas rester dans cette position jusqu'à la fin de la prière, il était déclaré coupable. Ce genre de preuve fut formellement supprimé par Louis-le-Débonnaire. Quel que fût le genre d'épreuves adopté, tout se faisait publiquement, répéterons-nous avec Nicolini [2].

---

[1] « Statuimus propter Dei dilectionem et proximi et fidelium honorem, catholicorum et præcipue ob multitudinem, scandala eruenda et funditus extirpanda et perturbationes quæ noviter exortæ sunt et oriuntur nec non ut omnes sciant nos Episcopos tales Dei misericordia nequaquam fuisse quales dicimur exemplum sancto (sic) Leonis papæ qui super quatuor evangelia jurans coram populo, salva tamen auctoritate sequi et imitari canonica. »

[2] Histoire des principes pour l'instruction des preuves, etc.

« L'instruction et la discussion ne faisaient qu'un seul
» acte, et la sentence était rendue sans rien laisser
» à l'arbitraire du juge. Les instructeurs n'étaient
» autres qu'un sergent préparateur de la solennité et
» un prêtre qui, par ses prières, devait écarter tous
» maléfices ou sorcelleries ; du reste, le rôle du juge
» était plutôt celui d'un témoin passif que celui d'un
» acteur. »

C'était à l'aide de cette procédure expéditive, et avec les
éléments incertains des preuves dont on vient de parler, qu'on administrait en Italie la justice répressive. La
forme des jugements s'améliora peu à peu, et ces amé-
liorations furent principalement dues aux papes qui,
pour corriger les absurdes et féroces usages des Barbares, surent se prévaloir aussi des doctrines enseignées
dans les écoles où les préceptes du droit romain avaient
été remis en honneur.

Mais si l'étude des lois romaines ôta au hasard la solution des procès criminels, elle introduisit un systême
de preuves malencontreux et cruel : nous entendons
parler de la torture, de cette expérience qui, pour tranquilliser la conscience inquiète des juges, martyrisait un
homme non encore convaincu de culpabilité. La torture,
instrument de châtiment plutôt que de raison, employée
par les Grecs et les Romains contre les esclaves, fut
accueillie par les juges Italiens comme moyen ordinaire de preuve. On songe avec horreur comment,
en ces temps là, presque tout le procès criminel se
fondait sur les tourments et le martyre. A cette fin on
employait différents genres de tortures. Nous n'en ferons pas la description, car cela n'entre pas dans le

cadre de nos recherches, et les lecteurs ne se soucie-
raient pas d'être initiés à ce que nous appellerions
plutôt office de bourreau que mission de juge. Nous
dirons seulement que les tourments et les souffrances
étaient infligés par gradation. Avec nos mœurs douces,
dont nous sommes redevables aux heureux progrès de
la civilisation, nous pouvons à peine croire qu'une erreur aussi déplorable ait pu durer tant de siècles;
c'est là l'un des cas où le vrai ne paraîtra pas vrai-
semblable aux générations futures. Mais comme les
plus grandes aberrations de l'esprit humain ne manquent pas d'une certaine apparence de justification,
nous verrons dans peu comment les gens du palais en
raisonnaient.

A l'emploi de la torture préparatoire on ajouta le secret de l'instruction. Là où dans le principe l'accusation, l'examen des témoins, l'interrogatoire et la défense
de l'accusé, tout se faisait publiquement, nous voyons
s'introduire le mystère et l'information se couvrir d'un
voile; l'accusation et les charges furent dénoncées en
même temps au délinquant, et pour obtenir son aveu
on employa le cachot et les tourments. L'origine d'un
tel changement remonte au xiiie siècle. La principale
cause en est due aux poursuites dirigées contre les hérétiques; voici comment : Lorsqu'on fit la guerre
aux Patarins, par la suite appelés Albigeois, du nom
de la contrée qu'ils habitaient, on commença à em-
ployer de nouvelles formes d'inquisition pour exterminer l'hérésie. Lucius III et Innocent III prirent fort
à cœur ces procès et promulguèrent bon nombre de
constitutions dans ce but. Mais celui qui opéra la

réforme légale dont nous parlons, ce fut surtout Boniface VIII, qui ordonna que si le juge voyait qu'il y eût danger pour les témoins à être connus du coupable, il devait recevoir leurs dépositions en secret [1]. Ce qui n'avait été établi que sous forme d'exception et pour des cas particuliers, ne tarda pas à s'étendre à tous les procès d'inquisition, parce qu'on supposait qu'il y avait toujours danger pour le témoin à être connu de l'accusé.

Mais les Décrétales de Boniface qui introduisaient le systême du secret dans la procédure, n'avaient pas encore été mises au jour, qu'un prince laïque, non lige assurément du Saint-Siége, avait fait les premiers pas dans cette voie d'innovation. C'était Frédéric II qui, par sa célèbre constitution : *Hi qui per inquisitiones*, prescrivit qu'on ne donnât pas communication de l'information aux accusés mal famés, et qu'on se bornât à faire connaître le nom des témoins. D'où vint la première idée de cette loi de mystère? Fut-ce d'un passage mal compris du droit romain? ou d'une cause plus rapprochée? c'est ce qu'il importe peu de savoir quant à présent, et nous laisserons aux lecteurs désireux d'approfondir ce fait le soin d'en chercher la solution dans les auteurs qui ont écrit sur la matière [2].

Nous appelons toutefois l'attention sur les conséquences qui découlèrent de l'introduction du secret dans la procédure, nous servant pour cela de l'exposition

---

[1] Cap. II, *de Hereticis*, in 6. Decret.

Matth., *de Criminibus*, ad tit. 25, lib. 28, Dig. Marius Pagano. *Considérations sur la procédure criminelle*, chap. XII et XIII. Nicolini, L. C., n° 167.

qu'en a faite déjà un illustre jurisconsulte, enlevé depuis peu par la mort à la science de la législation qu'il a élucidé, dans des ouvrages dignes d'être profondément étudiés et connus en Italie par une bonne traduction [1].

L'introduction de la procédure secrète produisit de grands changements dans l'administration de la justice. La défense de faire connaître aux accusés les témoins à charge, ou tout au moins les restrictions apportées aux confrontations, ne comportaient plus la discussion publique, qui est le meilleur, sinon le seul moyen de saisir la vérité entre deux attestations opposées. Les juges obligés de fonder leurs jugements sur les réponses isolées de l'accusé et sur les interrogatoires faits hors de la présence des témoins, contraints de puiser dans leur mémoire ou dans les attestations écrites les éléments sur lesquels ils avaient à statuer, furent privés de tous moyens d'acquérir une conviction intérieure. Ne pouvant pas en bonne conscience asseoir leur jugement sur les attestations reçues, privés de la faculté d'ouvrir les débats nécessaires pour se former une certitude morale, ils furent obligés de s'attacher à une méthode de subtilités et de calculs. On établit comme axiome que deux témoins constituaient une preuve complète, comme s'il n'y avait qu'un seul moyen d'obtenir la plus grande probabilité, qui tient lieu de certitude morale, en tout ce qui n'est pas soumis à un calcul mathématique. On appliqua la mé-

---

[1] Mayer, *Esprit, origine et progrès des institutions judiciaires*, etc., liv. IV, chap. XIV.

thode du calcul aux preuves judiciaires, et comme deux témoins valaient une preuve pleine, un seul devait valoir demi-preuve. Toutes les preuves, les indices et les inductions furent réduits à une valeur numérique, comme si tous les nombres imaginables suffisaient pour exprimer toutes les combinaisons possibles[1]. Enfin, ne pouvant pas donner satisfaction à la conscience morale du juge, on en vint à créer une chimère, une conscience juridique soumise aux règles du droit et au calcul des probabilités. On cherchait à cacher ainsi sous des illusions complexes, le défaut essentiel de la procédure qui empêchait qu'on se formât une conviction intime, et on se soumettait à une doctrine fausse qui se pliait à toute sorte d'absurdité et d'arbitraire.

Plus étaient graves les cas à juger, moins les juges pouvaient se contenter de la conviction juridique qui tenait lieu de probabilité morale. Le secret de la procédure faisait naître des soupçons d'arbitraire et ces soupçons étaient souvent fondés ; on voulait à la fois sauver le principe et en empêcher les conséquences qui devenaient intolérables pour ceux qui n'étaient pas gâtés par ces funestes habitudes. Dès-lors il fallut chercher le moyen de rendre publiques les condamnations prononcées en justice. On établit comme axiome que nul ne pouvait être condamné à la peine ordinaire

---

[1] A Toulouse (sous l'ancien régime français), on admet des quarts et des huitièmes de preuves; on y peut regarder, par exemple, un ouï-dire comme un quart, un autre ouï-dire plus vague comme un huitième, de sorte que huit rumeurs qui ne sont qu'un écho d'un bruit mal fondé peuvent devenir une preuve complète. Voltaire, commentaire sur le livre *des Délits et des peines*.

s'il ne se reconnaissait lui-même coupable du crime qu'on lui imputait; et l'on ne regardait guère aux raisons qui justifiaient l'aveu. On paraissait oublier que l'aveu n'est que l'une des preuves multiples, et que, nonobstant la dénégation la plus constante de la part du coupable, le crime peut être prouvé; en somme, on ne songeait qu'à tromper en quelque sorte sa propre conscience et à se mettre à couvert aux yeux du public. La nécessité de l'aveu ayant été admise, on dut rechercher les moyens les plus prompts et les plus efficaces pour l'obtenir, et l'arracher même de la bouche de l'accusé qui persistait à nier. On appliqua donc la torture et on voulut en justifier l'usage.

Il serait superflu de dire comment cette théorie des preuves légales tenait en suspens l'esprit du juge sur la culpabilité de l'accusé, si même elle ne produisait un pire effet en l'accoutumant à une sorte de tranquillité fictive sur les procès écrits, et en lui procurant la malheureuse illusion d'une persuasion morale qui n'existait pas.

Dans le royaume de Naples, par une singulière exception, les barons gardèrent jusqu'à nos jours l'usage du jugement des pairs [1]. Ce fut là un effet de cette large indépendance féodale qui se conserva dans cette contrée plus longtemps que dans les autres parties de l'Italie, et par laquelle, avant l'avénement au trône de Charles de Bourbon, les barons avaient l'habitude de vider eux-mêmes par le duel et sans recourir à la voie des jugements ordinaires, toutes les atteintes por-

[1] Nicolini, L. C. n. 43.

tées aux territoires de leurs fiefs par les autres barons [1].

Quand on eut réduit sous forme de système la théorie des preuves en matière criminelle, qu'on eut enveloppé la procédure sous le voile du secret, force fut de remettre cette matière entre les mains des juristes tandis que dans le principe elle était publiquement livrée à des hommes ignorant l'art du palais, mais guidés par un jugement sain et par l'évidence des faits.

La saine et prompte justice, la moralité de l'acte perdirent assurément à ce changement; mais le nouvel ordre de choses convenait au génie de quelques-uns qui en étendirent l'usage jusque hors de l'Italie; ainsi nos expressions légales, les noms de nos docteurs, comme de Jules Claro, de Prosper Farinaccio, de Jean-Baptiste Vulpini, de Sébastien Guazzini résonnèrent dans les tribunaux et les écoles des nations reculées [2]. Triste renommée et peu digne d'envie! Ce fut plutôt la propagation d'erreurs dont les temps abondaient, et que, ni la voix de la raison qui les combattait, ni celle de l'expérience qui en montrait les tristes conséquences, ne purent faire disparaître; il fallut, pour les déraciner, ces révolutions politiques qui ébranlèrent jusqu'aux fondements de l'ancien régime.

Nous avons parlé de la voix de la raison, et nous devons ajouter qu'elle s'éleva de bonne heure parmi les Italiens, et elle parla un langage différent de celui qu'on entendait ou qu'on parlait dans le palais ou dans

---

[1] Vico, Principes d'une science nouvelle, liv. V.
[2] Struve, *Historia juris criminalis*, § 26.

l'auditoire de professeurs vulgaires. Ce fut là une compensation que l'Italie offrait à la cause éternelle du vrai et du juste, en retour des mauvais usages qu'on avait importés dans son sein. Un exemple remarquable dans l'histoire du progrès de la civilisation, c'est à coup sûr celui des études privées des Italiens, qui se montrèrent aussi précoces à annoncer et à préparer la réforme des institutions sociales, que les circonstances et les conditions des temps leur furent contraires pour les mettre en pratique.

Ainsi les écrivains de l'Italie furent les premiers à enseigner la vraie théorie des lois criminelles. Au XVIe siècle, alors que les abus dont nous avons parlé prévalaient dans les tribunaux, Alexandre Borromini de Sarno et Jean Botero de Bene en Piémont, écrivirent dans un sens tout à fait conforme aux idées de justice et de modération qui prévalent de nos jours. Le premier enseignait que les peines devait être modérées pour ne pas être injustes ; qu'une interprétation bénigne répond à la sage conception du législateur. Le second parlait du caractère des lois pénales, et enseignait que la peine de mort ne doit être appliquée que fort rarement, parce que l'usage fréquent qu'on en fait affaiblit l'horreur qu'elle inspire, et accoutume le spectateur à la cruauté.

Mais quoique les vrais savants et les sages ne se lassassent pas d'accuser les vices des lois pénales alors en vigueur, la première moitié du XVIe siècle s'écoula néanmoins avant que l'opinion favorable aux réformes prévalût, ou que les gouvernements cherchassent à sortir de la voie battue.

Après cette époque, par nous ne savons quelle secrète et irrésistible puissance, qui tend à accorder les institutions avec les idées opposées aux erreurs dans le progrès de la civilisation, un ouvrage peu étendu, mais admirable d'efficacité, attira l'attention de tous, et un gouvernement donna l'exemple d'une réforme complète dans les lois pénales.

Ce livre fut publié en 1766, par César de Bonesana, marquis de Beccaria, sous le titre : *des Délits et des peines*. Dans ce livre l'auteur, après avoir parlé séparément de tous les vices qu'on rencontrait dans les lois pénales (et leur nombre était tel que la raison n'y trouvait pas de place) démontra la vérité du théorème suivant : « Pour qu'une peine ne soit pas une vio-» lence de la part d'un ou de plusieurs contre un » seul citoyen, elle doit être essentiellement publique, » prompte et nécessaire, la moins sévère possible, selon » les circonstances, proportionnée aux délits et édictée » par les lois. »

Dans l'exercice paisible des études privées, Beccaria avait conçu la sainte et noble idée de protester, au nom de la raison, contre les erreurs qui prévalaient au détriment de l'humanité. Peut-être ne prévoyait-il pas quel retentissement ses paroles devaient avoir dans le cœur humain, et il s'estimait heureux d'obtenir *les secrets remerciements des paisibles et obscurs sectateurs de la raison*. Mais à peine le livre fut-il connu que l'auteur fut universellement applaudi. Ce fut une acclamation publique, universelle, de la part des hommes illustres de toutes les nations ; ce fut une commotion électrique qui atteignit toutes les intelligences d'un

bout à l'autre de l'Europe ; ce fut la condamnation irrémissible des erreurs dénoncées avec toute la puissance du raisonnement. Catherine II, en donnant ses
instructions à la junte qu'elle avait assemblée pour la
compilation du code pénal, n'indiqua pas d'autre voie
que celle tracée par Beccaria [1].

Voltaire ajouta au livre *des Délits et des peines* un
commentaire dans lequel, aux arguments rationnels du
premier auteur, il ajouta l'autorité efficace des citations
historiques, qui attestaient la vérité des maux auxquels
on voulait porter remède. Enfin parurent les réformes
de Léopold, grand-duc de Toscane, toutes dictées par
les doctrines nouvelles, et tendant à cette félicité dont
jouit bientôt cette contrée. Dans le cours de cette histoire, nous parlerons des lois de Léopold comme d'un
exemple digne, sous plusieurs rapports, d'être imité,
à l'avantage commun des gouvernements et des peuples.

Excités par la voix de Beccaria, les savants italiens
se mirent à étudier la véritable science de la législation
pénale, dont les limites étaient à peine tracées ailleurs.
Renazzi essaya d'en exposer l'ensemble (en 1772) et
l'Académie de Mantoue (en 1773) proposa un prix pour
l'ouvrage qui signalerait le mieux tous les abus des lois
criminelles et qui indiquerait les moyens de les faire
disparaître. Plus de quarante écrivains se mirent à
l'œuvre. En 1780, parut Gaëtan Filangieri qui dans sa
science de la législation suggéra une réforme complète

---

[1] Tout en accordant au livre de Beccaria la louange qu'il mérite,
cela ne doit pas s'étendre à une partie de sa théorie qu'on reconnut
entachée d'exagération dans les principes qui y sont professés.

dans le régime du gouvernement civil, et traita des peines. Dans cette partie, dirons-nous avec M. Ulloa, *s'il fit montre d'un grand esprit, il laissa voir une grande inexpérience des hommes et de leurs actions* [1].

Mais il conseilla toujours d'abandonner les anciens usages de barbarie et de secret. Dans l'ardeur des études qui se portèrent sur cette branche de la doctrine des lois, on vit plusieurs Italiens se distinguer entre tous, et l'on peut mettre en tête : Cremani, Pagano, Nani, Nicolini, Carmignani, Romagnosi et Rossi, et en parlant de ce dernier dont la mémoire est si chère et si honorée, nous devons l'attribuer également à la France qui l'avait adopté.

Pour suivre l'ordre des temps et les phases de la législation, nous parlerons encore dans le cours de cette histoire, des développements de la législation pénale et des travaux qui l'ont illustrée. Nous n'avons pu nous empêcher d'anticiper un peu sur le cours de notre narration, pour faire remarquer au lecteur que la réforme du système des lois pénales qu'on souhaite tant, et dont parlent tant aujourd'hui les peuples civilisés, doit son origine aux Italiens, et que ce furent eux qui entreprirent de bonne heure la défense de l'humanité et du véritable ordre social.

Ces pensées de réforme nous consoleront, quand nous aurons à raconter les égarements cruels auxquels on se livra pendant plusieurs siècles, dans cette partie de la législation ; et les yeux tournés vers le bien qui

---

[1] Des vicissitudes et des progrès du droit criminel en Italie, depuis la Renaissance jusqu'à nos jours, chap. VII ; ce discours est imprimé dans le journal napolitain le *Progrès*, vol. XVI et XVII.

vint après, nous aborderons la douloureuse tâche de raconter le mal immense qu'on commettait auparavant, et de parler, par exemple, de l'épouvantable carême de Galéas II Visconti, des trames impies des procès politiques de Venise et des règlements malencontreux du sénat de Milan.

CHAPITRE VII.

L'exposition des règles suit l'enseignement des faits.
Ce n'est pas au moment où les sociétés se forment, qu'il
faut rechercher d'après quelles raisons elles se sont
constituées. L'ordre social ne change qu'après une une
longue lutte et des calamités sans nombre ; les grandes
réformes s'opèrent au milieu des mouvements extraordinaires qui poussent les hommes à l'œuvre. Ceux-ci
sentent intérieurement et profondément la justice et la
nécessité de leur entreprise, sans qu'ils puissent apercevoir eux-mêmes tous les effets qu'ils vont produire ;
cependant ils combattent vaillamment, ils ne reculent
devant aucun sacrifice pour atteindre le but, indéfini
encore, mais fortement gravé dans leur esprit. Instruments de la Providence, ils en accomplissent, même

à leur insu, les desseins. Dans ces circonstances, les chefs de la multitude commandent sans rendre compte de l'empire qn'ils exercent. Les incertitudes et les doutes seraient fatals alors, la foule obéit parce que ce qu'on lui prescrit s'accorde avec son sens intime et ses désirs. L'explication et la justification des institutions nouvelles ne peut donc s'achever, que lorsque, la première agitation des esprits s'étant apaisée, ce que l'on a fait et ce que l'on veut se montrent distinctement dans chacune de leurs parties. Ainsi vers la fin du XIIIe siècle, nous voyons se développer les premières théories de la souveraineté et du régime des Etats dans les gouvernements des républiques italiennes.

Les Italiens mieux disposés alors que les autres peuples se donnaient à ces études. L'enseignement du droit romain avait été repris, et par lui on expliquait les grands principes de la justice humaine; on donnait aussi le même soin et l'on apportait la même diligence à l'étude du petit nombre de classiques anciens que l'on conservait encore. Les écrits d'Aristote, de Salluste, de Cicéron et de Sénèque formaient un fonds de doctrine, sinon variée et abondante, au moins utile et continuellement compulsée. A cela on doit ajouter l'aide puissante des études ecclésiastiques qui, loin de repousser les lumières de la science profane, les accueillaient avec empressement.

En enseignant les principes de la morale chrétienne on avait soin d'indiquer les préceptes du droit naturel, qui n'est autre chose au fond que la morale appliquée à l'existence sociale de l'homme. C'était seulement dans les livres de théologie qu'on pouvait chercher à cette

époque les éléments primitifs des devoirs et des droits
des hommes considérés sous leur aspect le plus large,
et dans leur nature la plus intime. Les compilations
du droit romain servaient peu à ce sujet, puisque les
jurisconsultes anciens visèrent plutôt à des applications
partielles qu'à des principes généraux. Lorsque Justinien parla dans ses Institutes du droit naturel, il n'in-
voqua pas la raison humaine, mais il considéra uniquement toutes les relations extérieures introduites par
la nature parmi des êtres vivants [1]. Dans les traités de
théologie, au contraire, on examinait et on définissait
mieux les causes de la moralité des actes humains.

On étudiait assidûment la philosophie d'Aristote [2] dont
on suivait la doctrine avec beaucoup de soin, mais sans
servilité. C'est une erreur de croire que le *Magister
dixit* fut l'axiome de toutes les écoles, ou la loi suprême de ces grands esprits qui firent tant en faveur
du renouvellement des études aux XIIIe et XIVe siècles.
Ce fut alors que brilla cette lumière qui devait éclairer
toute l'Europe. Les idées chrétiennes fournissaient assurément les plus sublimes inspirations, mais elles ne
dédaignaient pas le libre choix d'un enseignement
scientifique, et à chaque instant on aperçoit ces pieux

---

[1] *Quod natura omnia animalia docuit.* Voy. la glose de François
d'Arezzo sur ce paragraphe des Institutes ; elle ne donne d'autres
exemples des effets du droit naturel que l'union des sexes, la reproduction et la conservation de l'espèce.

[2] Il n'y a pas de livre qui ait obtenu plus d'autorité sur la constitution morale et civile de la cité, que la philosophie d'Aristote :
*Omnium fere civitatum non Græciæ solum sed etiam barbariæ ab
Aristotele mores, instituta, disciplinas a Theophrasto leges etiam
agnoscimus.* Cic., *de Finibus*, vol. IV.

écrivains d'une époque tout empreinte de sentiments religieux, se servir de citations tirées de Porphyre l'apostat et du sceptique Averroës. En jetant les yeux sur les ouvrages écrits dans les premiers temps de la renaissance des études du droit, nous pourrons aisément discerner quel était le caractère des investigations morales qu'on faisait dans ces sciences [1].

Dans les livres de saint Thomas d'Aquin, le plus ancien et le plus célèbre de nos docteurs, on trouve des déclarations très lumineuses sur le principe du droit naturel, et une connaissance exacte des liens qui unissent la loi et la morale. Voici en peu de mots le système qu'il propose :

Les préceptes de la loi naturelle se rapportent à la raison pratique, de la même manière que dans les sciences, les principes des démonstrations se rapportent à la raison spéculative. Les uns et les autres consistent dans l'exposition des vérités généralement connues. Mais une chose peut être connue en elle-même ou dans ses rapports avec nous. La chose se connaît en elle-même, par la relation qui existe entre la substance et la qualité, quoique en raison de la différence des

---

[1] Nous pourrions citer à l'appui de ce que nous venons de dire, l'exemple de saint Anselme d'Aoste qui cherche la raison dans la foi et la liberté dans l'Eglise. Ce grand homme a été dans ces derniers temps l'objet d'études sérieuses de la part de plusieurs savants qui l'ont considéré sous les points de vue les plus différents les uns des autres. Voy. *Saint Anselme de Cantorbéry, tableau de la vie monastique et de la lutte du pouvoir spirituel avec le pouvoir temporel au* XIᵉ *siècle*; *Saint Anselme d'Aoste, Histoire de sa vie et de son temps*, par le chanoine Croset-Mouchet. Paris-Tournay 1859. Plusieurs articles sur saint Anselme, insérés par M. Centofanti dans l'*Archivio storico italiano*.

intelligences, telle chose soit connue par les uns, et reste inconnue aux autres.

La première idée qui se présente à la pensée est celle de l'*Etre ;* la première idée qui fait agir la volonté est celle du *Bien.* Le principe fondamental de la raison pratique consiste dans l'idée du bien vers lequel tendent toutes les volontés. L'ordre des préceptes de la loi naturelle doit, par conséquent, suivre l'ordre des inclinations naturelles, lesquelles à leur tour doivent obéir à la raison. Mais la raison peut être considérée sous le double aspect de puissance spéculative, et de règle pratique. Comme puissance spéculative elle s'exerce sur des principes nécessaires, sur des idées absolues, c'est-à-dire sur celles qui ne pourraient être autrement que ce qu'elles sont ; d'où dérive la notion complète de la vérité dans son principe comme dans ses conséquences.

En qualité de puissance pratique, bien que la vérité des principes communs soit évidente, la raison ne peut toutefois, dans les divers cas d'application qui se présentent, éviter les défauts propres à la nature humaine.

Pour tempérer l'effet des mauvaises inclinations de l'homme, et pour le diriger dans ses habitudes sociales, survient la loi humaine, dérivée de celle de la nature.

Saint Thomas assigne à la loi humaine dix caractères pour qu'elle réponde véritablement à son but ; elle doit être juste, unie à la religion, possible à exécuter, adaptée à la différence des pays, des temps et des lieux, suffisante pour empêcher le mal et exciter au bien, régulièrement connue, et expliquée dans les formes voulues.

Après avoir parcouru les diverses espèces de lois humaines positives, notre docteur enseigne que le devoir d'obéir à la loi incombe à tous. Il examine ensuite quelles sont les exceptions que comporte cette règle générale, et il les trouve dans les circonstances où par des événements imprévus, il serait dangereux pour le bien public, d'observer la loi; alors, dit-il, il faut avant tout obéir à la nécessité. Il se montre ensuite pleinement convaincu de l'utilité du progrès, et en parlant des changements devenus nécessaires dans les lois humaines, il les approuve en disant que c'est le propre de la raison humaine de passer par degrés de l'imperfection à la perfection.

Enfin parlant du droit de déroger à la loi, il ne l'admet que dans le cas où l'exécution de la loi elle-même deviendrait un danger. Mais si ce motif n'existe pas, ajoute-t-il, si c'est volontairement que l'on déroge, celui qui permet de déroger contrevient au principe de la loi et ne satisfait pas à l'obligation assumée de la faire observer.

L'exposé rapide que nous venons de faire [1], suffit pour convaincre que dans les ouvrages de ces grands hommes qui ont dirigé les commencements des études renouvelées, se trouve le germe, et souvent le développement d'un ordre d'idées, que plusieurs se plaisent à croire exclusivement propres à nos jours.

---

[1] Toute cette exposition de doctrine se trouve dans la *Prima secundæ Angelici doctoris sancti Thomæ Aquinatis quæst.*, 94, 95, 96, 97.

Les vraies notions primitives sur lesquelles se fonde la science du droit, sont exposées avec une grande clarté par ces anciens écrivains.

La démonstration de l'idée de l'Etre formant la première perception de l'intelligence, nous mène à ce système qui a donné tant de célébrité parmi les Italiens à Antoine Rosmini-Serbati [1].

Les règles indiquées par ces auteurs pour que la loi humaine atteigne le but qu'on lui assigne, ne seraient pas déplacées dans un traité de codification actuelle.

Il est vrai que la méthode scolastique rigoureusement suivie dans les traités théologiques dont nous parlons, semble trop prompte à proposer des problèmes et des antinomies, se faisant un plaisir de créer et de détruire des arguments et des objections. Mais cette méthode ne manque pas de certains avantages pour les esprits aptes à méditer profondément. *Il y a une construction de problèmes et d'antinomies, qui tout en forçant l'intelligence à certains doutes salutaires, la préserve contre les dangers des résolutions promptes et inconsidérées* [2].

Saint Thomas ne se contente pas de soulever des doutes et de les opposer les uns aux autres, selon la méthode mise à honneur par Pierre Abélard et par Duns Scot ; il se montre toujours prêt à résoudre le problème à peine sorti de toutes les filières scolastiques.

La science du gouvernement politique s'étudiait à

___

[1] Essai sur l'origine des idées.

[2] Voy. Cousin, introduction aux ouvrages inédits d'Abélard. Paris 1836, p. 189.

part et il nous en reste des livres écrits par des Italiens entre le xiiie et le xive siècle. Nous parlerons des trois plus célèbres d'entre eux, qui ont été imprimés, et d'un quatrième dont on ne connaît que quelques manuscrits [1]. Ce sont : le traité *De regimine principum*, écrit par un auteur inconnu qui l'adressa au roi de Chypre [2] ; le livre *de la Monarchie*, ouvrage de Dante Alighieri, le plus grand poète italien si l'on ne veut pas le reconnaître pour le plus grand poète moderne ; le *Traité du gouvernement des princes*, écrit par frère Gilles Colonna pour l'instruction de Philippe-le-Bel, roi de France, et enfin un traité *De recto regimine*, par un certain Paulin des frères mineurs, dédié à Marin Badoaro pendant que ce dernier exerçait la charge de duc de Candie pour la république de Venise [3].

[1] Dans cette série nous ne comprenons pas les sept livres de l'Erudition du prince (*Eruditionis principum*), écrits par saint Thomas d'Aquin. Cet ouvrage n'a pas trait à la politique, et contient un enseignement moral et religieux à l'usage des grands. D'une certaine façon, on pourrait dire qu'il fut le premier modèle du Petit Carême de Massillon.

[2] Quoique ce traité soit généralement attribué à saint Thomas, il résulte du contexte qu'il ne lui appartient pas. En effet, au chap. xx du livre III de ce traité, on y parle de la mort d'Adolphe de Nassau ; or ce dernier ne mourut qu'en 1291, et saint Thomas avait cessé de vivre en 1274.

[3] Ce livre fut écrit de 1312 à 1316, pendant l'espace de temps que Marin Badoaro était investi de la dignité de duc de Candie au nom de la seigneurie de Venise. Il a pour titre : *de Recto regimine* ou Recteur. Nous ne connaissons que deux exemplaires de ce manuscrit, l'un à la Bibliothèque de l'Université de Turin, marqué VI, 37 ; l'autre à la Bibliothèque de Saint-Marc à Venise. D'après l'avis du savant M. Barthélémy Gamba que nous avons consulté sur ce code, nous le croyons encore inédit. Sauf le titre qui est latin, il est écrit

En lisant ces traités, on voit aussitôt comment leurs auteurs s'étaient formés à l'école des classiques, et particulièrement à celle d'Aristote et de Cicéron.

La conformité des études devenue nécessaire en raison du manque de textes anciens, dans ces temps à peine civilisés, produisit une grande conformité dans les idées et même dans le style de tous ces écrivains.

Un principe commun, hautement proclamé, et qui contient, pour ainsi dire, la clef de l'édifice social, domine dans tous ces livres. C'est la faveur accordée à la monarchie, forme de gouvernement qu'on préfère à tout autre régime. Celui qui n'aurait jamais détourné sa pensée des longues luttes entre les Communes et l'Empire, ni de cette ardeur pour l'indépendance qui soutenait le courage des peuples contre les empiétements de la féodalité, s'étonnerait de voir tant d'amour pour les institutions monarchiques, chez des écrivains presque contemporains de la ligue lombarde. Mais pour expliquer cette disparité qui paraîtrait une contradiction, il faut faire attention aux différentes doctrines enseignées à cette époque, doctrines qui sauvegardaient les priviléges de l'Empire, au moment même où le peuple reconquérait sa liberté.

Comme la théorie des droits de l'Empire était l'une des bases du droit public de ces temps, et qu'elle sert

---

en langue vulgaire et date d'une époque où ces matières étaient écrites en latin. Par égard pour l'époque d'où il date, comme pour les qualités estimables des considérations qu'il contient, nous pensons que ce livre mériterait d'être imprimé. Voy. Cantu, *Scorsa di un Lombardo negli archivi di Venezia*, p. 138.

aujourd'hui encore à expliquer la véritable nature des relations qui unissaient alors les pouvoirs, nous pensons qu'il sera agréable au lecteur d'avoir sous les yeux ce qu'a écrit à ce sujet un savant Allemand, dans un ouvrage très remarquable que nous regrettons de ne pas voir traduit en italien [1].

Le souvenir de l'Empire romain et des anciens Césars durait encore au moyen âge. Mais bien qu'on parlât souvent du pouvoir absolu que l'empereur tenait des lois romaines, l'empereur lui-même ne put l'exercer nulle part. Malgré les efforts des juristes pour donner à la souveraineté impériale de leur temps, l'auréole qui entourait l'ancienne autocratie romaine, leurs efforts serviles restèrent sans succès. De même que la chrétienté universelle se considérait comme un seul tout, réuni par la charité sous la suprême autorité du Pape, ainsi on voulait considérer l'union de tous les Etats chrétiens sous la puissance de l'empereur.

On jugeait nécessaire d'avoir un arbitre civil suprême qui, en cas de guerre ou de contestations, loin de vouloir détruire l'individualité des droits, en prendrait soin et la maintiendrait. L'empereur devait, selon la raison de ces temps-là, procurer le bien partout, et ne l'empêcher nulle part. Le peuple qui dédaignait les règlements et les secours de l'Empire, devait être exclu du concert des nations, et placé dans un état de *faida*, c'est-à-dire une mise hors la loi. De

---

[1] C'est M. Raumer dans son histoire des Hohenstaufen et de leur temps (*Geschichte der Hohenstaufen und ihrer zeit*), tom. V, p. 47 et suiv. Nous ne saurions indiquer un meilleur interprète d'un système qui pendant longtemps tint le premier rang dans l'ordre social.

ce que l'empereur était considéré comme le premier protecteur de l'Eglise, il lui était dû plus d'honneur qu'aux autres princes. De là l'empereur pouvait s'ingérer dans toutes les affaires politiques des Etats indépendants placés sous sa tutelle, mais sauf le cas de violence manifeste, l'intervention impériale devait toujours revêtir le caractère d'un gouvernement paternel. En raison de cela on respectait dans l'empereur la source première de tout droit civil sur la terre, et l'instrument par lequel la force se changeait en ordre légal [1].

Voilà ce qu'on disait en théorie, mais en pratique les droits impériaux ne s'étendaient pas aussi loin; les forts observaient à peine le respect dû à l'Empire. On respectait les enseignes du pape et de l'empereur, mais c'était sous la bannière de la patrie que les citoyens versaient leur sang et aspiraient à la gloire.

Il n'y avait en Italie que deux exceptions absolues [2] à ce système de vasselage universel envers l'Empire, c'était le royaume de Naples et la république de Venise qui refusaient de reconnaître la souveraine prérogative impériale. L'investiture du royaume de Sicile,

---

[1] Le plus grand nombre des jurisconsultes italiens, ajouterons-nous aux considérations de M. Raumer, était tellement favorable à la prérogative impériale, que Barthole n'hésita pas à déclarer hérétiques ceux qui n'adhéreraient pas à l'opinion de Martin, c'est-à-dire qui n'admettraient pas que l'empereur était maître, non-seulement du monde en masse, mais de toutes les propriétés privées. Voy. l'extravagante *ad reprimendam*, la glose *totius orbis*.

[2] Nous disons *absolues* parce que dans d'autres contrées, comme en Piémont, p. ex., on ne se considérait pas comme vassal sous la mouvance directe de l'Empire, bien qu'on ne niât pas la tutelle impériale.

du duché d'Apulie et de la principauté de Capoue concédée par les papes aux princes normands, réduisit cet Etat en fief de l'Eglise, et fut la cause de guerres longues et déplorables. Le domaine de Venise se disait né avec la république, conservé et augmenté par la puissance des armes, et établi par une coutume immémoriale.

Ces considérations étant posées, voyons de quelle manière l'auteur anonyme du traité *De regimine principum* parlait des droits de la souveraineté. Il commence par définir en quoi consiste la puissance royale et le pouvoir politique : il attribue à la première les caractères d'une monarchie pure, héréditaire, et donne à l'autre ceux d'un gouvernement électif et mixte. Il ajoute que la souveraineté impériale est composée de ces deux éléments, mais qu'elle se meut dans une sphère plus vaste. Il dit que l'Empire est électif, et la puissance de l'empereur illimitée, et il tranche toutes les difficultés avec la maxime des anciens jurisconsultes romains, en déclarant que ce qui plaît au prince, a force de loi. De là il vient à parler des différentes formes de gouvernement. Chaque nation, d'après lui, doit se gouverner par ses propres institutions.

Ensuite il décrit la condition politique des diverses contrées de l'Italie, à son époque, et remarque comment, à la suite d'une longue domination étrangère, les îles adjacentes de l'Italie s'étaient désaccoutumées des lois, et des traditions nationales et anciennes. Notre auteur paraissait avoir peu de confiance dans les républiques qui florissaient alors : il les voyait disposées à la tyrannie, et l'on devait conclure, disait-il d'après l'expérience et d'après ce qu'on voyait, que les exemples de tyrannie sont plus fréquents dans les pays gouvernés par le peuple, que dans ceux gouvernés par un seul chef [1].

Dans le pouvoir qu'il appelle *politique*, il assigne des limites étroites à l'autorité des gouvernants. Il refuse aux magistrats des Communes le droit d'imposer des tributs, et il veut que dans l'exercice de leurs fonctions ils ne franchissent jamais la limite tracée par les lois et par la volonté du peuple [2]. Puis, comme il arrive toujours, il se plaint que la corruption de la pratique ait gâté la théorie; et de ce que, dès cette époque, il avait été assigné un salaire aux fonctionnaires publics, il les considère tous comme des mercenaires, toujours portés à accumuler des richesses [3].

Mais si l'auteur de ce traité circonscrit les limites de la souveraineté des laïques, il se montre très-favorable à l'extension de la puissance pontificale sur toutes les souverainetés temporelles; et il fait découler cette supériorité de la préférence due au pouvoir spirituel, surtout dans les cas où il s'agit de réprimer les délinquants ou de propager la foi [4].

Dans le livre *de la Monarchie*, Dante expose ses idées sur les gouvernements et les princes. Son opinion marche en sens opposé de ce que nous venons de voir

---

[1] *Et universaliter si quis præterita facta et quæ nunc fiunt diligenter consideret, plures inveniet exercuisse tyrannidem in terris quæ per multos reguntur quam in illis quæ gubernantur per unum.* L. C. lib. 1, cap. V.

[2] Ibid., lib. III, cap. XX.

[3] Ibid., lib. II, cap. X.

[4] Ibid., lib. III, cap. XIX.

jusqu'ici. Mû par le zèle impétueux qui accompagne les conversions récentes [1], il couvre son ardeur gibeline du manteau de la philosophie. Il semble au premier abord qu'il veuille entreprendre une simple discussion scolastique; il se prévaut d'arguments tirés d'Aristote, de citations des classiques latins, et de textes des Ecritures saintes. Il cherche à concilier les droits de Louis de Bavière avec ceux que s'était donnés le peuple romain sous la libre république. Cette continuation flattait les hommes qui venaient de secouer le joug féodal, et ces souvenirs leur apparaissaient comme un titre ancien et irréfragable.

Dans son livre, Dante, après avoir expliqué quel est le but du mouvement normal du genre humain, que, par une sorte d'anticipation sur les idées modernes, il appelle déjà *civilisation* (*civilitas*) [2], agite trois ques-

---

[1] On sait que Dante était né d'une famille guelfe et qu'il avait toujours vécu avec les Guelfes pendant son séjour à Florence. Bienvenu d'Imola, dans son commentaire de la Divine Comédie, dit : *Auctor noster Guelfus originaliter, post expulsionem suam factus est Ghibellinus, imo Ghibellinissimus*, et il raconte ensuite comme l'aurait fait un ultrà-gibelin, que l'immortel poème n'aurait jamais pu sortir du cerveau de Dante s'il était toujours resté Guelfe.

On trouvera dans l'appendice un document que je crois encore inédit et qui ne sera pas sans quelque intérêt pour le lecteur. C'est le procès-verbal d'une séance du conseil général de la république florentine. Dante y siége; il refuse de donner sa voix pour accorder un secours au Pape. Cette pièce nous montre la forme de procéder dans ces vieilles assemblées délibérantes qui ont servi de modèle à ce qui s'est fait depuis dans ce genre en Europe. La date doit être rapportée à l'an 1300 ou 1301, puisque Dante sortit de Florence pour n'y plus rentrer avant l'arrivée en cette ville de Charles de Valois, en novembre 1301. Vie de Dante, par César Balbo, vol. I, chap. XII.

Voy. Muratori, *Antiquit. med. œvi*, tom. I, p. 1044-45.

[2] Je ne saurais me refuser le plaisir de mettre sous les yeux du

tions, et donne à chacune d'elles sa solution ; il dit que la monarchie est nécessaire au bien de l'humanité ; que le peuple romain est investi du droit légitime de conférer la puissance impériale, et que cette autorité n'est soumise qu'à Dieu seul. Sans suivre Dante dans les divers raisonnements qu'il emploie pour prouver sa doctrine, nous ferons seulement observer qu'en homme sagace, il cherche surtout à expliquer comment les idées de justice, lesquelles sont toujours les plus chères aux hommes, s'accordaient avec l'Empire. Loin d'élever la puissance impériale au point de la rendre odieuse aux communes, il dit que la Monarchie qu'il appelle *Politia recta*, tend à la vraie liberté. La liberté consiste à régler l'existence civile des hommes conformément à leurs propres intérêts ; c'est pourquoi, dit-il, les citoyens ne sont pas faits pour les consuls, ni le peuple pour ceux qui le gouvernent ; ce sont au contraire les consuls qui sont faits pour les citoyens et le Recteur pour le peuple.

Pour démontrer que la souveraineté monarchique

lecteur ce passage traduit du livre de Dante qui me paraît d'une grande beauté : « Si la civilisation du genre humain a une fin utile, » cette fin deviendra le principe qui servira de démonstration à ce » qu'il nous reste à prouver. Il est absurde de croire que cette fin » puisse être particulière à chaque espèce de civilisation au lieu d'être » commune à toutes. Voyons maintenant quelle est la fin de toute » civilisation humaine. L'œuvre du genre humain prise collectivement, » consiste à mettre en mouvement toutes les forces dont l'intelli- » gence humaine peut disposer, et à s'en servir d'abord pour connaî- » tre, ensuite pour agir. Le genre humain remplit complétement sa » tâche en atteignant ce but vers lequel toutes nos actions doivent » se diriger, et qui consiste dans la paix universelle. » . . . . . .

. . . .

Ici le mot de *paix* équivaut à celui d'*ordre*.

ne dépend d'aucune autre puissance terrestre, Alig-hieri se déchaîne contre ceux qui soutiennent la supré-matie politique attribuée au pape. Il range ces défen-seurs en trois classes : les zélés, ceux qui sont mus par leurs propres intérêts, et les décrétalistes, c'est-à-dire ceux qui s'appuyaient sur le droit canonique. En ré-pondant aux objections qu'il prévoyait, Dante fait, jusqu'à un certain point, sa profession de foi, et il recon-naît avant tout l'autorité de l'Ecriture Sainte, celle des conciles et des docteurs de l'Eglise, et il vénère les tra-ditions conservées au sein de l'Église; en même temps, il exprime son respect profond pour le Saint-Siége apostolique. Il indique les maux produits par l'abus des richesses, et il met sa confiance dans les secours qui viendront du ciel, puisque, dit-il, il faut *sub pio silentio salvatoris nostri expectare succursum* [1]. Enfin il reconnaît que le prince doit se soumettre au pontife en ce qui concerne l'autorité spirituelle, et il recom-mande à César de conserver à Pierre ce respect que le fils aîné doit avoir pour son père.

Voilà quelles étaient les opinions du gibelin le plus avancé qui ait jamais paru, voilà la déclaration des droits de l'empire. Dans ce traité Dante procède par des ar-guments logiques et dans un style tranquille et réglé. En l'écrivant, peut-être se repentait-il de la lettre qu'il avait adressée à Henri de Luxembourg. Alors l'esprit at-tristé, le cœur ulcéré, il demandait vengeance contre ses ennemis; maintenant il s'attache à les vaincre par la puissance de la raison. Toutes ses tentatives furent

---

[1] De Monarchia, p. 57 ed. de Pasquali.

vaines, tous ses efforts pour soutenir la cause de l'empire n'empêchèrent pas le grand poète de mourir dans l'exil.

Nous n'avons pas grand chose à dire du livre *De regimine principum* de frère Gilles Colonna; il n'y a là la plupart du temps, que la répétition des doctrines tirées de la Politique, de la Morale et même de la Rhétorique d'Aristote. Le moine romain dédia son livre à Philippe-le-Bel, roi de France, et bien qu'on ne puisse pas dire que l'ouvrage fût original, ni d'une haute importance, il put être cependant de quelque utilité à ce prince, en lui offrant ainsi qu'à sa cour plusieurs sages conseils, non encore répandus à cette époque, et en apprenant au roi Philippe qu'on doit régner *selon la raison et la loi* [1]. Les paroles de frère Gilles aidèrent peut-être aux progrès qui s'accomplirent dans le gouvernement français sous ce roi. Le livre de Colonna ne renferme aucun fait qui concerne l'histoire civile d'Italie, et ne peut rien ajouter d'utile à nos travaux.

Frère Paulin, dans le traité adressé à Marin Badoaro, marche aussi sur les traces d'Aristote, et pose les règles morales que doit observer le recteur. La méthode est simple, les raisonnements sont sains, et les conclusions qu'il tire révèlent réellement la politique intérieure des Italiens. Après avoir indiqué les vertus nécessaires à celui qui est destiné à gouverner les hommes; après l'avoir soumis à une espèce d'analyse

---

[1] Dans l'introduction : *Quatenus gubernatione regni secundum rationem et legem diligenter polleretis* etc.

morale, partant de la droiture des intentions pour arriver jusqu'aux détails intérieurs de la famille, il pénètre dans des questions d'intérêt public. Il commence par démontrer la nécessité d'une loi positive qui assure la tranquillité du peuple, puis il ajoute : « Il est » encore nécessaire qu'il y ait dans la ville un conseil » sage qui fasse des lois de nature à être bien obser- » vées. Il y a plus, quoique les lois soient bien ordon- » nées, la multitude ne les observera pas s'il n'y a pas » une autorité chargée de les faire exécuter. » Partout il faut qu'il y ait un tribunal composé de juges qui statuent contre ceux qui contreviennent à la loi ou au statut; enfin, comme tout le corps regarde la tête, ainsi il faut que tout le peuple, le conseil et les juges regardent le recteur [1]. Il parcourt ensuite les différents devoirs du recteur, du conseil, de la loi, des juges et du peuple. Frère Paulin se demande ensuite si le gouvernement d'un seul vaut mieux que celui de plusieurs, et il opine pour le gouvernement monarchique. Il veut que le recteur s'entoure d'hommes sages et expérimentés dans les affaires. Il est d'avis que la justice doit avant tout s'administrer à l'aide des lois et des statuts, puisque le juge peut procéder de deux manières: l'une en procédant d'après son propre arbitre, suivant autant qu'il sait et peut la droite raison, l'autre, en suivant la loi ou le statut, et celle-ci est meilleure et plus sûre que la première [2]. Il vou-

---

[1] Chap. LXVI : Comment il faut se garder de cinq choses pour savoir gouverner la cité en temps de paix.

[2] Ibid., cap. LXXV.

drait en outre que le juge pût, selon les cas, mitiger la rigueur de la loi dans son application, parce que les statuts, pour empêcher que les hommes ne fassent le mal, éditent des peines plus fortes que celles qu'infligerait l'auteur des statuts lui-même ; partant il importe d'alléguer auprès du juge que le coupable n'avait pas de mauvaises intentions, ou au moins, que ses intentions étaient moins mauvaises que ne le semble faire croire le fait [1]. Cette observation de frère Paulin nous montre comment l'excessive rigueur des peines portées par les statuts de ces temps, était le plus souvent tempérée par l'équité du juge, persuadé qu'il n'y avait pas de proportions entre le délit et la peine. Le précepte dont nous venons de parler, faisait à peu près le même effet que les circonstances atténuantes qui influent toujours sur la conscience du juge, alors même que la loi semble les avoir oubliées entièrement.

Les règles posées par l'auteur du traité pour les différents cas où le juge peut tempérer, dans son application, la rigueur de la peine, ne seraient pas assurément exemptes de reproches dans l'état actuel de la science du droit. Mais il faut faire attention à la condition des temps où apparurent ces premières tentatives d'une théorie abstraite de législation ; il faut reporter sa pensée au milieu de tous les obstacles qui encombraient la voie de la civilisation ; et on se persuadera aisément que ces premiers progrès de la science se faisaient à pas de géant. Frère Paulin ayant égard à sa profession, mieux que ne le faisait frère Gilles qui se posait en maître

____
[1] Ibid., cap. LXXX.

de stratégie et de poliorcétique, frère Paulin prend congé de ses lecteurs, après avoir parlé sur toutes les institutions de la paix, en reconnaissant qu'il ne lui appartenait pas de parler de l'art de la guerre[1].

Nous avons tracé le mouvement intellectuel qui suivit la nouvelle organisation de la société en Europe, dès le milieu du quatorzième siècle : mais notre tableau serait imparfait si nous n'y ajoutions le grand nom de François Pétrarque. Son autorité sur le siècle dans lequel il vécut fut immense ; plus qu'aucun autre, peut-être, il a contribué au développement de la civilisation, en encourageant l'étude des classiques. Il élargit et ennoblit l'école ouverte avant lui. C'est même à cette disposition des esprits en faveur de la science, qu'on peut attribuer la cause de l'élévation de Pétrarque à la cour des princes. Quel autre titre, quelle autre raison qu'un esprit étonnant et une vaste science pouvait-il faire valoir, lui qui, né pauvre, grandi dans l'exil et dans l'obscurité, voué à des études solitaires, se sentait étranger aux honneurs et aux détours du monde? Elevé à l'école de Platon et de Cicéron, il osa se détacher de la méthode d'Aristote, alors généralement admirée. Rempli de confiance en la puissance de la raison humaine, la portant même au-delà de ce que l'expérience

---

[1] En parlant des premiers écrivains de droit politique, nous n'avons pas mentionné Brunet Latini qui fut le maître de Dante, et que Jean Villani loue comme un homme d'un grand jugement et d'une grande autorité, parce qu'il n'a pas traité ces matières à fond, mais qu'il les a seulement saluées, dirons-nous, dans son Trésor, espèce d'encyclopédie écrite en français ; à l'appendice on trouvera un long passage de ce livre tiré d'un manuscrit de la Bibliothèque de l'Université de Turin, riche en manuscrits précieux.

permet de faire, ou flatté peut-être par l'idée de se voir tenu pour arbitre dans les affaires d'Etat, nous le voyons s'adresser sans relâche, tantôt à un prince, tantôt à l'autre, pour les pousser à porter remède aux maux qui affligeaient l'Italie.

Il se flattait de pouvoir, par ses conseils, donner une nouvelle vigueur à la politique chancelante de l'empereur Charles IV, et il lui rappelait l'exemple de son aïeul Henri VII [1]. Fatigué du spectacle des discordes intestines qu'offraient les petites républiques, on espérait que l'intervention de l'empereur raffermirait la félicité de l'Italie ; ainsi Pétrarque, comme les plus magnanimes Italiens, portait ses sympathies du côté des Gibelins. Une autre fois nous le voyons essayer d'inspirer des sentiments de conciliation et de paix à son ami André Dandolo, doge de Venise, afin de mettre un terme à la guerre que la Seigneurie vénitienne faisait à la république de Gênes [2]. Il cherche même à instruire François de Carrare seigneur, de Padoue, sur la manière de captiver les esprits de ses sujets, en leur procurant les bienfaits d'un gouvernement doux, éclairé et prudent [3]. Mais rien n'alla plus au cœur et à l'esprit de Pétrarque que l'entreprise de Colas de Rienzi ; l'espoir de voir renaître la grandeur romaine, le mettait hors de lui ; il aurait tout sacrifié pour la réalisation

---

[1] Epistola ad Carolum IV.

[2] Voy. la correspondance épistolaire entre Pétrarque et le doge, relative à ces négociations importantes, pag. 471 et 481 de l'édition des lettres, *apud Petrum Roverianum*, 1601.

[3] Epistolar Lenil., lib. XIV, ep. 1.

de ce prodige. Une telle idée fit taire en lui jusqu'à la voix de l'amitié [1].

L'illusion poétique de cette restauration le rendit ingrat envers ses propres bienfaiteurs. Mais à la chute de tout ce prestige, l'amour qu'il avait voué au tribun ne s'affaiblit pas, et dans la lettre adressée au peuple romain pour l'exhorter à soutenir ses droits en prenant la défense de Colas, on découvre toute l'élévation de son âme. La postérité jugera Pétrarque ; elle le plaindra sans le condamner, pour avoir eu confiance en une entreprise, qui semblait aux hommes prévoyants et rompus aux affaires, comme dit Villani, *une œuvre fantastique et de peu de durée* [2].

Quoique les écrits et les opinions de Pétrarque ne s'unissent pas étroitement au sujet de nos études, nous avons dû en parler afin que l'on vît combien était grande à cette époque la divergence des opinions et des projets politiques, divergence fatale qui laissa l'étranger libre d'accomplir ses desseins hostiles à la prospérité commune de la patrie ; divergence qui divisa les forces nationales, rompit les liens anciens et prépara le pays aux changements funestes survenus au XVIe siècle.

Après avoir indiqué ce que firent les écrivains italiens pour éclaircir les principes du droit naturel et du droit politique, dans les premiers temps qui suivirent la réorganisation de l'ordre public, il nous reste à jeter un regard sur ce que firent leurs successeurs. Lorsque

---

[1] La ruine des Colonna, bienfaiteurs de Pétrarque.
[2] Histoire de Florence, liv. XII, chap. LXXXIX.

le grand œuvre du renouvellement social fut accompli, quand il ne restait plus qu'à développer ce qui avait été fait, et à marcher hardiment sur les traces déjà imprimées, survinrent les rhéteurs et les sophistes. Ceux-ci se mirent à commenter ce qui avait été fait, à répéter ce qui avait été dit, à introduire dans leurs vaines disputes cette voix qui avait réveillé les esprits à une vie nouvelle. Les ouvrages de ces écrivains, et il en parut bon nombre, surtout aux xvie et xviie siècles, sur lesquels nous aurons à revenir dans la suite de notre travail, n'exercèrent aucune influence décisive sur la marche des affaires publiques.

Mais nous ne pouvons passer sous silence deux hommes devenus très-célèbres par leurs écrits et leurs actions, vivant à la même époque, dans la même ville, et dans ces jours où se perdait l'ancienne liberté que l'un et l'autre avaient voulu servir, l'un jusqu'à la mort, l'autre jusqu'au triomphe de la maison de Médicis. L'un de ces hommes poussa la ténacité des opinions jusqu'au fanatisme, l'autre ne recula devant aucun des moyens qui pouvaient faire réussir ·ses desseins. Le premier, doué d'un caractère plus austère quoique inférieur par le talent, vit se réaliser pour un moment, les rêves de toute sa vie. Le second, dont l'expérience avait fait tomber les premières illusions, se plia à la nécessité des temps, et avec son admirable sagacité s'attacha à découvrir les ressorts qui font mouvoir les hommes. Telles sont à notre avis les qualités distinctives de Savonarole et de Machiavel. Celui-là mêlait toujours la religion à la politique; dans ses sermons comme dans son traité *Du gouvernement des Etats*, il enseignait que, le gouvernement d'un seul était le meilleur, si le chef était à la hauteur de sa mission ; à défaut d'un bon chef il penchait pour la forme aristocratique de Venise ; il mettait la démocratie en troisième ligne. Mais il conseillait à Florence de se servir de cette dernière forme de gouvernement pour faire cesser les dangers que faisaient naître à son détriment, la puissance de la famille des Médicis et la philosophie profonde de Laurent-le-Magnifique.

Machiavel au contraire, après avoir pénétré bien avant dans le cours des vicissitudes humaines, après avoir fait l'expérience de ses temps, en les comparant aux enseignements de l'expérience historique, se prit à adorer la fortune ; et après avoir regardé de tout côté pour s'assurer s'il y avait possibilité de ramener Florence à son ancien gouvernement populaire, et n'en voyant pas, il ne pensa plus à la liberté de sa patrie, et entreprit de soutenir la cause de l'indépendance et de la gloire de l'Italie. Telle fut la première conception, l'idée dominante du premier livre *du Prince*.

On connaît trop les reproches et les éloges dont furent l'objet les doctrines du secrétaire florentin[1] pour que nous ayons besoin de les rappeler ici. Nous appellerons l'attention du lecteur sur un seul point, c'est qu'aucun écrivain politique ne dévoila comme lui les passions, les erreurs, les dangers des princes et des États. La face extérieure du monde a bien changé depuis le temps où il écrivait, mais les causes internes,

---

[1] Voy. l'ouvrage de M. Artaud, intitulé : Machiavel, son génie et ses erreurs, 1833.

secrètes et profondes des événements n'ont pas changé. Voilà pourquoi les jugements de Machiavel s'appliquent parfaitement aux temps postérieurs.

Tout en rendant justice au génie de Machiavel, nous devons déclarer, et nous le répéterons encore, que nous ne croyons pas que son influence ait été salutaire pour l'Italie. Nous détestons cette immoralité profonde, cette négation du principe du devoir. Plus on avance dans la carrière de la véritable civilisation, plus on aspire à renforcer le sentiment moral qui est comme l'arome qui empêche la corruption de la société, moins on s'attachera à cette école qui fausse le jugement et al-lume les passions.

Nous devons parler d'un troisième écrivain italien, contemporain de Machiavel et de Savonarole. Nous nous serions abstenu de le faire, si nous n'avions pas trouvé dans un livre d'un mérite réel [1] qu'on attribuait à ses écrits l'insigne honneur d'avoir créé un système moral et politique.

Il est question de Pierre Pomponace, qui en ensei-gnant la philosophie et en expliquant Aristote, nia la certitude philosophique de l'immortalité de l'âme chez les hommes, aussi bien que la certitude des causes surnaturelles des phénomènes naturels. Ses opinions sur cette matière ont été amplement réfutées, et ce ne serait pas ici le lieu de recommencer les réfutations. Mais on le loue comme l'auteur de trois grandes inno-vations : 1° d'avoir établi la loi de la perfectibilité

---

[1] Matter, Histoire des doctrines morales et politiques des trois derniers siècles.

humaine ; 2º d'avoir posé la loi des institutions et des doctrines ; 3º d'avoir créé la doctrine de l'indépendance qui gouverne les temps modernes [1].

Il semble que quelle que soit l'importance qu'on veuille accorder aux doctrines professées par cet homme dont un célèbre écrivain moderne [2] a dit qu'*il représentait réellement la pensée vivante de son siècle*, il y aura toujours de l'exagération à vouloir en déduire la création d'un nouveau système.

La nouvelle direction imprimée aux opinions des peuples au XVIᵉ siècle doit être attribuée à des origines plus reculées et à un plus grand nombre de causes diverses, dont nous n'avons pas à nous occuper pour le moment. Nous ajouterons seulement que toute la série d'institutions, d'entreprises et d'études qui a fait jusqu'ici le sujet de notre livre, s'oppose à ce qu'on donne à l'Italie, au temps de Léon X, la qualification de barbare (comme fait M. Matter) [3].

Il nous reste à consigner ici une dernière indication. Trois siècles avant que l'école de codification se formât, un ouvrage annonçant des vues conformes à ce qui s'est fait depuis parut en Italie. C'est le *Codex* qui prit le nom de Portis, de l'imprimeur qui le publia à Venise

---

[1] L. c., tom. 1, p. 66. Nous ne comprenons pas par quel motif l'auteur de ce livre a pu considérer Léon X comme le protecteur de Pomponace, et indifférent pour le moins aux doctrines psycologiques que ce dernier enseignait, sans cependant avertir que, dans le concile de Latran assemblé justement sous ce pontife, on condamna les doctrines d'Averroës et on anathématisa l'opinion de Pomponace sur l'immortalité de l'âme.

[2] M. Ernest Renan, dans l'essai historique intitulé : *Averroës et l'Averroïsme*. Paris 1852.

[3] L. c., pag. 9.

en 1496. Ce livre, véritable curiosité scientifique et bibliographique, est porté sur les catalogues de la bibliothèque de Vienne. Le premier livre porte le titre *de Novo codice faciendo* et les livres suivants traitent méthodiquement des différentes parties de la législation [1].

Nous avons parlé des principaux éléments qui formèrent dès le principe la législation de l'Italie moderne, suivant avec diligence, ou pour mieux dire avec amour, le développement de cette puissance intellectuelle et morale qui a recomposé l'ordre dans la société civile. Nous n'avons pas omis de renouer les liens par lesquels l'ancienne civilisation passa dans la nouvelle. Ce fut notre soin de prédilection de remonter toujours à ces sources du progrès universel ouvert en Italie, grâce au renouvellement des études du droit romain, et à l'impulsion prodigieuse donnée au commerce qui unit les peuples par des liens étendus d'avantages communs.

Les entreprises politiques avaient réveillé les intelligences et l'amour de la patrie chez les Italiens. Les richesses provenant du commerce leur fournirent les moyens de cultiver les sciences et les arts qui choisirent l'Italie pour leur demeure. Les Italiens se tournèrent avant tous les autres peuples, vers ces livres des anciens classiques ; ils ne tardèrent pas à se lancer dans le champ des études mathématiques, et ils en étendirent bientôt les limites.

Là où le sol le permettait, et où l'influence d'un

---

[1] Voy. Emerico Amari : *Critica di una scienza delle legislazioni comparate.* Gênes, 1857, p. 219.

mauvais gouvernement ne s'y opposait pas, ils s'adonnèrent à l'agriculture et la firent fleurir, ainsi que l'atteste aujourd'hui encore la culture du riz, de l'olivier et du mûrier.

Ajoutons-y encore les grands travaux pour l'irrigation, entrepris avec tant d'intelligence, exécutés à grands frais, et entretenus avec une infatigable attention.

Mais au milieu de tant de causes de prospérité et de grandeur, avec tant de facilités et tous les dons du climat, au sein de ces contrées mêmes où ils paraissaient être justement arrivés au point où ils pouvaient aspirer à quelque chose de complet dans leur organisation politique et civile, les Italiens atteignirent-ils ce but glorieux? Il en coûte de le dire, ils ne le touchèrent jamais.

Il est temps de mettre à découvert une plaie mortelle qui rongeait sans cesse intérieurement plusieurs des gouvernements italiens. Cette plaie s'agrandissait tandis qu'extérieurement ces Etats montraient une grande exubérance de forces vitales.

Aux jours d'infortune, quand ils se virent menacés par des ennemis déclarés ou cachés, ces gouvernements s'aperçurent qu'ils manquaient de l'énergie nécessaire à leur salut, et que le corps social se dissolvait. Ils devinrent par suite la proie de certaines familles puissantes, ou se soumirent presque sans résistance aux premiers assauts de l'étranger, qui n'aurait pu les vaincre s'il ne les eût trouvés sans nerf et sans valeur.

Tous ces obstacles à la perfection sociale, toutes ces causes de corruption politique, provenaient, à notre avis, de ce que ces gouvernements n'avaient pas suffisamment tenu compte des droits privés des citoyens, et de l'irréparable défaut d'une bonne administration de la justice.

Dans le tumulte continuel des agitations politiques qui bouleversaient les républiques italiennes, l'esprit de parti faisait disparaître toute idée de règle et de devoir. Le mot de patrie était dans la bouche de tous, mais au fond, tout se faisait par esprit de secte et de faction. Le peuple se croyait libre parce qu'il déchargeait sa colère contre les puissants, ou qu'il défaisait par caprice ce que le bon sens de quelques-uns avait prudemment établi. L'individu n'était jamais à l'abri de l'arbitraire, et les magistrats ne portaient aucun respect à cette loi primordiale de toute société civile, la défense et la sûreté de l'individu; on n'observait pas les lois et l'on méprisait ceux qui étaient chargés de les appliquer.

Pour peu que nous lisions l'histoire intérieure des peuples italiens, aux temps dont nous parlons, nous serons convaincus de la vérité que nous avançons, et nous verrons les conséquences pernicieuses qui découlèrent d'une telle erreur. Nous alléguerons quelques faits plus concluants que les autres et qui démontreront à l'évidence ce que nous avons dit.

En 1290, les négociants et les artisans de Florence voulant porter remède aux injures et aux dommages que les grands faisaient au peuple, Giano de la Bella, secondé par quelques sages et riches citoyens du peuple, promulgua certains statuts énergiques et sévères, contre tout puissant seigneur qui se porterait à des actes de force ou de violence contre les gens du peuple, *redoublant la peine ordinaire à leur égard et rendant les membres de la même famille l'un responsable pour l'autre* [1], ce qui était accumuler injustice sur injustice, et loin de préparer la paix, on rendait injure pour injure.

Aussi, au milieu des dissensions civiles si fréquentes au sein de cette république, le cri de guerre était presque toujours : *Vive le petit peuple, mort aux riches, à bas les gabelles!* Et les campagnes, même en temps de paix, étaient divisées d'esprit et de pensées.

Nos auteurs de nouvelles, qui sont aussi les peintres les plus véridiques des mœurs et des idées de leurs contemporains, nous fournissent mille particularités curieuses sur le mépris qu'on témoignait pour les actes de la justice et pour les juges.

Et il ne paraît pas, à vrai dire, que ces derniers s'inquiétassent beaucoup de se concilier l'estime du peuple, étant pour la plupart des hommes de nulle valeur, se conduisant comme des serviteurs du podestat, qui parfois ne se distinguait pas beaucoup des juges et des notaires qu'il traînait à sa suite [2]. Mais ce qu'il y avait de plus singulier, c'était de voir que les citoyens les plus importants, ceux qui devaient, avant tout, avoir à cœur la conservation des droits individuels, au lieu de

---

[1] Histoire de Florence par Jean Villani, liv. VIII, chap. i.

[2] « Comme vous avez pu l'entendre dire vous tous, il arrive dans » notre ville des recteurs venant des Marches, qui généralement sont » des hommes pauvres de cœur et si misérables que toutes leurs ac- » tions sont une véritable pouillerie, et en raison de leur misère » innée et de leur avarice traînent après eux des juges et des no- » taires qui semblent des hommes tirés de la charrue ou pris dans » une échoppe de savetier, plutôt que sortis des écoles de droit. »
Décaméron, 8ᵐᵉ journée, nouv. 5.

les défendre, s'en faisaient souvent un jeu. Un exemple
entre tous, ce fut Laurent-le-Magnifique, le chef le plus
illustre et le plus méritant de la république Florentine;
cependant on raconte de lui de tels abus des égards
dus à la sûreté personnelle des citoyens, que tout le
monde les considérerait aujourd'hui comme insuppor-
tables. Quand on lit le récit de ce qu'il se permettait pour venger des injures privées, et comment il se
faisait un amusement de faire emprisonner des gens,
sans aucune forme de procès [1], il n'y a plus rien à
envier à ces temps-là, puisque le peuple lui-même,
loin de chercher à conserver les droits individuels, n'en
faisait aucun cas et se joignait à ceux qui l'outra-
geaient.

La république de Pise retenait captif le dernier représentant du fameux comte Hugolin de la Gherardesca.
L'empereur Henri VII étant arrivé dans la ville, fit
mettre en liberté le prisonnier, et demanda aux anciens
et au conseil du peuple pisan, s'ils avaient quelque
chose à objecter à cet acte, et ces magistrats ne surent
répondre rien autre que, s'ils avaient fait jeter en
prison le comte guelfe, ce n'avait pas été pour ses
mauvaises actions, mais pour celles qu'avaient commises
son père, son aïeul et son oncle [2]. Réponse vraiment
digne de celui qui ne connaît aucune justice, et qui a

---

[1] Voy. la nouvelle du menuisier Grasso, et le troisième (cena)
souper de Lasca. On sait comment le prudent Burchiello parle dans
cette dernière nouvelle à maître Manente et lui dit : Les princes sont
princes et font de ces choses à nos pareils, quand nous voulons vivre
avec eux à tu et à toi. Paroles étranges dans la bouche de républi-
cains à l'égard du premier magistrat de la république.

[2] Doenniges, Acta Henrici VII, p. 54.

peur; exemple qui n'a pas d'égal, si ce n'est dans les lois cruelles des suspects que la Révolution française compte en tête de celles qui ont signalé ses plus mauvais jours [1].

En Lombardie les affaires n'allaient pas mieux qu'en Toscane, selon ce que raconte Galvano della Fiamma, historien milanais qui vécut vers la première moitié du xive siècle; les Milanais ne ressentirent les bienfaits d'un gouvernement sage et juste qu'après l'avénement au pouvoir d'Azzon Visconti, qui commença la réforme des lois et corrigea les règlements anciens. Ses successeurs, Jean et Luchino Visconti, continuèrent l'entreprise commencée et firent en sorte que les citoyens jouirent du repos, que les coupables subirent le châtiment mérité [2], et que l'administration publique fut délivrée des maux innombrables qui l'avaient envahie.

Mais cette prospérité ne fut pas de longue durée, le règne épouvantable de Barnabo gâta tout principe de bien posé par ses prédécesseurs. Il survint beaucoup de mal encore après lui, et pour peindre l'état déplorable dans lequel tombèrent les Lombards sous le gouvernement des Sforza, il suffit de rapporter les paroles énergiques de Bernardin Corio, que *nul n'était sûr en Lombardie s'il n'était pauvre* [3].

---

[1] Lois du 17 septembre 1793. Voy. Thiers, histoire de la Révolution française. Bruxelles 1832, tom. III, p. 189.

[2] *Sexta mala consuetudo fuit quia homicidæ, furcs. prædones et rei multi passim pretio aut prece condonabantur et dimittebantur. Et ista mala consuetudo deleta est quia quicumque reus vix et fere impossibile est ut evadat nec propter pretium nec propter precem. Et ut communiter dicitur in ista civitate* (Mediolani) *numquam fuit servata tanta iustitia sicut modo servatur.* L. c., p. 1042.

[3] Histoire de Milan.

Rome n'offre pas un meilleur aspect à cette époque. L'entreprise de Colas de Rienzi ayant pour but d'en changer le gouvernement, n'eut d'autre mobile que la nécessité de mettre un frein à la licence et à la fureur des sicaires. La soif de la vengeance irritée, en voyant impuni l'assassin d'un frère, le poussa à s'emparer de la ville. Dans la première entrevue qu'il eut à Avignon avec le pape, Colas accusa les barons romains d'être les auteurs de tous les maux qui déchiraient la patrie. On ne songea pas à y apporter remède, et le tribun s'éleva pour se faire justice lui-même. Ses premiers soins tendirent à réformer l'administration de la justice, à abréger la durée des procès, à régler le maniement des deniers publics, à mettre les routes publiques à l'abri des attaques des brigands, à achever en un mot les actes d'un régime sage et prudent. La nature du remède révélait la nature du mal.

Nous n'irons pas plus loin dans la narration de faits particuliers; nous rappellerons cependant, comme preuve commune, les paroles d'une nouvelle de François Sacchetti [1], qui nous dévoile en entier la triste disposition des esprits en Italie. « Messire Ridolfo » da Camerino demanda à son neveu qui avait étudié » le droit à Bologne pendant dix ans : Eh ! qu'as-tu » fait à Bologne? — Celui-ci répondit : Mon oncle, j'ai » appris le droit.—Messire Ridolfo reprit : Tu y as perdu » ton temps. — Le jeune homme qui trouvait ces pa- » roles étranges lui dit : Pourquoi cela, Monsieur?—Et » messire Ridolfo riposta : Parce que tu aurais dû y

____
[1] Nouvelle XL.

» apprendre la force qui vaut le double. — Le jeune
» homme sourit d'abord, mais en réfléchissant bien,
» lui et ceux qui entendirent ce récit trouvèrent
» que messire Ridolfo avait raison. Et moi écrivain
» (ajoute Sacchetti) me trouvant avec certains étudiants
» qui suivaient les cours de messire Ange de Pérouse,
» je leur dis qu'ils perdaient leur temps en étudiant
» comme ils faisaient; pourquoi cela, répondirent-ils?
» Qu'apprenez-vous, leur dis-je? Le droit. Eh! qu'en
» ferez-vous si on ne le reconnaît pas. »

« En effet, la raison n'a pas cours et on a beau l'a-
» voir pour soi, s'il y a un peu plus de force du côté
» de la partie adverse, la raison n'a rien à y voir. C'est
» pourquoi nous voyons qu'aujourd'hui s'il s'agit d'un
» pauvre ou d'un faible, la condamnation corporelle et
» pécuniaire ne se fait pas attendre, mais s'il s'agit
» d'un riche ou d'un puissant, c'est autre chose, car
» malheur à qui ne peut rien. »

Dans cette nouvelle se voit toute la douloureuse exposition des maux que nous avons indiqués. De ces maux
date le pervertissement de la morale en Italie. Le
peuple apprenait à mépriser les lois à l'exemple de ceux
qui les administraient; dans son sein bouillonnaient des
passions malignes, cruelles, et elles n'étaient pas ré-
primées. Bien plus, les partis intérieurs fournissaient un
aliment continuel à ce feu qui, sous prétexte de ré-
chauffer les cœurs, allait détruisant l'ordre moral et
les convenances politiques. Ainsi s'affaiblit le véritable
esprit public chez les Italiens, ainsi furent ruinés les
fondements de l'indépendance acquise. Tout souvenir
des vertus austères, de la valeur indomptable, de la

constance inébranlable de la ligue lombarde avait disparu. Tout reste de l'ancienne dignité s'était enseveli dans le profond avilissement des puissances italiennes, au XVIe siècle, alors que les princes, pour nous servir des propres paroles d'un homme d'Etat qui en fut témoin, *craignaient d'irriter l'empereur toutes les fois qu'ils ne l'aidaient pas à s'emparer de l'Italie*[1], ainsi que dans cette immense corruption de mœurs que nous révèlent tous les écrits qui en restent.

Donc il est utile de le répéter (car on ne saurait trop revenir sur les vérités utiles), l'Italie fit voir au monde que, ni la puissance de l'esprit, ni la valeur guerrière, ni l'abondance des richesses, ni les merveilles des arts, ne peuvent suppléer au manque de bonnes lois protectrices des droits privés et des droits publics. Le mauvais usage que l'on fait du pouvoir tourne contre le pouvoir lui-même, et certaines splendeurs qui éblouissent un moment, ne laissent après elle que lents incendies et ténèbres périlleuses. La raison seule peut donner à la société des règlements bons et durables, et la justice humaine n'est autre chose que la raison elle-même, tendant à régler les relations réciproques des hommes. Plus on multiplie ces relations et plus on a besoin d'avoir présent à l'esprit les règles de la justice.

On a dit à plusieurs reprises que l'état de la législation est l'expression de la condition sociale, le miroir dans lequel se reflètent le plus fidèlement les vicissitudes

---

[1] Lettre du comte Louis Canosa, évêque de Baius, à Mgr Gibert, évêque de Vérone, Datoure, p. 5. Des lettres de XIII hommes illustres, publiées par Thomas Porcacchi. Venise 1582.

de la société. En poursuivant l'histoire de la législation italienne nous ferons ressortir les aspects variés de la condition morale et politique des peuples de notre Péninsule. Les images qui nous apparaîtront seront plus souvent tristes que gaies, mais cette tristesse ne restera pas sans fruit, si nous en tirons des enseignements profitables pour notre état présent.

J'écrivais ces lignes en 1840 ; moins de dix ans après le grand mouvement national se développait en Italie ; il paraît aujourd'hui près d'atteindre son but.

L'honneur d'avoir entrepris cette revendication d'un droit d'indépendance trop longtemps méconnu revient au Piémont. Pourquoi entre toutes les contrées de l'Italie ce pays a-t-il été capable de si grands efforts ? C'est parce qu'il avait toujours conservé ses habitudes militaires, et n'avait jamais perdu le respect dû à la majesté des lois.

Maintenant que l'œuvre de la régénération avance avec le concours des autres peuples de la Péninsule, nous faisons des vœux pour que l'élan du patriotisme se soumette toujours à la voix de la justice, et pour qu'on ne laisse rien à la fortune de ce qu'on peut lui ôter par le conseil et la prévoyance.

APPENDICE

APPENDICE

———∽∾∽———

No 1.

La glose tirée d'un code manuscrit de la Bibliothèque de
l'Université royale de Turin du vɪᵉ siècle, publiée à l'appendice
de l'Histoire du droit romain au moyen âge, par M. de Savigny,
manque des premières lignes au n° 3. Ces lignes ne purent
être copiées, sans doute parce que la couleur de l'encre était
disparue en partie. Cependant la diligence empressée de notre
savant collègue et ami, M. le chevalier Charles de Vesme, est
parvenue à déchiffrer ces lignes effacées et à les transcrire
très fidèlement. Nous nous estimons heureux de pouvoir,
grâce à la noble courtoisie de notre ami, publier ici ce fragment inédit, supplément nécessaire à l'édition du premier

texte qui commence par le § 4 du titre XII, livre I des Institutes de Justinien.

LIBER PRIMUS.

TIT. XII. — QUIBUS MODIS JUS POTESTATIS SOLVITUR.

(§ 10. Voy. poene.) Bene dixit *poene :* quidam enim sunt casus per quos possit filius patrem cogere ut eum emancipet, puta si sit ipse pater prodigus, vel si nimiam asperitatem in filium agat, aut si ei aliquid * relinquatur, ut eum emancipet modis omnibus cogitur.

* Al. aut si ei aliquid intulerit ut emancipetur modis omnibus cogitur [1].

TIT. XIII. — DE TUTELIS.

Pr. V. *curatione*. — Nota inter tutores et curatores.

Voy. *habent*. — Et ne dicas : si sui iuris, hominibus tutor dari debet, quare hic dicit, patrem debere filio, qui in potestate eius est, tutorem dare ? Sed dicimus quia non habet locum ea tutela nisi post mortem patris, id est iam sui iuris factus [2].

---

[1] Cette variante à une époque aussi reculée est fort remarquable, et nous fait voir combien les codes de cette glose étaient variés.

[2] Là s'arrête la partie inédite : vient ensuite le texte publié par M. de Savigny. L'édition des Institutes, par Schrader, contient d'autres suppléments et des corrections au texte publié par M. de Savigny.

No 2.

Nous devons également à l'érudition de M. le chevalier de Vesme, une glose découverte dans un code manuscrit trouvé aux archives capitulaires de l'église métropolitaine de Verceil, et qui remonte au xᵉ siècle; elle contient la *Collectio canonum Anselmo dedicata.*

GLOSSÆ AD INSTITUTIONES.

TIT. II. — LIBER I.

(*Iuris perita censeri*) id est constringi, regi, infrenari.
(*Cum poetam dicimus*) poeta subaudit Virgilius.
(*Appellatione populi*) nota populi appellatione quid contineatur.

TIT. X.

(*Et usque ad infinitum*) Hic dicitur usque ad quartam generationem superiorem, vel inferiorem aut ex latere se debent coniungi aut quæ sint incertæ nuptiæ. Dicit etiam quia filiam adoptivam aut neptem non poterit uxorem accipere.

TIT. XII. — LIBRI II.

(*Hi quos nunquam testator vidit.*) Nota longevæ consuetudinis auctoritatem.

No 3.

Après avoir apporté un supplément à la *glose* publiée par
M. de Savigny, qu'il nous soit permis d'ajouter encore quelques renseignements relatifs aux travaux des anciens glossateurs italiens. En étudiant de plus près l'histoire du droit qui
fait partie intégrante de l'histoire de la civilisation, on est revenu du superbe dédain, produit de l'ignorance, avec lequel
on traitait jadis ces laborieux enfantements de la science, ces
œuvres à la fois naïves et profondes, destinées à rétablir dans
la société l'équilibre des devoirs et des droits légaux. Déjà
M. de Savigny a parlé savamment des glossateurs considérés
comme professeurs et comme écrivains; nous répéterons après
lui que les jurisconsultes surtout doivent se souvenir avec reconnaissance que la science moderne du droit a sa source
dans l'Université de Bologne. Ce ne sera donc pas tout à fait
hors de propos de placer ici quelques détails sur des gloses
récemment découvertes et qui remontent aux premiers temps
de la renaissance de ces études.

La bibliothèque de l'Université de Turin possède quelques
manuscrits de ce genre; ils sont rares et précieux. On y a découvert des parties des *Basiliques,* que l'auteur de cette histoire a eu le bonheur de mettre sous les yeux de M. Charles
Giraud, de l'Institut, qui s'est empressé de les traduire et de
les illustrer ; des constitutions appartenant au code théodosien
que l'on croyait perdues, et sur lesquelles M. Charles de Vesme
de l'Académie des sciences de Turin, a déjà fixé son attention;
enfin un texte plus correct des *Exceptiones Legum Romanorum*

de Pierre. M. Emmanuel Bollati, conservateur de la Bibliothèque du conseil d'Etat à Turin, a tiré des manuscrits de l'Université une ancienne glose des *Institutes* qui remonte à l'époque d'Irnerius ou de son école. M. Bollati a inséré cette glose à la fin du troisième volume de sa traduction italienne de l'Histoire du droit romain au moyen âge, de M. de Savigny. Cette traduction, dont la fidélité est hautement appréciée en Italie, a encore le mérite d'être tout à fait complète, ce qui ne se rencontre pas dans d'autres traductions du même ouvrage (*Storia del diritto romano nel medio evo per F. Carlo de Savigny. — Prima versione dal tedesco dell' Avvocato Emmanuale Bollati con note e giunte inedite. — Torino* 1854-57. *Gianini e Fiore editori.* Maintenant M. Bollati dont l'obligeance égale le savoir, a bien voulu nous faire part de la découverte qu'il vient de faire d'un autre manuscrit du même genre, et dont il est possesseur. Que le lecteur patient et attentif ait la bonté de nous suivre dans la description minutieuse que nous allons lui offrir ; elle sert à constater l'importance du manuscrit, et cette importance n'est pas tout à fait indifférente pour la science. Le manuscrit est *in-folio* de 478 pages. Il contient le *Digestum vetus* jusqu'à la loi 29 *de Iure dotium.* D'après le caractère de l'écriture et de l'orthographe, on pourrait en faire remonter la date aux dernières années du XIIᵉ siècle ; il ressemble beaucoup sous ce rapport à la glose dont nous venons de parler. Les marges et les interlignes du manuscrit avaient d'abord été remplies de *glossæ,* de *distinctiones* et de *casus* de la vieille école ; ces écritures ont été en grande partie grattées pour faire place à la glose d'Accurse qui y a été superposée.

Avant le Digeste il y a trois pages occupées par des *casus* et des *distinctiones,* pour la plupart signées au commencement de la Sigle JO, qu'on doit attribuer à Johannes Bassianus (V. Savigny, Histoire du droit romain, chap. 31); les autres sont suivies de la sigle Od, que l'on pourrait attribuer à Odericus (Odoricus) dont le nom se rencontre à peine, dans la série des professeurs de Bologne, entre le XIIe et le XIIIe siècle, mais qui paraît avoir joui de quelque célébrité (Voy. Sarti, *de Claris Archigymnasii Bononiensis professoribus a sœculo* XI *usque ad sœculum* XIV, pag. 48). S'il en était ainsi ces gloses pourraient s'appeler uniques jusqu'à ce jour.

Les gloses qui accompagnent le texte du Digeste sont interlinéaires et marginales. Parmi les premières, le plus grand nombre est tracé en caractères identiques et de la forme la plus ancienne, sans addition de nom ou avec la sigle *Y*. On sait que les sigles d'Irnerius sont quelquefois un *G*♦ venant directement de *Guarnerius*, et plus souvent un *Y*, partant de l'époque où cette forme de son nom était adoptée généralement (*Yrnerius*). Il ne faut pas oublier que le très petit nombre de gloses rapportées dans l'histoire de M. de Savigny comme appartenant à Irnerius, se trouvent toutes dans le manuscrit de M. Bollati ; celle qu'on voit rapportée la première par M. de Savigny avec les paroles d'Odofredus, se trouve ici précédée par plusieurs autres, et le texte n'est pas même identique. On y lit : Y — *In quibus ius non disponit sed dispositum custodit et confirmat*, tandis que dans l'histoire de M. de Savigny, il est écrit : *In his ius non disponit aliquid novi, sed dispositum non diminuit sed custodit et confirmat*.

Entre les gloses interlinéaires il y en a beaucoup portant les sigles *Az* et *Jo*, ou bien *Jo. b. Jo. ba. Job* (*Azo* et *Johannes Bassianus*). Celles signées *Az* ne contiennent que des notes philologiques ou grammaticales très-courtes. Elles sont, ainsi que celles de Bassianus, d'une écriture différente. On rencontre aussi dans le manuscrit dont nous parlons des gloses portant les sigles *M* (*Martinus*), *b* (*Bulgarus*), *Ja* (*Jacobus*), *p* (*Placentinus*), *ot* (*Otto*) et *r* (*Rogerius*).

Les gloses qui existaient sur les marges ont été presque entièrement détruites, ainsi que nous l'avons dit ; celles qui restent appartiennent à Albericus, à Rogerius et à Bassianus. Le lecteur fera-t-il grâce à cette longue énumération de menus détails en faveur du lien qui les rattache à l'histoire littéraire du droit? J'ose encore m'en flatter en invoquant l'appui de ceux qui ont travaillé à découvrir les sources de l'enseignement du droit au moyen âge.

Si la nature de notre livre nous l'eût permis, nous aurions fait quelques excursions dans le domaine de l'histoire littéraire du droit. Nous aurions eu recours aux recherches particulières de M. Pierre Capei, ancien professeur à l'Université de Pise, faites à l'occasion d'un abrégé de l'histoire de M. de Savigny. Nous n'aurions pas manqué, en remontant plus haut, d'entretenir nos lecteurs du travail important publié en 1850 par M. Jean Merkel, sur l'histoire du droit lombard, dont M. Bollati nous a donné la traduction italienne à la suite de celle de l'histoire de M. de Savigny. Nous aurions beaucoup élargi notre cercle, et satisfait peut-être les exigences des hommes déjà versés dans la science, mais nous avons été retenu par la crainte de n'être pas, en voulant trop dire, écouté par la jeunesse à qui s'adressent plus particulièrement nos paroles.

No 4.

Il ne déplaira peut être pas au lecteur d'avoir sous les yeux un précieux document inédit contenant la bibliographie du droit romain. C'est un contrat de vente d'un *digestum novum* passé à Pise en 1194, dont l'original se trouve dans les archives Roncioni. Dans l'histoire de M. de Savigny (chap. xxv, § 220), on rappelle la vente d'un *digestum vetus* faite à Pise en cette année. Notre document prouve la fréquence de ces contrats dans lesquels on comprenait même les parties ultérieures du Digeste.

« In Christi nomine amen. Scriptum memoriale perpetuo
» valiturum, tale est, et hujusmodi. Quia magister Riccardus,
» Dei gratia maioris pisane ecclesie sancte Marie canonicus,
» coram me Bonalbergo iudice et notaro et testibus subscriptis
» ad se specialiter convocatis, est confessus in veritate, inter-
» rogante eum Viviano nuntio pisanorum scolarium, se de-
» disse ei mandatum et parabolam Digestum suum vendendi.
» Quem cum idem Vivianus Johanni de Verona pro libris
» sedecim denariorum bononiensium tradidisset, prefatus
» dominus et magister Riccardus convenit et promisit supras-
» cripto Viviano se et sua bona ei et suis heredibus ad penam
» dupli stipulatione sollempni promissa, decetero per se vel per
» alium ullo tempore prefatum Digestum novum suprascripto
» Johanni venditum ei vel suis heredibus sive cui dederint,
» imbrigare vel molestare aliquo modo vel iure, sed semper
» firmam et ratam in perpetuum venditionem prefati Digesti

» novi habere convenit et promisit ad suprascriptam penam.
» Et insuper auctorem et defensorem et disbrigatorem inde
» esse convenit et promisit ad suprascriptam penam. Stipula-
» tione sollempniter premissa prefato Viviano et suis here-
» dibus. Et ut supra his nullum videatur dubium Bonalbergum
» iudicem et notarium domini imperatoris hoc scribere rogavit.
» Actum Pisis in balatorio claustri ecclesie maioris pisane.
» Presentibus magistro Alberto eiusdem ecclesie canonico et
» Bonfilio nuntio quondam Johannis, testibus specialiter ad hoc
» convocatis. Dominice incarnationis anno millesimo centesimo
» nonagesimo quarto. Indictione XII quarto kalendas octobris.

    » Ego Bonalbergus Ventrilii filius, domini Imperatoris iudex
» et notarius suprascriptis omnibus interfui et rogatus hoc
» scripsi, firmavi, complevi, atque dedi. »

Nᵒ 5.

Relativement aux décrétales d'Innocent III, d'Alexandre III,
d'Honorius III, de Grégoire IX (qui furent particulièrement les
législateurs de cette époque), nous avons trouvé que, sur les
dix-neuf livres dans lesquels furent enregistrés les lettres d'Innocent III, dix ont été publiés par Etienne Baluze à Paris, en
1682. Bréquigny et Du Theil insérèrent les 3ᵉ, 5ᵉ et 9ᵉ livres
avec quelques extraits des 4ᵉ, 17ᵉ et 18ᵉ dans les chartes *ad
res Francicas spectantia* (Parisiis 1791) : plusieurs écrivains

d'histoire ecclésiastique ou d'histoire diplomatique, en citent par ci par là, quelques autres ; de manière qu'en tout, on en compte environ 4,000 imprimées. Cependant il en existe plusieurs autres perdues dans les bibliothèques et les archives ; et si elles n'avaient pas été négligées par les éditeurs de ces temps-là, comme n'appartenant ni à l'histoire ni au droit public, mais regardant seulement le droit privé, elles seraient aujourd'hui les plus précieuses. A Londres, Theiner a découvert un exemplaire unique de la collection de Bernard de Compostelle, rédigée du vivant même d'Innocent, et toute composée de ses lettres , et le code 9 B. XI Bibl. *Jacobea*, aujourd'hui bibliothèque du musée.

Il y a aussi en Angleterre un grand nombre de lettres d'Alexandre III, adressées à Thomas Becket et à d'autres évêques anglais. Duchesne en a imprimé concernant les affaires de la France, 120 au tom. IV Script. rer. franc., pag. 557, 569, 592, 629 : Sirmondo en a publié 56 autres, tom. III, col. 1293-1348 (Paris 1696); le père Martène, 495 à Henri de Rheims, t. II, col. 655-1011. Celles d'Honorius III et de Grégoire IX existent en entier aux archives du Vatican où dut les examiner ce flambeau de la jurisprudence, Sinibalde Fiesco (Innocent IV), qui en tira un si grand parti pour son commentaire des Décrétales, imprimées depuis à Francfort en 1579. *Quæ utinam aliquando mihi pervolvere liceat!* s'écrie ici le bon Theiner tout radieux d'espérance.

No 6.

Extrait d'une lettre qui nous a été adressée par l'illustre professeur M. Bonaini de Pise.

Malgré toutes mes recherches dans les archives de Florence et de Pise, jusqu'ici je n'ai trouvé aucun statut antérieur au xiiie siècle. M. Raumer, dans une dissertation insérée dans les actes de Berlin, traite d'un statut de 1161. Après un profond examen, j'ai trouvé qu'il n'est qu'une réforme du statut primitif de 1161 faite dans le xiiie siècle, et qu'il n'est même pas antérieur à beaucoup d'autres réformes que j'ai vues dans la Riccardiana de Florence, dans notre bibliothèque du séminaire et chez d'autres particuliers. Dal Borgo, dans sa dissertation sur l'origine de l'Université de Pise, a commis la même faute en prenant comme original des statuts de 1161, ce qui n'était qu'une réforme du xive siècle.

Cela concerne le statut ou *constitutum* qui embrasse les matières du droit privé. En ce qui concerne le droit public, je n'ai vu jusqu'ici aucun *Breve* plus ancien que celui du comte Hugolin de 1286, répété presque littéralement dans les réformes successives et principalement dans celle de 1303.

Extrait des priviléges accordés par Amédée VI comte de Savoie aux bourgeois et habitants d'Avigliana, le 10 février 1554, dont le registre original se conserve dans les archives de cette commune. Que l'on remarque que les usages suivants sont reconnus par le document lui-même, comme étant déjà anciens à l'époque où on les renouvelait.

Consuetudines vero dictorum burgentium sunt hæ :

I.

Consueverunt, præsente et consentiente nostro bayllivo seu castellano Avellianiæ vel locumtenentem eorumdem, constituere credentiam et credendarios, consules, et sindicos, camparios et alios oficiarios dicti communis.

II.

Item super bonis et rebus ipsorum burgentium et aliorum habentium possessiones in territorio et finibus Avellianiæ, ipsorum bonorum custodia et etiam supra modo vivendi inter artifices et denariatos quoscumque statuta et ordinationes facere bayllivo præsente et consentiente castellano vel locumtenente, ad ipsorum burgentium liberam voluntatem.

III.

Item ipsorum communis, locorum castrorum et villarum castellatæ et mandamenti Avellianæ imponere et partiri onera gratiarum serviciorum, et donorum quæ per ipsos burgenses

fieri contingeret et concedi et taillias eis imponere pro talibus
oneribus supportandis pro pacto ipsorum convicinorum sicut
est consuetum.

IV.

Item ad honorem Domini et ipsorum burgensium, homines
villarum circumstantium castellatæ et mandamenti castri Avellianiæ consueverunt in cavalcatis et exercitibus venire sub ve-
xillo Avellianiæ et in dicto loco se congregare sub eodem ve-
xillo et cum eo tenere usque ad obtentam licentiam recedendi,
se habentes sub regimine rectorum dicti communis Avellianiæ
in cavalcatis et exercitibus supradictis.

V.

Item consueverunt dicti burgenses et omnibus ipsorum, rebus et possessionibus quas habent et possident, ubicumque
constant et sub quocumque dominio, etiam in territorio alieno,
contribuere et solvere taillias et onera possessionum dumtaxat
in Avelliana et non alibi, et fuerunt et sunt consueti alibi ubicumque locorum fore ab eisdem taillias et oneribus quibus-
cumque liberi et immunes.

VI.

Item consueverunt de contractibus in Avelliania seu districtu
Avellianiæ celebratis, promissis, obligationibus ad dictum
locum fieri destinatis, vel promissis, seu conventis quovis
modo omnes sibi totaliter obligatos, undecumque existant coram curia Avellianiæ citari facere, et in eadem conveniri.

VII.

Item consueverunt libere et impune per totum territorium

fines et districtum Avellianiæ piscare in aquis communibus, et venari; et de piscationibus et venationibus excepto lacu Domini, in quo non piscatur nisi cum lignolia [1] facere ad ipsorum burgensium omnimodam voluntatem, dum tamen pisces et venationes, casu quo voluerint vendere, apportent in platea.

VIII.

Item quod quamvis dominus suum pondus habeat in platea pro extraneis, quod accensare consuevit, nihilominus dicti burgenses consueverunt sua propria ad pondus communis, vel ad pondus quos quilibet de Avelliania potest habere, per se absque exactione pro libito ponderare.

No 7.

Extrait du manuscrit intitulé : Trésor de Sapience, qui se trouve dans la bibliothèque de l'Université royale de Turin, sous les n°s 10, VI. 8.

Doncques les art qui enseigne la cité gouverner est principale et souveraine dame de tous ars; pour ce que de sous elle sont contenues maintes honourables ars, si comme est rétho-

---

[1] A l'hameçon.

rique et la science de faire ost et de gouverner sa mesgnée. Et encores est elle noble pour ce qu'elle met en ordre et adrèce tous ars qui sous lui sont, et fait accomplissement des autres. Doncques le bien qui de ceste science vient si est le bien de l'homme pour ce qu'elle contraint de bien faire et de non faire. Le droit enseignement y est que l'on aille selon ce que sa nature peut souffrir. C'est à dire que celui qui enseigne gouverner, doit aller par ses arguments qui sont appelés démonstrations. Et la réthorique doit aller par argumens et raisons de la vraisemblance. Et à ce advient pour ce que chacun arcien jugeant bien dit la vérité de ce qui appartient à son mestier et en ce est son sens subtil. Pour ce que eulx deux sont non saichans des choses du siècle. Car cestuy art qui ne quiert pas la science de l'homme mais qu'il se tourne à bonté. Et saichez qu'enfant est en deux manières; car l'on peut estre de âge vieil, et peut estre enffant par age et vieil par honneste vie. Doncques la science de gouverner citez affiert à homme qui n'est pas enffant de ses meurs et qui ne suive sa volonté sinon lors qu'elle convient et tant comme ils doivent, et là où il convient et si comme est convenable. Il y a des choses qui sont cogneues à nous.

Pourquoi nous devons en ceste science commencer à choses qui sont cogneues à nous. Car qui se veult estudier à sçavoir ceste science, il doit verser des choses justes, bonnes et honnestes, ou il lui convient avoir son ame naturellement ordonnée à ceste science. Mais cellui qui n'a ne l'un ne l'autre, regarde à ce que l'homme craint disant, se le premier est bon l'autre est appareillé à estre bon. Mais qui de sens ne scet neant et qui n'en apprent de ce que l'en lui enseigne il est du tout meschant.

No 8.

Die XVIII mensis iuni.

In consilio centum virorum generali, speciali, et capitudinum XII[cim] maiorum artium proposuit dominus Capitaneus infrascripta presentibus prioribus, et vexillifero; primo, de servitio domini Pape faciendo de centum militibus, secundum formam litterarum domini Mathei cardinalis; item, super commissione facta in dominos Priores et Vexilliferum per comune de Colle acceptanda.

Per Rogerius Ughonis Albiczi notarius consuluit, quod dictum servitium fiat domino Pape secundum formam propositionis; item, quod dicta commissis facta per comune de Colle in dominos Priores et Vexilliferum acceptetur per eos.

Dante Alagherii consuluit, quod de servitio faciendo domino Pape nichil fiat, in alia propositione consuluit secundum dictum primi sapientis.

Dominus Guidoctus de Canigianis iudex consuluit secundum dictum primi sapientis.

Dominus Albiczus Corbinelli iudex consuluit quod de servitio faciendo domino Pape suspendatur ad presens.

Presentibus testibus, domino Gentile domini Gualterónis de firmo judice et collaterale assessoris predicti domini Capitanei, et Albiczo Redde precone domini Capitanei et populi florentini, et aliis.

Factis partitis ad sedandum et levandum, placuit omnibus secundum dictum primi sapientis, super facto de Collè. —

Dicta die acceptata fuit dicta commissio per officium eadem die et testibus — in quaterno bà signato per CC.

In consilio centum virorum proposuit dominus Capitaneus infrascripta; presentibus Prioribus et Vexillifero, primo, de servitio faciendo domino Pape de centum militibus pro illo tempore quo videbitur Prioribus et Vexillifero presentibus; et quod in dicto servitio morari debeat dominus Neri de Giandonati capitaneus dictorum militum et etiam ser Torello de Broncis pro notario dicti Capitanei ad solitam rationem salvo quod tempus dicti servitii non excedat kalendas septembris, dummodo dicta pecunia solvatur illi persone seu personis uqibus videbitur Prioribus et Vexillifero : Item de solutione IIJ^m : librarum facienda Vexillifero peditum comitatus, pro solutione facienda quibusdam peditibus comitatus.

Dominus Guidoctus de Canigianis iudex consuluit semcunou propositiones predictas.

Dante Alagherii consuluit, quod de servitio faciendo domind Pape nichil fiat; in alia propositione consuluit secundum propositionem.

Factis partitis ad pissides et palloctas, placuit XLVIIIj secundum propositionem, nolentes fuerunt XXXIj.

Item super secunda propositione placuit LXXX secundum propositionem, nolentes fuerunt I.

Extrait du registre des Consultes *de* 1300 *à* 1303. — *N*° 5 *de la Série* Consulte e Patriche *à* 8.

Ce registre existe aux archives générales de l'Etat à Florence.

No 9.

M. le professeur Mittermaier dont le grand savoir et l'activité infatigable ont rendu de si importants services à la science du droit, a bien voulu porter son attention sur notre premier volume au moment où il a paru en italien. Dans un article inséré dans la première livraison du tome XIII du journal critique de législation étrangère qui se publiait à Heidelberg, M. Mittermaier nous a cru digne d'apprécier ses critiques et de recevoir ses conseils. Pour lui prouver tout le prix que nous attachons à ses avis et en faire connaître au public la haute portée, nous reproduisons ici traduite en français une des remarques les plus essentielles de l'illustre professeur en la faisant suivre, de quelques éclaircissements particuliers.

Après s'être arrêté sur l'époque de Grégoire VII, M. Mittermaier dit : « Nous reconnaissons dans le droit canon l'origine
» véritable du droit national et d'un droit fondé toujours sur
» des mœurs douces et seul capable de résister à la rudesse
» des Seigneurs qui se seraient soustraits à l'empire de toute
» autre loi. Nous sommes redevables au droit canon de la
» formation scientifique d'un grand nombre d'institutions
» et de dispositions légales qui proviennent du droit germa-
» nique, et que les Papes ont introduites dans le droit canon en
» les y revêtant d'une forme nouvelle. Le mode de compter les
» degrés de parenté, le serment de purgation, la doctrine de
» la prossession et particulièrement tout ce qui tient à la ré-
» intégrande appartiennent à cette classe. Ce serait peine perdue
» si on cherchait à expliquer l'origine de ces dispositions par
» le droit romain, et l'on manquerait à la vérité historique si
» on reprochait au droit canon de les avoir mal comprises.
» Tout devient simple dès qu'on admet que les papes se ral-

» lièrent aux principes adoptés par les nations germaniques.
» La doctrine de la réintégrande trouve son explication na-
» turelle si on l'examine d'après les idées germaniques sur *la*
» *saisine*. »

On ne s'attendra pas à ce que nous développions ici une thèse qui pourrait fatiguer l'attention de plus d'un lecteur. Il nous suffira, quant au droit de possession en général et aux complaintes qui en sont la suite, de citer l'ouvrage éminent de M. de Savigny (voy. surtout les additions insérées dans la sixième édition). Quant à la saisine en particulier, nous ferons mention du beau travail de Henri Klimzath de si regrettable mémoire (voy. Revue de législation et de jurisprudence, t. II, p. 356-400).

Nous ajouterons encore que le point de départ généralement choisi en cette matière est le troisième canon, question 1re, cause 3me du *Décret* de Gratien; que ce canon est un des apocryphes tirés du recueil d'Isidore (voy. Berardi : *Gratiani canones genuini ab apocryphis discreti Taurini* 1754, pars secunda, tom. I, pag. 169), circonstance qui tend à le rapprocher des usages germaniques importés en Italie. On trouve qu'il est parlé de la *saisina* dans les canons de différents conciles, entre autres dans le neuvième du concile de Pise qui s'exprime ainsi : *tam in proprietate quam in saisina seu possessione*. Le nom et les effets de la *saisine* furent connus des anciens jurisconsultes italiens parmi lesquels nous citerons Cino de Pistoie et Paul de Castro. La jurisprudence s'attacha à élargir de plus en plus les principes de la réintégrande, et, contre l'opinion de Barthole, on admit la complainte même dans le cas d'un prossesseur pourvu de titre (voy. *Singularia in iure Pontificio atque cæsareo Rmi Episcopi ac clarissimi iurisconsulti Do. Pauli Fusci Ravellensis studio atque ordine alphabetico compilata.* Venise 1574).

No 10.

LOIS DES LOMBARDS.

Il y a dix ans, je faisais à l'Académie des sciences morales et politiques une communication touchant une collection des lois des Lombards, que la Commission royale, établie à Turin pour la recherche et la publication des documents de l'histoire nationale, venait alors de faire imprimer. Le travail relatif à ce sujet a été confié à M. Charles de Vesme; il s'est acquitté d'une tâche aussi importante que difficile avec cette haute intelligence des faits historiques et ces soins de critique scrupuleuse qui lui ont valu une si juste réputation dans le monde savant.

Je disais alors à l'Académie que l'histoire des Lombards, et surtout l'influence de leur gouvernement sur le sort des populations soumises à leur domination en Italie, appelait vivement l'attention des littérateurs italiens. Ces questions ont été traitées d'une façon assez différente de celle que l'ancienne école avait adoptée.

Dans l'ancienne école historique, depuis Machiavel, un grand nombre d'auteurs s'accordaient à regarder la seconde période de la domination lombarde comme un temps favorable, comme un essai de gouvernement en harmonie avec les besoins de la population italienne.

On s'attachait à l'avantage irrécusable de la tranquillité. On prenait pour du bonheur un ordre de choses qui délivrait les vaincus de la crainte du meurtre et du pillage.

Giannone, Grandi, Donato d'Asti, le grand Muratori lui-même, partageaient cette opinion. Suivant la même direction d'idées et développant des faits spéciaux, Pagnoncelli et de Savigny allèrent plus loin; ils soutinrent que les Romains vaincus avaient gardé un régime municipal propre à eux, et assez peu différent de celui dont avaient joui leurs ancêtres.

Mais d'autres graves historiens, tels que Sigonius, Maffei, Tanucci et Sismondi, croyaient tout le contraire; à leurs yeux, les Romains auraient été réduits par les Lombards à une sorte d'esclavage.

Cette opinion, renouvelée par Manzoni dans un discours concis et éloquent sur l'histoire des Lombards en Italie, publié en 1822, ramena l'attention des savants de la Péninsule sur des recherches analogues.

Quelque temps après, M. Henri Leo opposa aux séductions de M. de Savigny que plusieurs des documents sur lesquels l'illustre professeur de Berlin s'était appuyé, pour prouver l'effet de la persistance du *municipe romain*, se rapportaient à des villes non soumises aux Lombards, ou passées sous leur domination plus tard et dans des conditions tout à fait différentes de la première invasion.

Le comte César Balbo, de Turin, dont on ne saurait assez déplorer la perte, qui a fait un grand vide dans la littérature aussi bien que dans la politique de son pays, avait attaqué hardiment la question dans son *Histoire d'Italie*, imprimée à Turin (1839-1846). Il s'était prononcé pour l'opinion que les Lombards, dès qu'ils se virent solidement établis en Italie, auraient laissé aux indigènes cette portion de liberté qu'il appelle territoriale, en d'autres termes la concession du *dominium* d'une partie de leurs biens. Quant à la liberté civile ou politique, M. Balbo admet que les Lombards furent beaucoup plus exclusifs que les Goths, et qu'ils ne tolérèrent tout au plus que l'existence obscure de quelques juges particuliers, probablement ceux qu'avaient institués les évêques, qui conservaient sous le manteau de la juridiction épiscopale des restes inaperçus de nationalité.

Personne, toutefois, n'entreprit de développer cette grande question historique aussi amplement que M. Charles Troya, de Naples. Ce savant, dans la cinquième partie de son premier volume de l'*Histoire d'Italie au moyen âge*, volume qui ne compte pas moins de 2423 pages de texte (Naples 1831-1843), établit tout un système, dont les lecteurs me sauront gré de leur offrir ici le résumé, tracé par M. Troya lui-même.

Dans les provinces conquises par les Lombards, les *ingenui* ou hommes libres, c'est-à-dire les citoyens romains (à l'exception des gens d'Eglise et de ceux qui s'étaient livrés spontanément aux ennemis sous des conditions stipulées), perdirent jusqu'au dernier vestige de leurs anciens droits de cité, de leurs magistratures nationales, de l'usage public du Code Justinien et de toute autre loi d'origine. Ils furent tous réduits de l'état de servitude des colons à celle propre des *Aldii*, espèce de serfs, qui, chez les Germains, tenaient le milieu entre les hommes libres et les esclaves. Le serf des Germains n'était privé que de la qualité de citoyen, ou, pour mieux dire, de guerrier. Il n'en était pas ainsi de l'esclave romain, que les anciennes lois avaient dépouillé de toute espèce de droits, même de ceux inhérents à l'humanité, quoique depuis longtemps la religion chrétienne ne cessât de faire tous ses efforts pour rendre ces malheureux à la dignité de la nature humaine. Le résultat de ce changement fut une amélioration positive pour une immense quantité d'esclaves romains.

Nous ne reproduisons ici que la dernière et plus simple expression du système proposé par M. Troya dans ce grand débat historique. S'il nous est impossible d'entrer maintenant dans plus de détails sur les travaux et les documents importants publiés par ce savant, nous croirions toutefois manquer à ce que nous devons à la sincérité de nos recherches, si l'ouvrage de M. Troya n'était pas recommandé d'une façon toute spéciale à l'attention des étrangers.

Les opinions de M. Troya, ainsi qu'on le voit, sont opposées à celles soutenues par Muratori, et, après lui, par M. de Savigny. Les détails très-significatifs dans lesquels M. Troya a cru devoir entrer, l'autorité imposante des documents qui viennent à son appui, donnent à ce travail un caractère de supériorité qu'il est impossible de contester, quand même on n'embrasserait pas indistinctement toutes les opinions de l'auteur.

Mais sur le fond du débat on est encore loin de s'accorder en Italie. Parmi les savants qui ne se rallièrent point au système de M. Troya, nous ne saurions passer sous silence les noms de MM. François Rezzonico, de Come, Antoine Ranieri, de Naples, Gino Capponi et Pierre Capei, de Florence.

Dans une suite d'articles insérés dans le *Giornale dell' J. R. Instituto Lombardo di scienze, lettere ed arti, etc.*, qui se publiait à Milan (1842-43), M. Rezzonico, que nous avons eu le regret de voir mourir à Turin, où il s'était retiré à la suite des événements politiques de 1848, s'occupa particulièrement du grand travail de M. Troya. Tout en ne se rangeant point entièrement à l'avis de cet auteur, M. Rezzonico rend justice à son mérite éminent, et en soulevant des doutes sérieux il fait avancer la discussion. M. Rezzonico était le modèle des savants consciencieux, calmes et polis; les écrits dont nous parlons le montrent tel que nous avons eu le bonheur de le connaître.

M. Ranieri se détacha du système de M. Troya dans son *Histoire d'Italie, depuis Théodose jusqu'à Charlemagne.*

Le marquis Gino Capponi, de Florence, publia des lettres

dans l'*Archivio storico italiano* (1844), dans lesquelles il réunit avec une rare sagacité tous les motifs de doute que l'on pouvait opposer à l'opinion de M. Troya.

Enfin, M. Pierre Capei, actuellement conseiller d'Etat à Florence, s'attacha à développer les idées énoncées par M. Capponi (1846), en repoussant l'hypothèse que la totalité des indigènes ait été réduite à la condition d'un esclavage tempéré. Dans ce mémoire, intitulé *Discorso sulla dominazione dei Lomgobardi in Italia*, l'auteur pense qu'après la conquête des Lombards, les possesseurs des terres furent au commencement grevés d'un impôt égal au tiers des fruits, qu'ils payaient en qualité de sujets; que cet impôt étant trop onéreux, on permit ensuite aux indigènes de s'en racheter, comme ils firent, moyennant l'abandon de la moitié de leurs propriétés en faveur des vainqueurs; que les indigènes se virent assujettis au droit public et au droit pénal des Lombards, fondé sur le Widrigild, tout en conservant cependant, en ce qui tenait à leurs intérêts privés, le vieux droit romain. Il aurait été ensuite permis à ces indigènes, en vertu de la loi de Luitprand sur les *scribes*, de quitter leur droit privé primitif pour suivre aussi, en cette partie, la loi lombarde.

Quant à l'administration municipale, M. Capei ne pense pas que les indigènes l'aient perdue entièrement, quoique les traces qui en restaient fussent obscures, et enveloppées, pour ainsi dire, dans les formes lombardes. Le clergé vécut d'après la loi romaine, jusqu'à ce que, ayant reçu dans son sein bon nombre de Lombards, ceux-ci ne quittèrent plus dans les affaires temporelles leur droit primitif. Le système de M. Capei serait celui d'une fusion de droits, qui aurait beaucoup rapproché les Romains des Lombards.

Nous nous sommes un peu étendu sur ces derniers détails, parce qu'il nous paraît que l'opinion de M. Capei contient des vues qui tendent à concilier les différents systèmes.

On pourrait s'appuyer aussi, en entrant dans ces voies de conciliation, de l'autorité de M. de Vesme lui-même, qui, dans un mémoire fort étendu sur les Vicissitudes des propriétés (*Vicende delle proprieta*) en Italie, depuis la chute de l'empire romain jusqu'à l'établissement des fiefs [1], développe fort savamment des considérations analogues. La question de la condition à laquelle se trouvaient réduits les Romains sous le règne des Lombards, forme un des chapitres les plus importants de cet ouvrage.

Au reste, nous n'entendons aucunement entamer ici une discussion sur ces points difficiles, ni même dresser un catalogue des écrivains qui, en Italie, s'en sont occupés dans ces derniers temps. Nous avons cité des noms qui nous paraissent faire autorité; mais il est bon qu'on sache qu'il n'y a pas en Italie de savant qui, en travaillant sur l'histoire de son pays, ne s'attache plus ou moins à ces discussions. •

Dans ma première jeunesse, j'avais aussi abordé ce genre de travail dans un mémoire adressé à l'Académie des sciences de Turin (1827); c'était un simple essai fort incomplet, et j'étais alors loin de prévoir l'étendue que ce genre d'études aurait prise depuis.

Des documents précieux ont été publiés à différentes reprises, en Italie, sur l'époque des Lombards. Après les pièces intéressantes contenues dans les publications des archives de Lucques et dans le Code diplomatique toscan de Brunetti, beaucoup d'autres chartes très-importantes ont vu le jour, grâce au zèle infatigable de M. Charles Troya, qui a exploité avec une rare intelligence les riches dépôts existants dans le royaume de Naples.

---

[1] Cet ouvrage, fait en société avec M. Fossati, fut présenté en 1855 à un concours ouvert devant l'Académie des sciences de Turin, où il obtint le prix.

Les travaux de la Commission royale pour l'étude de l'histoire nationale, créée par le roi Charles-Albert à Turin en 1833, ont aussi contribué à porter à la connaissance du public de précieux documents de l'époque lombarde; on les trouve dans les deux volumes de *Chartes* publiés par cette commission (1836, 1853.)

On doit enfin savoir gré en Italie à M. Pierre Capei, que nous venons de nommer, d'avoir, dans un autre mémoire inséré aussi dans l'*Archivio storico* de Florence (1853), donné de fort belles analyses de cinq ouvrages publiés en Allemagne, qui tous, plus ou moins, se rattachent aux études dont nous parlons. Ces ouvrages sont l'*Histoire du règne des Lombards en Italie*, par A. Flagler (Leipsick, 1851); l'*Histoire du droit lombard*, par M. J. Merkel, dissertation servant d'appendice à l'*Histoire du droit romain*, de M. de Savigny (Berlin 1850); la *Lex salica*, publiée par le même M. Merkel, avec une préface de M. Jacques Grimm (Berlin 1850); la *Lex Angliorum et Werinorum, hoc est Thuringhorum*, publiée par le même M. Merkel (Berlin 1851); enfin, encore du même M. Merkel, les Commentaires *De Republica Alammanorum*, insérés parmi les *Monumenta Germaniæ historica*, recueil dirigé avec tant de savoir et de soins par M. Pertz.

Le nom de M. Merkel est un de ceux que l'on rencontre le plus souvent, dès qu'on parcourt les publications ayant pour objet des documents italiens du moyen âge. Aussi M. de Vesme lui rend-il pleine et entière justice dans la préface qui précède l'édition des lois des Lombards que nous annonçons. M. Capei n'en fait pas moins de cas, quoiqu'il ne partage point l'opinion du savant Allemand sur l'époque et la portée de l'acte de donation de Speciosus, évêque de Florence (724), dont il est parlé au premier volume, § 68, de la seconde édition de l'histoire de M. de Savigny.

Peut-être s'étonnera-t-on de l'intérêt que l'on attache encore aujourd'hui en Italie à des questions d'une date si ancienne, et qui peuvent paraître en dehors de la ligne des traditions modernes.

Nous prions de songer que l'époque des Lombards est celle qui détache le plus l'Italie de l'empire des idées romaines, dont il est cependant si intéressant de retrouver la chaîne, qui lie l'ancienne civilisation avec la nouvelle. D'un autre côté, les Italiens ne sauraient oublier que, depuis ce temps si reculé, aucun royaume ne s'est formé dans la Péninsule, qui possédât la force nécessaire pour rallier les provinces éloignées à un centre commun. Ces considérations portent les Italiens à envisager l'histoire particulière des anciens Lombards, dont le gouvernement était tout d'une pièce, comme un point saillant dans l'histoire générale de l'Italie.

Dans les discussions à propos de l'histoire des Lombards, on aperçoit en Italie autre chose que le simple désir de satisfaire une curiosité littéraire. Il y a là une sorte de retour sur la condition politique du pays; c'est comme le reflet d'une pensée habituelle qui assiége l'esprit des hommes, qui, pour être voués à l'étude du passé, n'en sont pas moins soumis aux préoccupations du présent.

Quand Machiavel faisait l'éloge du gouvernement des rois Lombards, en disant qu'après être restés deux cent vingt-deux ans en Italie (à l'époque de Didier), ils ne retenaient plus rien d'étranger que le nom [1], il pensait à ce royaume fort et compacte qu'il aurait voulu voir se renouveler de son temps dans la Péninsule; c'était le souvenir auquel s'inspirait l'auteur du livre du *Prince* dans les dernières paroles qu'il adressa à Laurent, fils de Pierre de Médicis.

Lorsque les écrivains modernes reprennent ce thème si souvent débattu, ils ne sauraient aussi se défendre de fréquentes

---

[1] *Istoria Florentina*, lib. I.

allusions à ce qui s'est passé depuis bien des siècles en Italie. Ces batailles livrées sur notre territoire pour des causes auxquelles nous restions complétement étrangers; ces jeux de l'intrigue ou du hasard, si souvent renouvelés à nos dépens; ces alternatives de protection sans effet et de provocation sans cause, qui malheureusement ont tant servi à démoraliser les populations et à affaiblir l'ascendant des principes sages et modérés; tout cela se résume pour les Italiens dans ces seules idées : l'empire du plus fort, l'oubli des intérêts nationaux, la domination étrangère. On remonte aux Lombards en faisant presque de l'histoire contemporaine.

Je n'entends aucunement entrer ici dans un champ réservé. Je n'en ai pour le moment ni l'occasion ni le goût; je sais à quels cruels mécomptes on s'expose en visant trop loin ou trop haut, et comme on court le risque d'empirer une position en voulant la rendre meilleure. Il nous suffit d'indiquer la direction que les études historiques, dont nous nous occupons maintenant, ont prise depuis bien des années. Nous constatons des faits sans sortir du cercle spécial des travaux littéraires.

Beaucoup des dispositions des lois des Lombards, refondues plus tard sans correction de texte et sans ordre chronologique dans la compilation qui prit le nom de *Lombarda*, restèrent en vigueur en Italie longtemps après la disparition de toute domination des Lombards. Elles se maintinrent à côté du droit romain. Le principe d'équité qui prévaut dans ce dernier, l'influence de l'Eglise faisant valoir ses institutions protectrices du faible, appuyées sur un droit spécial, l'autorité de plus en plus grande des coutumes locales, finirent par effacer, dans la pratique, tout vestige du vieux droit lombard, qui cependant, dans plusieurs contrées de la Péninsule, ne se trouva formellement abrogé qu'à l'apparition des Codes modernes.

Nous ne saurions omettre ici un détail curieux : les lois des Lombards furent traduites en grec pour qu'elles fussent bien connues dans les provinces méridionales de l'Italie où l'usage de cette langue s'était particulièrement conservé. M. Charles-Edouard Zachariæ, ayant trouvé des fragments de cette traduction à la bibliothèque impériale de Paris, sous le nᵒ 1381, les publia à Heidelberg en 1835 [1].

J'ai parlé d'une communication faite il y a dix ans à l'Académie des sciences morales et politiques, il faut que j'ajoute que le volume des lois des Lombards n'a point été livré alors au public. On a attendu que la préface, qui devait rendre raison des corrections et des additions apportées dans le texte, fût prête; des circonstances indépendantes de la volonté de l'éditeur ont prolongé le délai, et ce n'est qu'en 1855 que le livre a été mis en circulation. Mais on n'a pas perdu pour attendre. Le savant éditeur, M. de Vesme, a mis à profit ce long intervalle; il a étendu ses recherches, il a enrichi son ouvrage de toutes les lumières que les travaux critiques d'autres savants pouvaient lui offrir. Il en est résulté une préface de cent grandes pages in-folio, que nous n'hésitons point à reconnaître comme un travail parfaitement achevé sur cette matière. Des *fac-simile* des plus anciens manuscrits compulsés par l'éditeur et des dessins fidèlement calqués sur d'anciennes enluminures se trouvent réunis dans cette édition. Ce ne sont pas là de simples ornements, c'est un riche complément du texte.

Mais ce qui forme le plus grand prix de cette édition, ce qui lui assure, ne tardons pas à le dire, la supériorité sur toutes celles qui l'ont précédée, c'est la sincérité du texte reproduit d'après les plus anciens manuscrits connus des lois des Lombards.

On ne s'attend point à ce que nous suivions pas à pas le savant auteur de la préface dans l'examen détaillé qu'il a fait de chaque manuscrit, je dirai presque de chaque page de ces ma-

---

[1] *Fragmenta versionis græcæ Legum Rotharis Langobardorum regis.*

nuscrits; ni les bornes, ni l'esprit d'un journal ne s'accommoderaient de ces doctes et minutieuses investigations.

Il nous suffira d'exposer l'ensemble des sources auxquelles l'éditeur a puisé, en lui empruntant les classifications les plus propres à éclaircir cette matière.

Les manuscrits et les livres imprimés qui contiennent les lois des Lombards peuvent se partager en deux classes: la première arrangée par ordre chronologique; la seconde disposée en livres et en titres par ordre de matières contenant les lois des rois lombards et ceux qui ont été leurs premiers successeurs dans la domination de l'Italie. Les manuscrits de cette seconde collection sont plus nombreux que ceux de la première classe, parce qu'ils servaient plus particulièrement à l'usage des praticiens et qu'ils restèrent en vigueur pendant un long espace de temps. Mais avant la compilation de la *Lombarda*, qui ne remonte pas au-delà du xie siècle, on avait pensé à mettre en ordre de matières les lois des rois lombards. Dès le ixe siècle, un certain Lupus disposa ces lois en LX titres pour l'usage d'Evrard, duc de Frioul, sous le titre de *Concordia de singulis causis*. Le manuscrit sur lequel Herold fit son édition porte les lois distribuées en titres et s'écarte souvent de l'ordre chronologique.

Les manuscrits qui ne comprennent que les seules lois des Lombards, et qui suivent assez exactement l'ordre du temps auquel ces différentes lois furent promulguées, sont en assez grand nombre; ils se subdivisent en trois catégories principales.

La première comprend les recueils des lois des cinq rois lombards, sans nulle confusion avec d'autres lois postérieures, qui en restent complétement séparées. Il est assez difficile de décider quels sont les manuscrits de ce genre, qui, sauf quelques variantes en fait d'orthographe, contiennent le texte à peu près pur de ces anciennes lois. Dans quelques-uns de ces ma-

nuscrits on remarque parfois de légères intercalations tenant
à la grammaire, et aussi de celles qui modifient la disposition
de la loi lombarde dans le sens du droit romain ou du droit
ecclésiastique.

Le manuscrit de Saint-Gall, fort incomplet, mais qui très-
probablement est antérieur au règne de Grimowald, et le manuscrit des archives du chapitre de la cathédrale de Verceil,
moins ancien mais bien plus complet que le précédent et remontant aussi à l'époque lombarde, ou du moins à la première
moitié du ixe siècle, sont les deux textes qui paraissent devoir
faire autorité, préférablement à tous les autres d'une date moins
ancienne. On peut recourir à ces derniers avec d'autant plus
de confiance qu'ils se rapprochent davantage des deux manuscrits de Saint-Gall et de Verceil.

A la seconde catégorie appartiennent les recueils de ces lois
écrites avec une orthographe différente de celle suivie dans les
manuscrits primitifs, ou contenant des dispositions d'un droit
plus moderne ou d'autres lois émanées des princes vivant à
des époques postérieures, sans arriver pourtant jusqu'au règne
de Henri II. Dans cette classe de manuscrits, moins on aperçoit d'intercalations des jurisconsultes, plus on peut ajouter
foi au texte.

La troisième et dernière catégorie est formée par la collection rédigée à Pavie pour l'an 1037. Ce recueil contient les
lois émanées des rois des Lombards et de leurs successeurs
dans la domination de l'Italie, jusques et y comprise la loi de
Henri, de l'an 1020.

C'est ce qu'on appelle *Liber legis Langobardorum* ou *Lex
Lombarda*. Cette collection manque de la plupart des prolo-
gues, des épilogues et d'autres semblables accessoires; on n'y
voit pas non plus les lois qui n'appartiennent point à l'édit et
le volume de la première année d'Ahistulf. Le texte de ce livre
varie en plusieurs endroits des anciens recueils, non-seule-

ment dans ce qui a rapport à l'orthographe et à la syntaxe, mais aussi dans le fond des dispositions; la jurisprudence était déjà un peu changée. On y lit des épigraphes en vers, qui ne se rencontrent point dans les manuscrits d'une date reculée. Les cinq vers suivants, qui se trouvent dans le manuscrit de la bibliothèque des archives de la maison d'Est, sur lequel a travaillé spécialement Muratori, font envisager ces textes comme des exemplaires dépouillés d'anciennes erreurs : c'est l'éloge du praticien contredit par l'autorité du paléographe et de l'historien.

> Est error spretus que Langobarda iuventus
> Errabat. Verum loquitur nunc pagina sensum
> Edicti rectis quod strinxit Rothar habenis :
> Walcausus [1] meritus quem laudat scriba disertus.
> Nostrorum regum sunt hic exordia legum.

Le texte des lois des Lombards qui ont été imprimées avant l'édition que nous annonçons s'arrêtait toujours sur des manuscrits de cette classe. Outre le manuscrit d'Est, nous citerons celui de Vérone, qui a servi pour la publication de Canciani; Georgisch et Walter n'ont fait que suivre l'exemple des deux Italiens, et les éditeurs qui avaient précédé l'œuvre de Muratori, tels qu'Hérold, Lindenborg, Goldast et Frisius, n'étaient pas remontés plus haut.

C'est dans les manuscrits de cette dernière classe que l'on trouve ajoutées au texte de la loi de nombreuses gloses et des formules de procédure, qui ne sont pas sans utilité pour bien saisir l'esprit juridique et les mœurs du temps.

Le recueil des lois des Lombards que nous annonçons com-

---

[1] M. Merkel pense que Walcausus est le même que ce Galgosius, dont le nom a acquis quelque célébrité dans l'histoire de la renaissance du droit romain.

prend les édits des rois lombards, reproduits d'après le texte primitif.

Rotharis, dix-septième roi de la nation des Lombards (*gentis Langobardorum*), fut le premier, ainsi que nous l'avons dit, à faire rédiger par écrit les anciennes coutumes de ce peuple; il les corrigea, il y ajouta de nouvelles dispositions, et retrancha ce qui lui paraissait inutile ou nuisible. En les réunissant en un seul volume, il savait rendre un grand service à ses sujets; il devançait en quelque sorte la partie matérielle de l'œuvre des Codes modernes. Le but qu'il se proposait était de maintenir la tranquillité et l'énergie chez les Lombards : *In unum previdimus volumine complectendum, quatinus liceat uniquique, salva lege et justitiam, quiete vivere, et propter opinionem contra inimicos laborare, seque suosque defendere fines.*

Cette citation sert aussi pour faire connaitre l'orthographe et la syntaxe de la langue que les vainqueurs avaient empruntée des vaincus.

Cinq rois lombards ont successivement travaillé à la législation générale contenue dans le recueil des édits; ce sont Rotharis, Grimowald, Luitprand, Rachis et Ahistulf.

Nous avons nommé les édits pour nous rapprocher de l'ordre chronologique; il vaudrait mieux cependant nous servir du mot *Edictum*, au singulier.

Les lois lombardes, même en ne les considérant que par leur forme extérieure, diffèrent essentiellement des lois des autres nations d'origine germanique qui s'emparèrent des provinces de l'empire romain, telles que les lois Salique, Ripuaire, des Baioares, des Visigoths et autres semblables.

Dans les recueils de ces lois, on s'est borné à présenter une suite de lois formant un ensemble, sans marquer la série des actes des différents législateurs, tandis que dans l'Edit des Lombards les législateurs marchent l'un après l'autre. La réunion des différentes lois émanées d'un seul prince dans l'Assemblée nationale s'appelait *volumen*. C'est ainsi que la législation lombarde fut composée jusqu'à l'avénement des Francs. Les Carlovingiens ne se rattachèrent plus à l'*Edit ;* ils publièrent leurs capitulaires. La forme et l'esprit du gouvernement avaient changé. La législation lombarde continua dans le duché de Bénévent; les souverains de ce petit Etat appartenaient à la vieille race lombarde, ils en conservèrent les traditions jusqu'au bout de leur domination, qui finit vers le milieu du xie siècle.

Ainsi que nous l'avons indiqué, les lois chez les Lombards se faisaient dans les Assemblées; on appelait les juges pour avoir leurs conseils, on s'adressait au peuple pour s'étayer de son consentement; Rotharis déclare (CCCLXXXVI) *quod pro commune omnium gentis nostræ utilitatibus expediunt, pari consilio comparique consensum cum primatus judices, cunctoque felicissimum exercitum nostrum, augentis constituimus.* Evidemment *exercitus* est ici pour la population lombarde, qui, tout entière, constituait l'armée.

Grimowald parle dans son prologue *de suggestione iudicum omniumque consensu.*

. Luitprand est encore plus explicite lorsqu'il dit dans son prologue : *Una cum omnibus judicibus meis tam de Austriæ et Neustriæ partibus, nec non et de Tusciæ finibus, vel cum reliquis fidelibus meis Langobardis et cuncto populo adsistente, etc.*

Rachis indique après avoir promulgué ce qui *nobis et nostris judicibus atque Langobardis adstantibus justum comparuit.*

Ahistulf enfin énonce l'adjonction de ses lois faites *in palatio nostro, una cum cunctis judicibus et Langobardis universarum provinciarum nostrarum.*

Dans la plupart des anciens recueils manuscrits des lois des Lombards, le volume d'Ahistulf manque. Il paraît même que les lois émanées de ce prince avaient été dans la suite supprimées, soit parce qu'elles étaient sorties du milieu des troubles qui s'étaient produits sous son règne, soit par une mesure adoptée par Didier dans l'intention de s'attacher les partisans du roi Rachis. Les lois d'Ahistulf pouvaient être d'autant plus aisément retranchées qu'elles paraissent moins importantes, une partie n'ayant trait qu'à des dispositions transitoires, l'autre se trouvant remplacée par les lois des Carlovingiens.

A la suite de l'*Edit*, M. de Vesme a placé des appendices contenant des pièces inédites ou assez peu connues, servant à illustrer l'histoire d'Italie à l'époque des Lombards, ou dans les temps les plus rapprochés de leur règne.

Il y a d'abord le *Chronicon Gothanum*, déjà publié par Ritter, qui s'étend depuis l'année 806 jusqu'à l'année 810. Dans cette chronique on lit la remarque suivante, sous le n° XII : *Hic finitum est regnum Langobardorum et incohavit regnum Italiæ per gloriosissimum Carolum, regem Francorum, qui adjutor et defensor domni Petri principis apostolorum, qui ab Italia perexerat ejus justitiam requirendum.* C'est le grand changement de politique qui influa par la suite si puissamment sur le sort de l'Italie; c'est l'admission de l'élément ecclésiastique parmi les grands pouvoirs de l'Etat, que la domination toute militaire des Lombards avait toujours repoussé.

Le second appendice contient les *Origines Longobardicæ*, publiées pour la première fois par J.-F. Christ en 1728. M. de Vesme ne partage point l'opinion du premier éditeur, que ce soit l'œuvre d'un écrivain antérieur à Paul Diacre; il pense au contraire que ce morceau n'est qu'une sorte d'abrégé de l'*Histoire* de Paul.

Dans le troisième et dans le quatrième appendice, on trouve des lois qui ne faisaient point partie de l'*Edictum;* elles se rapportent aux rois Grimowald, Luitprand, Rachis et Ahistulf; ensuite, un capitulaire de Charlemagne qui comprend des dispositions *secretiores*, tiré d'un manuscrit des archives du chapitre d'Ivrée, et qui était resté jusqu'à présent inédit.

Le cinquième appendice renferme le capitulaire d'Adelchis, duc de Bénévent; le prologue est inédit; il a été tiré d'un manuscrit de la bibliothèque de Madrid.

M. de Vesme développant dans sa préface, avec beaucoup d'étendue, les détails critiques relatifs à ces publications, fait remarquer ces mots qui se lisent dans ce prologue: *Eo quoque tempore rex Desiderius Longobardorum sceptrum tenebat, cujus gener eodem tempore erat Carolus, Francorum rex, qui sedi ejus invidens et insidians, contra eundem subdole et callide agere non refugit.*

Ces mots se rapportent-ils aux intelligences que Charlemagne s'était ménagées avec le pape Adrien Ier? La mission secrète d'un diacre dépêché par ce pape à Charlemagne est maintenant avérée. Du reste, il n'est pas rare que les vaincus reprochent aux vainqueurs d'avoir employé l'astuce et la mauvaise foi pour obtenir leur succès. Les faits de la guerre entre Charlemagne et Didier sont là toutefois pour déposer que la bravoure n'a point manqué des deux côtés.

Sept inscriptions de l'époque des Lombards trouvées en Piémont, dont une inédite, sont contenues dans le sixième appendice.

Les appendices septième, huitième et neuvième sont exclusivement destinés aux gloses sur les lois lombardes. Ces gloses appartiennent aux manuscrits de la Cava, d'Ivrée et de Madrid.

Les gloses d'Ivrée paraissent être les plus anciennes; on y voit avec intérêt les signes de la connaissance du droit romain qui reprend, dans des citations des *Institutes* de Justinien.

Dans le dixième appendice, M. de Vesme a placé une constitution impériale concernant les enfants des personnes engagées dans les ordres sacrés: *De diaconorum, presbiterorum et episcoporum subdole.* Cette pièce a été trouvée servant de cou-

verture à un manuscrit des archives du chapitre de la cathédrale de Verceil. Tout en reconnaissant cette constitution pour
apocryphe, l'éditeur a eu la bonne idée de la publier, parce
qu'elle peut jeter quelque nouveau jour sur l'histoire de la
question du mariage des prêtres, qui agita si vivement les esprits dans l'Italie supérieure, vers le XIᵉ siècle.

Un travail fort remarquable de M. Charles Promis, sur les
constructions lombardes, *ad memoratorium de mercedibus ma-
gistrum comacinorum*, ferme, sous le n° XI, la série des appendices. Cette dissertation, remplie d'érudition et d'aperçus
ingénieux, relève encore le prix du recueil que nous annonçons.

Le volume se termine par cent soixante-treize pages à double
colonnes de notes critiques et de variantes, relatives aux différentes pièces contenues dans ce recueil. C'est la partie dans
laquelle, sous la forme la plus modeste, se révèle le plus amplement la patiente sagacité de l'éditeur.

L'édition dont nous parlons se distingue encore par une addition importante. La chronique de Rotharis a été ajoutée en
tête du recueil des édits de ce roi. Quoique cette chronique ne
fût point absolument inconnue aux érudits, elle avait été longtemps négligée. Ce n'est qu'en 1838 que le docteur Bethmann [1],
s'en étant occupé plus particulièrement, reconnut en elle un
ouvrage antérieur à l'époque de Paul Diacre, et dont cet
écrivain se serait servi pour la partie la plus ancienne de son
histoire des Lombards.

Peu de temps après et sans avoir eu connaissance des idées
de M. Bethmann sur ce point, M. de Vesme arriva aux mêmes
conclusions. L'un et l'autre furent frappés de la physionomie
originale et toute barbare de ce fragment historique; ils s'ap-

---

[1] *Die Geschichtschreibung der Langobarden, in Archiv der Gesells-
chaft,* t. X., 351-365.

puyèrent tous les deux sur le passage de Paul Diacre, qui, en parlant de la victoire gagnée par Wacho, en Souabe, dit : *Hoc si quis mendacium et non rei existimat veritatem, relegat prologum edicti, quem rex Rothari de Langobardorum legibus composuit, etc.* [1].

Parmi tous les anciens manuscrits des lois des Lombards, cette chronique ne se rencontre que dans deux exemplaires, ceux du couvent de la Cava et des bibliothèques de Madrid, de Modène et de Gotha.

M. Bethmann et M. de Vesme ne sont pas d'accord sur l'ancienneté de ce récit. Le premier croit qu'il a été rédigé du temps de Pertarit (entre les années 673 et 679), tandis que le second le fait remonter à une date plus reculée en l'attribuant à Rotharis. Nous ne rapporterons point ici la suite des preuves que M. de Vesme déduit à l'appui de son opinion, il nous suffit de dire que cette discussion est soutenue dans la préface de M. de Vesme avec autant d'érudition que d'urbanité.

Nous devons avertir nos lecteurs que si Paul Diacre a qualifié de prologue la chronique dont il s'agit, c'est que dans les anciens manuscrits elle fait corps avec le prologue des lois de Rotharis. Il est bon de ne pas oublier ensuite qu'au récit qui remonte au règne de Rotharis on a ajouté de courtes indications pour amener la série des rois jusqu'à Charlemagne.

Comme nous croyons que l'intérêt qui s'attache aux souvenirs d'une époque qui a laissé si peu de traces écrites dans l'histoire, pourra rendre agréable au lecteur d'avoir sous les yeux cette pièce vraiment curieuse, toute empreinte des traditions de la mythologie scandinave, nous allons l'insérer ici.

---

[1] Pauli Diaconi *Historia Langobardor.*, lib. I, cap. XXI.

INCIPIT EDICTUM

ROTHARIS REGIS.

●

(Decimo kalendas decembres, anno DCXLIII.)

IN NOMINE DOMINI NOSTRI JEISU CHRISTI.

I.

INCIPIT ORIGO GENTIS NOSTRE LANGOBARDORUM, que egressa est ab insula que dicitur SCANDANAN, quod interpretatur *in partibus Aquilonis*, ubi multæ gentes habitant; inter quibus erat gens parva, que WINNILIS vocabatur. Et erat cum eis mulier nomine GAMBARA, habebatque duos filios : nomen uni YBOR, et nomen alteri AJO. Ipsi cum matre sua nomine Gambara principatum tenebat super WINNILIS.

II.

Moverunt se ergo duces Wandalorum, id est AMBRI et ASSI, cum exercitibus suis, et dicebant ad Winnilis : *Aut solvite nobis tributa, aut preparate vos ad pugnam et pugnate nobiscum.* Tunc responderunt Ybor et Ajo cum matre sua Gambara, dicentes : *Melius est nobis pugnam preparare, quam Wandalis tributa persolvere.* Tunc Ambri et Assi, hoc est duces Wandalorum, rogaverunt GODAN, ut daret eis super Winnilis victoriam. Respondit Godan dicens : *Quos sol surgente antea videro, ipsis dabo victoriam.* Eodem tempore Gambara cum duobus filiis suis, id est Ybor et Ajo, qui principes erant super Winnilis, rogaverunt FREAM uxorem Godan, ut ad Winnilis esset propitia. Tunc Frea dedit consilium, ut cum sol surgeret, Winnilis et mulieres eorum, crines solute circa faciem in similitudinem barbæ, cum viros suos venirent. Tunc lucescente cœlo dum surgeret, gyravit Frea uxor Godan lectulum ubi recumbebat vir ejus, et fecit faciem ejus contra orientem, et excitavit eum. Et ille aspiciens vidit Winnilis et mulieres eorum habentes crines solutas circa faciem in modum barbæ, et dixit : *Qui sunt isti Langobardi? Et dixit Frea et Godan : Domine, sicut dedisti nomen, da illis et victoriam.* Et dedit eis victoriam, ut ubi visum esset vindicarent se, et victoriam haberent. Ab illo tempore Winnilis LANGOBARDI vocati sunt.

III.

Et moverunt se exhinde Langobardi, et venerunt in Goltidam; et postea possederunt Aldonus, Anthabus, et Bainaib, seu et Burgundaid. Et dicitur quia fecerunt sibi regem nomine AGELMUND, filium Ajo, ex genere Gugingus. Et post ipsum regnavit LAMICHO, ex genere Gugingus. Et post ipsum regnavit LETHUC, et dicitur quia regnasset annos plus minus quadraginta. Et post ipsum regnavit ALDIHOC, filius Lethuc. Et post ipsum regnavit GODEHOC.

IV.

Illo tempore, exivit rex Odojacer de Ravenna cum exercitu Alanorum, et venit in Rugilanda, et expugnavit Rugos, et occidit Fewane regem Rugorum, et secum multos captivos duxit in Italiam. Tunc exierunt Langobardi[1] de suis regionibus, et habitaverunt in Rugilanda annos aliquantos. Et postea regnavit

[1] *Pro* de suis *regionibus.* — Pugnavit Tato *Chron. Gothanum* de

Claffo filius Godehoc. Et post ipsum regnavit Tato filius Claffonis. Sederunt Langobardi in campis Feld annos tres. Et pugnavit Tato cum Rodolfo rege Herulorum, et occidit eum, et tulit bandonem ipsius [1] et capsidem; post eum Heruli regem non habuerunt. Et occidit Wacho filius Unichis Tatonem regem barbane suo cum Zuchilone; et regnavit Wacho [2]. Et pugnavit Ildechis filius Tatoni; et fugit Ildechis filius Tatoni ad Gippidos, ubi mortuus est. Injuria ejus vindicanda Gippidi scandalum commiserunt cum Langobardis.

V.

Eo tempore inclinavit Wacho Suavos sub regno Langobardorum. Wacho habuit uxores tres : una Ratecunda, filia Pisen, regis Thuringorum. Et post eam accepit uxorem Austrigosam, filiam Gippidorum, et habuit Wacho de Austrigosam filias duas : nomen une Wisecarda, quam tradidit in matrimonio Theodeperto regi Francorum; et nomen secundæ Walderada, quam habuit uxorem Cusobald, rex Francorum, quam odio habens tradidit eam Gairipald in uxorem, principi Bajoariorum. Et postea accepit Wacho tertiam uxorem, filiam regis Herulorum, nomine Sigelenda; de ipsa habuit filium nomine Waltari. Et mortuus est Wacho; et regnavit filius ipsius Waltari post ipsum annis septem, et Farigaldus. Isti omnes Lethingis fuerunt.

Pannonia, et venerunt et habitaverunt in Rudilanda annos plurimos et ad suam dogmam perduxerunt. Ante Peronem regnavit Godoin; post Peronem tenuit principatum Langobardorum Claffo; et post Claffonem regnavit Tatto. Eo tempore redierunt Langobardi in campis Filda, fecerunt ibi annos tres. Et post hæc pugnavit Tatto.

[1] *Pro* et capsidem. Post eum *Chron. Gothanum* et populum ipsius in fugam misit; ibi prædavit omnia bona eorum : postea Heroli.

[2] *Pro* et pugnavit — ubi mortuus est. *Chron. Gothanum* et expugnavit Heldechis filium Tattonis, et fugit Heldechis ad Gibidos, et ibi mortuus est.

VI.

Et post Waltari regnavit AUDOIN [1]. Audoin ex genere fuit Gausus. Ipse adduxit Langobardos in Pannonia. Et mortuus est Audoin in Pannonia; et regnavit ALBOIN filius ipsius post eum, cui mater fuit Rodelenda. Eo tempore pugnavit Alboin cum rege Gippidorum nomine Cunimund; et mortuus est Cunimund in ipsa pugna, et debellati sunt Gippidis. Tunc tulit Alboin uxorem Rosemunda, filia Cunimundi, quem predaverat; quia jam mortua fuerat uxor ipsius Hlodsuinda, quæ fuit filia Hlotari, regis Francorum, de qua habuit filia nomine Albsuinda. Et habitaverunt Langobardi in Pannonia annos quadraginta duo.

VII.

Ipse Alboin adduxit Langobardos in Italia, invitatus a Narsete patricio. Et movit Alboin rex Langobardorum de Pannonia mense aprilis a Pascha, indictione prima; secunda vero indictione ceperunt prædare in Italia; tertia autem indictione factus est dominus Italiæ. Et regnavit Alboin in Italia annos tres, et occisus est in Verona in Palatio ab Helmechis et Rosemunda uxorem suam, per consilium Peredeo.

VIII.

Voluit Helmechis regnare et non potuit, quia volebant eum Langobardi occidere. Tunc mandavit Rosemunda ad Longinum prefectum, ut eos reciperet Ravenna. Mox ut audivit Longinus, gavisus est, et misit navem angarialem, et tulerunt Rosemunda

---

[1] *Chron. Gothanum addit* Mater autem Audoin nomine Menia uxor fuit Pissæ regis.

et Helmechis et Albsuinda filia Alboin regis, et omnis'thesauros Langobardorum secum duxerunt in Ravenna. Tunc ortare cepit Longinus prefectus Rosemunda ut occideret Helmechis, et esset uxor Longini. Audito consilio ipsius, temperavit venenum, et post balneo dedit et in caldo bibere. Cumque vivisset Helmechis, mox intellexit quod malignum vivisset, precepit ut et ipsa Rosemunda biberet invita : quod cum vivisset ipsa, mortui sunt ambo. Tunc Longinus prefectus tulit thesaurum Langobardorum et Albsuinda filia Alboin regis ; jussit eam ponere in navem, et transmisit eam Constantinopolim ad imperatorem.

IX.

Reliqui Langobardi levaverunt sibi regem nomine CLEPH, de genere Beleos; et regnavit Cleph annos duos, et mortuus est. Et judicaverunt duces Langobardorum annos duodecim, regem non habentes. Post hæc levaverunt sibi regem nomine AUTHARI, filio Clephoni. Et accepit Authari uxorem Theodelenda, filia Gairipald et Walderadæ, de Bajoaria; et venit cum Theodolenda frater ipsius nomine Gundwald, ordinavit eum Authari rex ducem in civitatem Astense; et regnavit Authari annos septem.

X.

Et exivit Aouo dux Thuringus de Taurinis, et junxit se Theodelendæ reginæ, et factus est rex Langobardorum. Et occidit duces revelles suos, Zangrolf de Verona, Minulf de Insula Sancti Judi, et Gaidulf Bergamum, seu et alios qui ei revelles fuerunt. Et genuit Aquo de Theodelenda filiam una nomine Gumtiperga, et filium nomine ADELWALD. Et regnavit Aquo annos xx et v. Adelwald filius ejus regnavit post mortem patris sui annos duodecim. Et post ipsum regnavit ALROALD annos septem.

XI.

Et post ipsum regnavit Rothari, de genere Arodus; et rupit civitates vel castra Romanorum quæ fuerant circa litoralia, de prope Lune usque in terra Francorum, quam Ubitergium ad partem orientis. Et pugnavit circa fluvium Scultenna, et ceciderunt a parte Romanorum octo millia numerus.

XII.

[Et regnavit Rothari annos decem et septem. Et post ipsum regnavit Aripert annos novem. Et post ipsum regnavit Grimoald. Eo tempore exivit Constantius imperator de Constantinopolim, et venit in partes Campaniæ, et regressus est in Sicilia, et ibidem occisus est a suis. Et regnavit Grimoald annos novem.

XIII.

Post Grimoald regnavit Pertari annis XVIII. Postea Cunipert filius ejus regnavit annis XIII. Liutpert, filius Cunipert, regnavit annis V. Aripert, filius Rachipert, regnavit annis XII. Asprand regnavit annos III. Liutprand filius ejus regnavit annos XXIII. Utprand regnavit menses VIII. Post ipsum vero Rachis, filius Pimoni, annis V. Post ipsum regnavit Aistulfus frater ejus annis VIII, qui persecutus est a rege Francorum. Post ipsum regnavit Desiderius annos XVII et menses III; et ductus est captivus in Franciam. Et postea regnavit Carolus annos XL.]

Il paraît probable que Rotharis, qui a été le premier à doter son peuple d'un corps de lois écrites, qui étaient la reproduction régularisée des coutumes traditionnelles de la nation, a voulu y rattacher le récit de ce qui s'était passé avant lui.

On sera peut-être surpris de voir que cette pièce importante, qui commence sous l'invocation du nom de Jésus-Christ, renferme des allusions aux fables grossières de l'ancienne religion des Lombards. Mais on n'était point alors arrivé à ce degré d'instruction qui repousse tout ce qui n'est pas conforme à la logique. On gardait les mythes comme preuves historiques, tout en se ralliant au christianisme comme religion acceptée dans le pays que les Lombards venaient de conquérir. Il y a de nombreuses traces de ces restes d'un culte qui ne se perdait qu'avec difficulté chez un peuple fidèle gardien des anciens souvenirs de la nation. Il est probable cependant que dans la suite on a cherché à éviter cet alliage barbare en retranchant du texte des lois la chronique souillée par la légende de Godan. C'est peut-être à cause de cela que dans la plupart des manuscrits cette partie du prologue a été supprimée.

L'édit de Rotharis est une loi complétement germanique. Il ne reconnaît d'autres successions que la légitime; nul indice de la faculté de tester. On se rappelle ce que dit Tacite (*Germania*, XX) : *Heredes successoresque sui cuique liberi et nullum testamentum; si liberi non sunt, proximus gradus in possessione, fratres, patrui, avunculi.* La restriction de la faculté de disposer est poussée au point que dans les donations entre vifs, on introduit l'apparence de l'échange pour opérer une espèce de retrait [1].

Dans les jugements on aperçoit encore davantage le caractère des vieux Germains. Tout s'y abrège, on a hâte d'en finir; tout se ressent de la crainte, de la *cunctatio servilis ;* on procède

---

[1] V. le chapitre CLXXV, de *Launegild.*

par gages et par garants[1]. Les preuves légales ne consistent guère que dans le serment ou dans le combat judiciaire.

Tout le monde doit s'assujettir à ces formes de procédure; les évêques mêmes n'en sont dispensés qu'à la condition de les remplir par le moyen d'un délégué.

Cependant, parmi tant d'éléments germaniques, on voit déjà poindre quelques lueurs de droit romain, telles que le *peculium castrense* et l'*exhérédation* des enfants.

Ce retour aux idées romaines, ou, pour mieux dire, cette réaction des vaincus civilisés sur les vainqueurs barbares augmente successivement.

Ainsi, sous le règne de Grimowald, on élargit la condition des serfs en leur permettant de profiter de la prescription trentenaire pour s'assurer la possession des biens. On reprend le système de la représentation dans les successions; des classes particulières se forment dans le peuple, comme, par exemple, celle des constructeurs ou *magistri comacini*. Les usages de Rome et de Ravenne gagnent de plus en plus chez les Lombards, qui arrivent, sans s'en apercevoir, à passer des contrats avec les anciennes formules romaines.

Luitprand, roi des Lombards, issu de Théodolinde, princesse bavaroise, aussi distinguée par ses vertus que par les charmes de sa personne, se soumit plus qu'aucun de ses devanciers à l'influence des idées romaines. Cinq modifications importantes se font surtout remarquer dans le code de ses lois :

1º Le droit de succéder accordé aux femmes sur des bases plus larges et mieux assurées.

2º La faculté de tester en accordant aux parents le droit d'avantager quelqu'un de leurs enfants, et en permettant aux malades de disposer en *faveur de leur âme*, c'est-à-dire au profit des églises.

---

[1] V. les chapitres CCCLX et CCCLXI, *de Waldia et fidejussorum*.

3º L'introduction de quelques genres de peine qui tendaient à égaliser les conditions des coupables en face de la loi : l'emprisonnement dans les cas de vol, et la confiscation des biens dans le cas de meurtre.

4º La séparation de l'usufruit de la nue propriété dans les cas de donation entre vifs.

5º Enfin, l'adoption permise aux personnes âgées et sans enfants.

Toutes ces modifications dans la législation n'emportaient point cependant de véritables progrès dans la situation politique des Romains.

Les bornes de cet article ne nous permettent pas de nous étendre sur les vicissitudes du droit des Lombards jusqu'à son entière transformation chez les vaincus.

Une forme particulière de dispositions émanées du roi était encore assez en usage chez les Lombards; c'étaient les ordonnances qui prenaient le nom de *notitiæ*.

Les lois proprement dites, qui réunissaient le double caractère de la généralité et de la perpétuité, étaient celles que le roi promulguait dans l'Assemblée nationale, après avoir consulté les juges et les grands du royaume; l'assentiment du peuple lombard donnait pour ainsi dire la dernière sanction à ces dispositions. Elles devenaient de véritables lois nationales, tandis que les ordonnances étaient censées ne devoir durer qu'autant que la vie du roi de qui elles étaient émanées.

L'intitulé de ces ordonnances était en ces termes : *In nomine Domini, notitia qualiter jubet dominus rex*, etc. L'effet s'en trouve déterminé avec précision dans le passage suivant de la *Notitia* de Luitprand (chap. II) : « *Hoc autem in*
» *diebus nostris et in tempore regni nostri statuimus, quam-*
» *quam lex nostra non sit; post autem nostrum decessum, qui*
» *pro tempore princeps fuerit faciat sicut ei Deus inspiravit,*
» *aut sicut rectum secundum animam suam providerit.* »

1.   20

Il arrivait parfois que ce que le roi avait établi par forme de simple ordonnance passait en force de loi; mais il fallait que cela fût reconnu et explicitement déclaré dans l'Assemblée nationale, et approuvé par les grands du royaume et par les juges présents. Des cas semblables eurent lieu particulièrement sous les règnes de Grimowald et de Rachis.

Il y avait enfin une troisième espèce d'ordres royaux restreints à des cas spéciaux et qui s'adressaient aux officiers chargés de les exécuter; ils étaient rédigés en *brevi* ou *breviculo*.

Suivrons-nous M. de Vesme dans les détails qu'il nous donne avec autant de précision que de variété sur tous les textes des lois des Lombards venus à sa connaissance, soit manuscrits, soit imprimés? Cette richesse d'érudition, ces développements critiques ne paraissent pas convenir au cadre d'un journal. Ainsi nous nous bornerons à de simples indications, pour que le lecteur qui voudrait s'instruire plus à fond apprenne d'abord l'existence de ces documents, et puisse recourir au travail de M. de Vesme, ou aux pièces elles-mêmes.

En fait de manuscrits, notre savant éditeur a poussé ses recherches jusqu'au nombre de vingt-quatre.

Il s'est d'abord attaché particulièrement aux deux qui sont sans contredit les plus anciens dont on ait connaissance : les manuscrits de Saint-Gall et de Verceil, dont nous avons déjà parlé; vient ensuite celui des archives du chapitre de la cathédrale d'Ivrée; M. l'abbé Amédée Peyron, dont le nom est aussi connu par les savants de l'Europe qu'il est vénéré dans son pays, a été le premier à rendre compte de ce manuscrit dans une publication faite à Turin en 1843, sous le titre de *Notizia dell' Archivio del reverendissimo capitolo d'Ivrea;* la date de ce manuscrit doit être placée entre les années 825 et 832.

Le manuscrit de la bibliothèque du Vatican est le quatrième dans l'ordre chronologique; il date du commencement du Xe siècle.

5° Le manuscrit de la bibliothèque impériale de Paris, aussi du xe siècle, au sujet duquel on peut voir ce que dit M. Pertz, dans les *Monumenta Germanicæ historica, Legum*, t. I, *in præfat.*, page XXVII.

6° Un autre manuscrit de la bibliothèque impériale de Paris, qui comprend deux parties : la première remonte à la fin du xe siècle ou au commencement du xie, la seconde est du xiiie siècle.

7° Le manuscrit de la bibliothèque de Wolfenbuttel, dont M. Pertz s'est aussi occupé, et qui appartient au xe siècle.

8° Le manuscrit du couvent de la Très-Sainte-Trinité de la Cava, près de Salerne, qui remonte aux premières années du xie siècle, et sur lequel a beaucoup travaillé M. Charles Troya, dont le nom revient si souvent dès qu'on s'occupe de l'histoire des Lombards.

9° Le manuscrit de la bibliothèque de Madrid, aussi du commencement du xie siècle, que M. Haenel a découvert et mentionné dans le catalogue qu'il a donné des manuscrits de cette bibliothèque.

10° Le manuscrit de la bibliothèque ducale de Gotha, de la même époque à peu près que le précédent; aussi décrit par M. Pertz.

11° Le manuscrit de l'église cathédrale de Modène, qui paraît écrit en 991, et dont Muratori s'est servi pour son édition des lois des Lombards.

Les manuscrits qui suivent sont de moins d'importance, parce que le texte des lois y est souvent altéré pour servir à la jurisprudence du temps. M. de Vesme les range d'après l'ordre où ils ont été examinés par M. Merkel, qui plus que tout autre s'est occupé de ces classifications.

12° 13° Deux volumes manuscrits de la bibliothèque Ambroisienne de Milan, provenant de la ville de Suze en Piémont; ils sont du commencement du xie siècle.

14º Le manuscrit des archives de la maison d'Est, sur lequel Muratori a plus particulièrement arrangé son édition; c'est une copie fort exacte faite dans les dernières années du xve siècle par un savant Ferrarais, Peregrino Prisciano, d'un texte du xie siècle.

15º Le manuscrit de Sainte-Euphémie de Vérone, qui est maintenant à la bibliothèque impériale à Paris; il date de la fin du xie siècle ou du commencement du xiie.

16º Le manuscrit de la même époque à peu près, qui se trouve à Londres dans le Musée britannique, *Addit of Ayscough,* nº 5411.

17º Le manuscrit de la bibliothèque impériale de Vienne, du xie siècle, rempli de gloses et de formules judiciaires.

18º Le manuscrit de la bibliothèque Laurenziana de Florence, du commencement du xie siècle.

19º Le manuscrit de la bibliothèque du séminaire de Padoue, de la fin du xie siècle.

20º Le manuscrit de la bibliothèque de Saint-Marc à Venise, qui n'est pas postérieur aux premières années du xiie siècle.

21º Le manuscrit de Helmstad, que Tuck, d'après Bruns, fait remonter au commencement du ixe siècle. M. de Vesme, n'ayant pas eu entre les mains le livre de Bruns sur le droit germanique au moyen âge, s'abstient d'émettre une opinion précise à ce sujet.

22º 23º 24º Les manuscrits qui servirent de base aux travaux analogues de Hérold, de Lidenborg et de Sigonius.

Il nous paraît superflu d'entrer ici dans l'énumération des éditions imprimées des lois des Lombards. Outre que nous avons déjà indiqué les noms des éditeurs les plus célèbres, il est trop facile d'avoir ces renseignements en ouvrant des catalogues de livres imprimés, pour qu'il soit utile de les reproduire ici.

Nous venons de rendre compte d'un travail fort étendu et qui mérite l'attention du monde savant. Il est impossible de bien connaître le moyen âge à une de ses époques les plus intéressantes, sans savoir ce qu'était le gouvernement des Lombard; et on ne saurait se faire une idée exacte de ce gouvernement qu'en s'attachant à l'étude de ses lois. Ainsi, la publication que vient de faire la Commission royale pour l'étude de l'histoire nationale, établie à Turin, publication due au savoir et aux soins de M. de Vesme, est un véritable service rendu à ceux qui s'occupent de l'histoire d'Italie, non moins qu'à quiconque étudie l'histoire des nations germaniques.

Cette édition, enrichie de la préface et des notes de M. de Vesme, est sans contredit supérieure à toutes les précédentes; elle est, pour mieux dire, à nulle autre pareille, parce que personne jusqu'à présent n'avait entrepris une semblable tâche avec autant de moyens qu'en a eu à sa disposition M. de Vesme. Ce savant n'a rien épargné; recherches, correspondances, multiplicité de textes, tout a été mis en œuvre; l'appui de la Commission royale pour l'étude de l'histoire nationale ne lui a point manqué pour rendre autant que possible cette publication digne du pays où elle s'est faite, et des personnes à qui elle est particulièrement adressée.

Nous ne finirons pas notre article sans dire un mot de l'heureuse idée qu'a eue le docte et infatigable M. F.-J. Feigebaur de faire réimprimer à Munich, en format in-8° (imprimerie de George Franz, 1855), le simple texte des lois des Lombards, tel qu'il a été publié par M. de Vesme. M. Neigebaur avait déjà, en 1853, fait réimprimer les lois *De Structoribus*, sur le texte préparé par M. de Vesme, et avec le commentaire de M. Charles Promis.

Ces éditions en format réduit sont à la portée du plus grand nombre de lecteurs, qui ne pourraient pas aisément se procurer la grande édition de Turin. Cela prouvé combien les études les plus sérieuses de l'histoire et du droit du moyen âge sont répandues en Allemagne, et quel intérêt on y porte à ce qui concerne particulièrement l'Italie.

Antiquam exquirite matrem !

(ENEID., III, 96).

FRÉDÉRIC SCLOPIS.

TABLE DES MATIÈRES

DU TOME PREMIER.

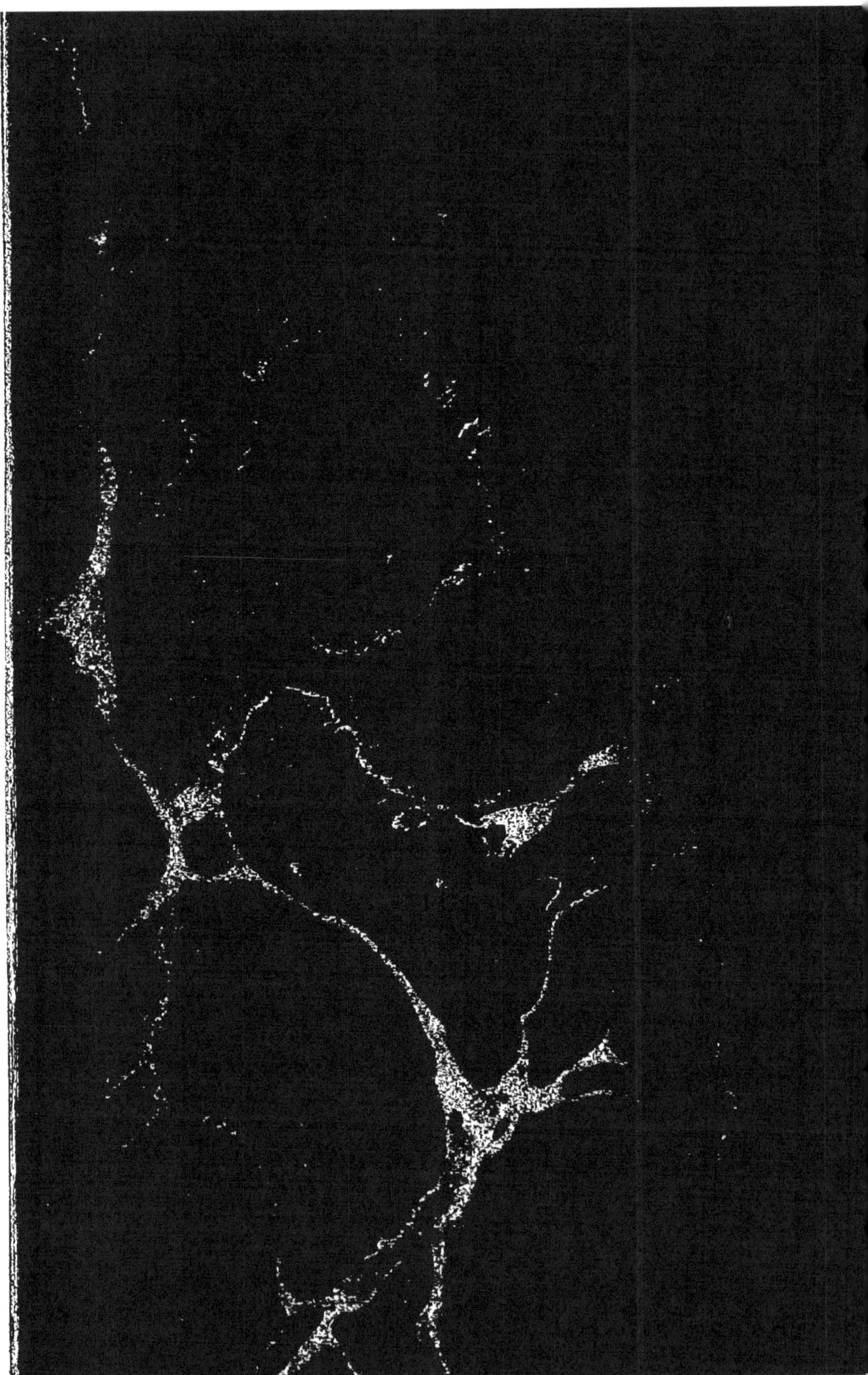